福建教育学院资助出版

"福建省'十三五'中小学名师名校长培养工程丛书"编委会

（福建教育学院培养基地）

丛书主编：郭春芳

副 主 编：赵崇铁　朱　敏

编 委 会：（按姓氏笔画排序）

　　　　　于文安　杨文新　范光基　林　藩　曾广林

名校长卷

主　　编：于文安

副 主 编：简占东

编　　委：陈　曦　林文瑞　林　宇

名师卷

主　　编：林　藩

副 主 编：范光基

编　　委：陈秀鸿　唐　熙　丛　敏　柳碧莲

福建省"十三五"名师丛书

醇味：

我的教学追求

陈稻惠　　◎ 著

厦门大学出版社
XIAMEN UNIVERSITY PRESS
国家一级出版社
全国百佳图书出版单位

图书在版编目(CIP)数据

醇味:我的教学追求/陈稻惠著.—厦门:厦门大学出版社,2021.2
(福建省"十三五"名师丛书/郭春芳主编)
ISBN 978-7-5615-8047-9

Ⅰ.①醇…　Ⅱ.①陈…　Ⅲ.①中学语文课—教学研究—初中　Ⅳ.①G633.332

中国版本图书馆 CIP 数据核字(2021)第 026420 号

出 版 人	郑文礼
责任编辑	郑　丹

出版发行 厦门大学出版社

社　　址	厦门市软件园二期望海路 39 号
邮政编码	361008
总　　机	0592-2181111　0592-2181406(传真)
营销中心	0592-2184458　0592-2181365
网　　址	http://www.xmupress.com
邮　　箱	xmup@xmupress.com
印　　刷	厦门集大印刷厂

开本	720 mm×1 000 mm　1/16
印张	15
插页	2
字数	262 千字
版次	2021 年 2 月第 1 版
印次	2021 年 2 月第 1 次印刷
定价	58.00 元

厦门大学出版社
微信二维码

厦门大学出版社
微博二维码

◎ 总　序

　　"百年大计，教育为本；教育大计，教师为本。"教师队伍建设是教育质量提升的关键。2018 年，中共中央、国务院印发《关于全面深化新时代教师队伍建设改革的意见》，吹响了新时代教师队伍建设改革的集结号，提出教师队伍建设改革的目标是"到 2035 年，教师综合素质、专业化水平和创新能力大幅提升，培养造就数以百万计的骨干教师、数以十万计的卓越教师、数以万计的教育家型教师"。福建省委、省政府牢记习近平总书记"福建没有理由不把教育办好"的殷切嘱托，以高度责任感、使命感，坚持教育优先发展，始终将建设一支师德高尚、业务精湛、结构合理、充满活力的高素质专业化教师队伍作为基础工作，出台了一系列政策措施，激发广大教师投身教育综合改革的积极性、主动性、创造性。福建省教育厅为打造基础教育高层次领军人才队伍，实施"强师工程"核心项目——中小学名师名校长培养工程，旨在培养一批在省内外享有盛誉的名师名校长，促进我省教育高质量发展。

　　"十三五"期间，福建教育事业紧紧围绕"新时代新福建"发展战略，坚定不移走以提升质量为核心的内涵发展之路，着力推动规模、质量和效益的协调发展，努力让教育改革发展成果更多地惠及民生，让人民群众有更多的获得感。2017 年，省教育厅会同财政厅启动实施了"十三五"中小学名师名校长培养工程，在全省遴选培养 100 名名校（园）长、培训 1000 名名校（园）长后备人选、100 名教学名师和 1000 名学科教学带头人。通过全方位、多元化的综合培养，造就一批师德境界高远、政治立场坚定、理论素养深厚、教学能力突出（治校能力突出）、教学风格鲜明（办学业绩卓越）、教育视野宽阔、富有开拓创新精神、在省内外有较大影响力的名师名校长,为培育闽派教育家型校长和闽派名师奠定基础,带动和引领全省中小学教师队伍建设,为推进我省基础教育优质均衡发展、办好人民满意教育,为"再上新台阶、建设新福建"提供有力的人才保障。

为扎实推进福建省"十三五"中小学名师名校长培养工程,保障实现预期培养目标,福建教育学院作为本次名师名校长培养工程的主要承担单位,自接到任务起,就精心研制培养方案,系统建构培训课程,择优组建导师团队,不断创新培养方式,努力做好服务管理,积极探索符合名师名校长成长规律的培养路径,确保名师名校长培养培训任务高质量完成,助力全省名师名校长健康成长,努力将培养工程打造成全省乃至全国基础教育高端人才培养示范性项目。

在培养过程中,我们从国家战略需求、学校发展需求和教师岗位需求出发,积极探索实践以"五个突出"为培养导向,以"四双""五化"为培养模式的基础教育高端人才培养路径。其中"五个突出":一是突出培养总目标。准确把握目标定位,所有培养工作紧紧围绕打造教育家型名师名校长而努力。二是突出培养主题任务。2017年重点搞好"基础性研修",2018年重点突出"实践性研修",2019年重点突出"个性化研修",2020年重点抓好"辐射性研修"。三是突出凝练教学主张(办学思想)。引导培养对象对自身教学实践经验(办学治校实践)进行总结、提炼、升华,用先进科学理论加以审视、反思、解析,逐步凝练形成富含思想和实践价值、具有鲜明个性的教学主张(办学思想)。四是突出培养人选的影响力与显示度。组织参加高端学术活动,参与送培送教、定点帮扶服务活动,扩大名师名校长影响。五是突出研究成果生成。坚持研训一体,力促培养人选出好成果,出高水平的成果。

"四双":一是双基地培养。以福建教育学院为主基地,联合省外高校、知名教师研修机构开展联合培养、高端研修、观摩学习。二是双导师指导。按照理论联系实际原则,为每位培养人选配备学术和实践双导师。三是双渠道交流。参加省内外及境外高端学术交流活动,积极承办高水平的教学研讨活动,了解教育前沿情况,追踪改革发展趋势。四是双岗位示范。培养人选立足本校教学岗位,同时到培训实践基地见学实践、参加送培(教)活动。

"五化"：一是体系化培养。形成"需求分析—目标确定—方案设计—组织实施—效果评估"的培养链路，提高培养专业化、精细化、科学化水平。二是高端化培养。重视搭建高端研修平台，采取组织培养人选到全国名校跟岗学习、参加国内高层次学术会议和高峰论坛、承担省级师训干训教学任务等形式，引领推动名师名校长快速成长。三是主题化培养。每次集中研修，都做到主题鲜明、内容聚焦，坚持问题导向和结果导向，努力提升培养的针对性和实效性。四是课题化培养。组织培养对象人人开展高级别课题研究，以提升理性思维、学术素养和科研水平，实现从知识传授型向研究型、从经验型向专家型的转变。五是个性化培养。坚持把凝练教学主张（办学思想）作为个性化培养的核心抓手，引导培养人选提炼形成系统的、深刻的、清晰的教育教学"个人理论"。

　　通过三年来的艰苦努力，名师名校长培养工作取得了显著成效，积累了丰硕成果，达到了预期目标。名校长培养人选队伍立志有为、立德高远的教育胸襟进一步树立，办学理念、政策水平和管理能力进一步提升，立功存范、立论树典的实践引领能力进一步提高，努力实现名在信念坚定、名在思想引领、名在实践创新、名在社会担当。名师培养人选坚持德育为先、育人第一的教育思想进一步树立，教书育人责任感、使命感和团队精神进一步强化，教育理论素养进一步提升，先进教育理念进一步彰显，教育教学实践和创新能力进一步增强，独特教学风格和教学主张逐步形成，教育科研和教学实践均取得了丰硕成果。一是专项研究深。围绕教学主张或教学模式出版了38部专著。二是成果级别高。84位名校长人选主持课题130项，其中国家级6项；发表CN论文239篇，其中核心16篇；53位名师培养人选主持省厅级及以上课题108项，其中国家级7项；发表CN论文261篇，其中核心81篇。三是奖项层次高。3位获2018年教育部基础教育国家级教学成果奖二等奖；15人获得2017年、2018年福建省基础教育教学成果奖，其中特等奖3位、一等奖7位、二等奖5位；1位评上国家级"万人计划"教学名师；34位培养人选评上正高级职称教师；13位获"特级教师"称号；2位获"福建省优秀教师"称号。四是辐射引领广。开设市级及以上公开课、示范课203节；开设市级及以上专题讲座696场；参加长汀帮扶等"送培下乡"活动239场次；指导培养青年骨干教师442人。

　　教育是心灵的沟通，灵魂的交融，思想的碰撞，人格的对话，名师名校长应该成为教育的思想者。在我省名师名校长培养对象即将完成培养期时，福建教育学院培养基地组织他们把自己的教学（办学）思想以著作的形式呈现给大家，并资助出版了"福建省'十三五'名校长丛书""福建省'十三五'名师丛书"，目的就是要引领我省中小学教师进一步探究教育教学本质，引领我省中小学校长进一步探究办学治校的规律，使名师名校长培养对象成为新时代引领我省教师奋进的航标，成为办人民满意教育的先行者。结束，是下一阶段旅程的开始，希望我省名师名校长培养对象不忘立德树人初心，牢记为党育人、为国育才使命，积极投身新时代新福建建设，为福建教育高质量发展再建新功。是为序。

福建教育学院党委书记、教授、博士

郭春芳

2020 年 8 月

◎序

陈日亮

不知道从什么时候开始,语文界时兴给语文冠名,诸如"青春语文""生命语文""诗意语文""快乐语文""无痕语文"等等,不一而足。我在福建省中学语文刘菊春名师工作室的团队中,听过稻惠的几次发言,都提到了"醇味"二字。这次她来信希望我为她的书稿写序,我很快就想,她大有可能要冠名"醇味语文"了。后来看到书稿,才知道"醇味"并不是她的自诩和标榜,而是她对语文教学的追求,更准确地说,是她的课堂追求。也许她已经闻到了当今语文课堂的百味杂陈而厌之弃之,故欲探求语文教学的元味、真味。

醇者,纯也,正也。醇自何来?首先来自语文的本然、本质、本原。稻惠的书里没有给语文什么时新的概念诠释,更没有什么"青春""生命"之类的玄虚的藻饰。她的教学是素面淡妆的,是摒弃浮华的,保持了一种天然去雕饰的本色,让人感觉鲜活、亲切和饱满。通过几篇课例,从一斑窥全豹,让我想起了20世纪80年代。那是个回到常识的年代,没有人热衷于戴冠冕,树旗帜,占山头。一来,大家都懂得要按照文道统一的语文工具的特点去教,二来,大家都注意尊重学生的主体去启发引导。这两点从稻惠自己上的课,以及她所学习借鉴和分析评判的观点和个案,包括从中所总结出来的认识经验,都可以看到明显的痕迹。在语文课百味杂陈的当代,与其解释什么是语文课的"醇味",不如去多发现什么是语文课的杂味、怪味。我从稻惠的书里,没有闻到我在其他人的课或写的书里闻到的各种异味。例如,小学和初中的语文课最容易上成各种花样包装的思品课、活动课。稻惠的语文课不忽视思想教育,但那是从语言的学习和运用里自然生成的,而不是刻意涂饰上去的,是来自语文本味的"醇"。她的学生在课堂上的活动，也并不热闹，对话都有足够的训练量。醇味，乃是一种家常的味道。但是，它又需要教师去多方"调教"。叶圣陶先生说："思想、语言、文字三样其实是一样。"又说："把思想、语言、文字三项一贯训练，却是国文课的专责。""醇"是单纯，但又是丰富中的统一，就统一和体现在三项的"一贯训练"当中。稻惠的课没有说教的味道，她没有特别将"思想""情感"抽出而讲之。她一方面不忽略示范，一方面很舍得"放手"，总是耐心地引导学生深入语言的真实情境中，通过方法的、过程的咬文嚼字的训练，去品味语言内涵的真醇。她特别将朗读作为追求"醇味"的抓手，让学生自己去反复贴紧语言，亲炙语言的真和美，语文的醇味，就尽在其中了。可见稻惠是很好地理解和完成了这个三位一体的"专责"。在我看来，能否承担起这个"专责"，乃是否成为一名优秀语文教师的主要标准，当然，也是一个很重要的标准。

语文课所负载的东西太多，语文教材内容涉及方方面面，语文教师的审美趣味各有偏嗜。为了避免语文走味和语文课走样，稻惠似乎从不掺乎课改的时髦和热闹。一方面，她自觉追求着她所心仪的"醇味"，一方面又总是保持着对语文异味的高度警惕。从她的教学实录、反思和评价中可以发现她的细心和敏感。她不一味侈谈自己的主张，而是在"去蔽"和"求真"中坚持记录下她的点滴体会和收获。我以为这也是语文名师成长过程中的一条重要经验，即通过亲身的"体验"而生成切身的"体认"，行成于思毁于随，不徒然去生搬他人的言说。在指导名师培训的工作中，我曾总结过这样的四句话：在"质疑他者"中形成己见，在"反思自我"中修正认识，在"融合新知"中完善主张，在"书写经验"中凝聚思想。稻惠的教学和她的书写，为我的总结提供了很好的例子。

杂，也许稻惠这本书会给人留下这个印象。诚然，严格地说，它只是不同类型的文字汇编，尚缺一定的逻辑体系和理论框架。但这有什么不好吗？语文本来就是很感性的东西。中小学教师不写则已，写了，就留下了前行的足迹。难道都一定要上升到理论的高度才有价值么？尤其是，语文教学有理论么？我一直存疑。一门重在实践的课程，感悟胜于理解，语感优于语识，若能将随时的哪怕是瞬间的"省思"或"偶悟"记录下来，积累存储，供自我反思或切磋交流，必然是一笔不小的个人财富。我在《书写助我前行》中说过这样一段话：

不少青年教师从教十几二十年,苦于进步不大,看不到成长的脚印;也有一些年轻人数年间就开始脱颖而出,其中一个明显优势,就是注重拿起笔来自我记录,自我叙事,自我总结。同样辛勤,差别之巨,多半缘此。书写,是自主、自觉与自助的一种修行。经常拿起笔来书写,是教师必须自觉养成的一种职业习惯,且须终生坚持,不厌不疲。

因此,像稻惠这样的登高自卑,不舍跬步,是一种十分可贵的职业习惯。其文字中或容有杂质,还须进一步筛滤和提炼,但其感性鲜活,具体可鉴,则是每一个语文教师都能感觉到而且也都是可以做到的。实现语文课堂对"醇味"的追求,教师既要从"教"方面下功夫,也需要通过经常的自我记录、自我叙事,以不断提升专业研究的能力。现在有了稻惠的样本,积以时日,我相信在她的追求和影响下,菊春的团队里将会产出更多的醇味作品与大家分享。

是为序。

2020 年 6 月 15 日

目　录
CONTENTS

第一章

绪　论

醇味课堂——追寻醇香的语文味

　　语文为何？如何为教？教之者何？教之为何？自省名师培养工程专项课题"语文味视野下初中阅读教学有效性研究"申报立项以来,我课题组成员借此课题研究平台,以《国文国语教育论典》《叶圣陶语文教育论集》等名家理论为指导,以当前语文教学现状和语文味视野下初中阅读、作文教学有效性为研究对象,以构建醇味语文课堂教学模式为研究内容和重点,提出了符合学科特点、适应学生发展需要的醇味语文课堂的教学主张,从文本解读、教学设计、课堂实施等方面对初中语文课堂教学开展研究,培养学生的语文核心素养。

一、醇味语文课堂教学内涵

　　语文是一门极有内涵的学科,依据课标性质"语文课程是一门学习语言文字运用的综合性、实践性课程","工具性与人文性的统一"①的界定,以及学生发展核心素养的要求,语文教学除了理解、体会语言的准确、优美之外,还应该从文本语言的内涵、外延等方面对学生进行教育。醇味语文是

---

　　①　教育部.义务教育语文课程标准(2011年版)[S].北京:北京师范大学出版社,2012:2.

教师精心组织教学,引导学生通过对典型"言语作品"的剖析、玩味和模仿,在各种"言语实践"中不断吸收、内化,最终外化为"言语作品",逐步形成有效听读、恰当说写的"言语能力",并能运用于生活的各种"言语行为"之中。在学生积极的言语实践中,构建有醇正的语文味、醇美的人情味、醇朴的生活味和醇厚的文化味的语文课堂,丰富师生的言语生命。它包含如下四个方面:

(一)醇正的语文味

语文课程重在语用实践,学生的语用能力是在具体的言语实践中形成的,语文课堂是学生语用践行的场所。语文教学要根据语文学科的要求,把握语文学科的特质,从语言文字入手,通过"动情诵读、静心默读""寻章摘句、圈点批注"以及"品词析句、咬文嚼字"的读、写、品,让学生涵泳体味文本,感受语言文字之美,领会文字的言外之意、意外之境,培养学生的语感和语言运用能力,提升学生的语文核心素养。醇正的语文味课堂有质地、有雅韵,散发着浓浓的"读味""写味""品味",蕴含着诗意的美感,能激发学生学习语文的兴趣。

(二)醇美的人情味

"语言有温度,字词知冷暖",语文教学活动中,教师须开启学生的情感之门,根据课堂的教学目标,挖掘语言文字的情感因素,以自身的激情和富有感染力的语言进行"润物细无声"似的渗透和熏陶,引发教师、文本、作者、学生之间情感的"共鸣"。反之,语文教学便是干瘪空洞、枯燥无味的躯壳。人民教育家于漪老师曾经说过:"情是教育的根。"只有挖掘文本中情的要素,重视语文课堂的情感交流、情感培养、情感升华,才能实现课程标准提出的"语文课程对学生思想情感所起的熏陶感染作用"。当然,语文教学情感价值观的渗透应关照度的把握,否则,极易脱离语文教学的轨道。

(三)醇朴的生活味

语言来源于生活,学习语文是为了更好地生活,在生活中引导学生学语文是语文教学的使命。语文课标中提及"生活"一词多达三十二处,足见语文学习与生活的关联之紧密。在教学中,教师应设计真实情境,立足日常生活,回归醇朴之境。生活是学生学习语文的源泉,又是课堂教学生活化的延伸。美国教育家华特指出:"语文学习的外延与生活的外延相等。"

把语用根植于人与世界、人与社会、人与生活的关系中,关注世界的发展、社会的进步与人类的生存命运,才能克服传统语文教学中机械地传授语言智能的纸上谈兵弊端,优化教学过程,使以创新精神与实践能力为核心的素养教育真正落到实处。

(四)醇厚的文化味

著名语言学家张志公先生指出:"无论是阅读还是作文,首要的是字词。"语文通过文字向人们展示各个时代、不同地域的多彩文化,具有深厚的文化底蕴和内在的人文价值,充分体现民族文化精神和气派。语文课堂需要教师专注于字词句段等言语、结构形式的教学,摒弃对文本烦琐的分析、讲解、训练,挖掘文化因素,更以独有的精神特质,比如儒雅的气度、博学的底蕴和不凡的谈吐,营造富有文化味的课堂氛围,引导学生浸润其中,入其境,动其情,充分体会文本的美。在温润醇厚的文化味中,让学生享受学习语文的快乐,受到高尚情操与趣味的熏陶,丰盈自己的精神世界,提高文化涵养。

渗透醇正的语文味、醇美的人情味、醇朴的生活味及醇厚的文化味的醇味语文课堂,是我们课题组成员在语文教学中的追求,也是语文核心素养落地的重要途径。

二、探查醇味语文课堂缘起

随着教育改革和课程改革的稳步推进,教学效率越来越受到学校和教师的关注,但根据长时间的教研观察,目前初中语文课堂教学的"少慢差费"现象依然大量存在,很多老师感觉到语文课"教得辛苦",但学生似乎"并不领情",成绩"提高很慢"不说,语文课堂没有了"语文味",变成应试课、思政课、地理课、生物课等,学生学习毫无兴趣可言,教学的实效性不高。我们在进行持续的研究之后,归纳现状如下。

(一)漠视教学设计

所谓教学设计,简单地说,就是指教师为达成一定的教学目标,对教学活动进行的系统规划、安排与决策。教学设计的过程实际上就是为教学活动绘制蓝图的过程。通过教学设计,教师可以对教学活动的基本过程有个整体的把握,可以根据教学情境的需要和教育对象的特点确定合理的教学目标,选择适当的教学方法、教学策略,采用有效的教学手段,创设良好的教学环境,实施可行的评价方案,从而保证教学活动的顺利进行。另外,通过教学设计,教师还可以有效地掌握学生学习的初始状态和学习后的状态,从而及时调整教学策略、方法,采取必要的教学措施,为下一阶段的教学奠定良好基础。从这个意义上说,教学设计是教学活动得以顺利进行的基本保证。好的教学设计可以为教学活动提供科学的行动纲领,使教师在教学工作中事半功倍,取得良好的教学效果。

但我们在调查研究中发现,很多语文教师在教学中忽视教学设计。阅读教学中,无论什么课型,几乎都是以"课前导入—检查预习—作家作品背景介绍—逐段讲解—归纳中心"模式替代,每篇课文按部就班,学生听得索然无味。作文教学中,教师没有必要的引导,未能有效地将读与写相结合,忽略写作与生活的联系……这样的课堂,无所谓"互动",或者出现"假互动",不仅难以取得好的教学效果,而且容易使教学走弯路,影响教学任务的完成。教学效率低下的同时,还扼杀了学生学习语文的兴趣,提高语文素养更无从谈起。

(二)忽略教学解读

往前追溯,漠视教学设计是忽略教学解读的必然结果。

所谓"教学解读",是对"语文课文"进行"教学"上的解读。文本之所以被选用为教材,是为"教学"服务的,是为体现语文的"工具性"的作用,它不同于一般文本,可以任由读者做出自己独特的理解和感受。研究、解读"课文"的是语文教师,这就要求语文教师在对教材进行解读之前,应先了解课标精神,解读单元目标,领会编者意图,结合学情特征……然后做出"教学内容"的选择。王荣生博士一再强调"教学内容"选择的重要性,他认为教师应当根据学生的具体情况,将课程专家提供的"一般应该教什么"转化为"实际上需要教什么",[①]教师关注与学生实际的契合,才是"语文教学内容"的本来含义。然而在实际阅读教学过程中,多数语文教师常常忽略教学解读,他们奉"教师教学用书"为"圣旨",以搜索网络"教案"为乐趣,无论准确不准确,无论适用不适用,照抄全搬。因此,活动探究单元和普通阅读单元教法一样,教读课和自读课教法一样,罔顾教材编写意图,轻视教材地位,忽略学情分析,既弄不清"教什么",更搞不明白"为什么教"和"怎么教",千

---

① 王荣生.语文课程与教学内容[M].北京:教育科学出版社,2018.

篇一律,表现出极大的随意性和盲目性。

阅读尚且如此,作文解读更是难得一见。多数教师的作文课堂通常是请学生翻到教材里的单元作文,或者是某地市的某道中考作文题,直接要求学生动笔写作,没有对写作的题目进行必要的解读,无法做到根据单元或者测试要求解读为何要写这篇作文、怎样写这篇作文,提供情境式的材料写作更是少之又少。作文评讲停留在优秀范文的交流,而为什么它"好"?"好"在哪里?怎样升格可以让它更"好"?教师既不重视基于自己的认识进行解读,也无法引导学生思考、探讨,从而归纳出带有共性的作文问题,提出行之有效的改进措施更无从谈起。久而久之,学生在写作方面就表现出了极大的被动性和盲目性。

(三)缺乏文体意识

缺乏文体意识是语文课丧失"语文味"的一大重要原因。王荣生博士主张分文体教学,他认为教学内容的选择还应根据文体而定。但事实上,缺乏文体意识的语文阅读教学课堂却随处可见:《阿长与〈山海经〉》大花时间分析阿长形象,《猫》着重分析作者(其实是小说叙述者)对三只猫的情感,《苏州园林》大规模训练学生对说明方法的掌握,《富贵不能淫》《最苦与最乐》作为教育学生树立"大丈夫""责任"意识的范本……

语文课堂"语文味"的缺失,很大程度上就是由文体意识缺乏造成的。文学作品和新闻、议论性、说明性、实用性文本混为一谈,小说和散文无区别化对待,更有甚者,将说明文、议论文上成图片展示课、生物课、思想品德课。究其原因,便是不对文体和文本进行研究,无法对各种不同的文体应该"教什么"进行宏观的界定,无法对每一篇文本进行深入细致的解读,从而选择一个恰当的教学内容,使之符合"语文课"的特点,体现"语文课"的美,散发醇厚的"语文味"。

(四)错解课改理念

"积极倡导自主、合作、探究的学习方式"是新课程的基本理念之一,合作学习俨然成为现在语文课堂中所必不可少的模式。但合作学习的基础是自主学习,部分教师一提出问题就马上让学生讨论,根本不给学生文本阅读、思考的时间,导致有的学生对问题理解不透,在语言文字的表面滑行,缺乏深层次的思考;有的学生根本没有想法,沉默不语,只好让自己的大脑成为别人思维的跑马场,成了被动接受的"容器",一个麻木的"看客";

有的学生脱离主要内容探讨,游离于文本内容之外,天马行空,夸夸其谈,将课堂变成自己的"表演场"……见问题就讨论、动不动就合作的"浮""泛"等华而不实的泡沫语文课堂现象不在少数,语文课堂陷入"虚假合作"的误区和新型的"少、慢、差、费"的境地,不利于培养学生独立思考和终身学习的能力。

(五)滥用多媒体技术

受课改理念的影响,语文课堂上教师也竭力体现新课标的精神,显示追求潮流不甘落伍的奋进姿态。于是,利用多媒体这一"现代化武器",《一滴水经过丽江》《春》《济南的冬天》变成了图片展示课,《恐龙无处不在》《大雁归来》《落日的幻觉》变成了生物、地理课堂……令人眼花缭乱的图像展示、快餐式的"读图"几乎取代了"读文"的训练,有时更配以五花八门的背景音乐,花花哨哨,热热闹闹。究其原因是教师未能真正理解多媒体只能作为语文教学的一种辅助手段,错解了新课程理念。

以上,是我们对当下语文教学课堂观察研究之后归纳的几种状态,这也是当下语文课堂教学普遍出现随意性、盲目性,高耗低效,甚至高耗无效的原因。当然,教师苍白呆板的教学语言、功利化的应试演练等,也使学生对语文的学习热情大打折扣。

三、构建醇味语文教学模式

基于对初中语文教学课堂现状的调查研究,经过摸索实践,我们在阅读方面构建了"三读一主线"这样可操作的"语文味"阅读课堂教学模式。

"三读一主线"即在执教教师精心设置的主线问题的导引之下,学生课前自读质疑、课上朗读感知,最终实现品读鉴赏的教学模式。

"三读一主线"课堂教学模式要求教师做充分的备课工作,对学生的学情有一定的预判,进而精心设计教学活动,做到课堂书声琅琅,品读人人参与,让语文课堂充满醇香的"语文味"。

同时,在作文方面,课题组也提出了基于生活积累和体验的"一解二写三评四改"四部曲写作教学模式。"解"是教师作必要的解读、指导;"写"是学生在规定的时间完成写作任务;"评"是教师对学生整体、个体的作文进行点评,也可以是学生间的互评;"改"是学生针对写作中出现的问题进行修正。

　　经过持续的教学实践,语文课堂"语文味"越来越浓厚,学生的课堂活动参与度明显提高,语文阅读的良好习惯日益养成,语文素养有了一定的提高。

四、提出醇味语文实施策略

　　醇味语文集醇正、醇美、醇朴、醇厚于一体,充分展现了语文教学的魅力。以阅读为例,经过长期的实践研究,我们提出了实施醇味语文阅读教学有效性策略,即以教师解读为前提,课堂朗读为抓手,师生品读为钥匙,通过主问题设计贯穿课堂的教学方式实现教学目标。

(一)教师解读是前提

　　全国著名特级教师陈日亮说:"我的教法不过就是我的读法。"[①]解读是一切教学活动的基础。语文教师备课的过程实质就是教学解读的过程。在解读过程中,语文教师首先必须解读教材的编排意图、教材所在的单元目标,解读文体的特征,解读学生的学情,在此基础上根据王荣生提出的"学生会的不教""学生一望而知的东西不教"的观点,做出教学研判,确定教学内容,选择合适的教学方法,并作精心的教学设计。

　　在研读了相关论著之后,结合教学实践,在以言语教学为核心的指导思想下,我们针对各种文体大致明确了以下教学侧重点:散文和诗歌,重在通过对象的描述理解作者抒发的情感,而不是放在散文描写的对象上;小说,重在通过对人物形象、环境、情节的分析,理解小说表现的主题;议论性文本,重在明确作者的观点,发现观点和材料之间的关系;说明性文本,重在分析说明对象的主要特征或原理,掌握说明的顺序以及如何正确使用说明方法说明事物的特征或原理;文言文,除了落实重点文言字词的积累,更应重视"文"和"意"之间密不可分的关系……

　　在摸清了这样的解读规律之后,再对单篇阅读文本进行深入、细致的解读,既能保证教学内容的选择不偏离"语文"的大方向,又能高效地实现因材施教,减轻教师备课的负担,避免出现高耗低效甚至高耗无效的课堂教学方式。

---

　　① 陈日亮.如是我读[M].上海:华东师范大学出版社,2010:4.

（二）课堂朗读为抓手

我们提倡语文课要上出语文味来。语文课堂应突出语文教学自身的特点，致力于学生语文素养的形成与发展；要让学生通过语文实践，在把握语文这一最为重要的交际工具的同时，不断丰富自己的人文精神。它是语文教学应该具有的一种特色，一种整体美，也是语文教学应该追求的一种境界。《义务教育语文课程标准（2011年版）》更是明确指出："各个学段的阅读教学都要重视朗读和默读。……要让学生在朗读中通过品味语言，体会作者及作品中的情感态度。"[①]读是根本，没有读，就没有感悟和理解，就没有语感的生成、情感的熏陶、语言的积累和运用。

语文能力和语文素养的最直观表现莫过于一个人的语感，特级教师于永正说："培养语感的重要途径是诵读。""多诵读，熟读成诵，笔未着纸，可用的多种表达方式早已蜂拥而至，你自然可以随手拈来，不费思索而顺理成章。"语文教育家叶圣陶先生强调语文课堂"惟有不忽略讨究，也不忽略吟诵，那才全而不偏"。[②] 因此，"语文味"阅读教学课堂首先应该是有琅琅书声的课堂。"三读一主线"教学模式旨在通过"朗读"这一抓手，在课堂上引导学生通过朗读品味词语之美、感受思想之美、领略语文之美，营造浓厚的"语文味"氛围，让学生沉浸其中，从而乐于思考、乐于发现、乐于学习，于不知不觉之间，提升语文能力。

（三）师生品读是钥匙

语文教材中的课文，语言总是丰富、精湛，引人入胜、耐人寻味。丰富、精湛、耐人寻味的语言怎样才能走进学生的心田？语文课堂因为有了品词赏句，文章才能真正被理解、感悟和鉴赏；课堂才不会显得浮华、浅薄；学生才能更好地读出味道来，才会体现工具性和人文性的统一。在课堂中品词赏句应该要"咬定青山不放松"。如果说朗读是从宏观上感知课文之美，那么品读就是在细微处见真知。

在"三读一主线"的课堂模式里，师生共同品读就是一把走进文本核心的钥匙，是构建"语文味"课堂一个必不可少的环节。无论是关键词品读、

---

① 教育部.义务教育语文课程标准（2011年版）[S].北京：北京师范大学出版社，2012：22.

② 叶圣陶.叶圣陶语文教育论集[M].北京：教育科学出版社，2015：9.

对比品读还是延伸品读,只有通过师生的互动、教学课堂的对话,才能碰撞出火花,拥有出人意料的新发现。我们提倡师生共品,就是遵循"教学相长"的教学规律,在反复品读、共同品读中,品味作品中富于表现力的语言,以实现"欣赏文学作品,能有自己的情感体验,初步领悟作品的内涵,从中获得对自然、社会、人生的有益启示。对作品中感人的情境和形象,能说出自己的体验"的目标。[①]

(四)主线问题贯穿是途径

好的教学设计往往能提高教学效率。在语文阅读教学课堂中,如果能从课文整体的角度或学生的整体参与性上,设计一个能够引发思考、讨论、理解、品味、探究、创编、欣赏的重要问题,那将有利于学生整体把握课文,避免肢解课文;有利于培养学生深入思考探究的能力和习惯,改进学习方式;有利于凸显教学重点;有利于处理好教师主导和学生主体的关系,消除满堂灌、满堂问、满堂练——能够激发学生的学习兴趣,避免高耗低效甚至无效的现象。

我们在实践与探究中,摸索出了包括抓纲控网设问法、文章标题设问法、开头结尾设问法、关键语段设问法等主线问题的设计方法,以主线问题设问激趣,彩线串珠,层层剥笋,环环相扣,一步步指向教学目标的达成。

简而言之,醇味语文课堂是以教师解读为前提、课堂朗读为抓手、师生品读为钥匙,通过主问题设计贯穿课堂以培养学生语文能力的课堂。教师以富有感染力的课堂教学语言,通过主问题引导学生走进文本,读、品、悟,在思维和情感的强烈震撼中领悟文本的内涵,产生思想的共鸣,最终使学生言语能力得以培养,思维能力得以提升,文化底蕴得以沉淀,使学生的人文素养和审美情趣得以提高。

五、实施醇味语文教学成效

醇味语文课堂教学模式的实施,极大地调动了学生学习的积极性,成效显著。

---

① 教育部.义务教育语文课程标准(2011年版)[S].北京:北京师范大学出版社,2012:15.

(一)凸显语文本体地位

"语文味"阅读课堂实施以来,语文课立足于言语内容,引领学生揣摩言语形式,帮助学生习得言语能力,提高学生表达水平,而不再被上成生物课、思品课或者地理课。散文、诗歌的课堂诗意盎然,说明文、议论文的课堂也能书声琅琅。我们的课堂不仅能在《春》中感受春天到来的生机和喜悦,也能在《中国石拱桥》中体会用词的精确和凝练;不仅能在《一滴水经过丽江》中感受作者视角的独特和对丽江的情有独钟,也能在《人民解放军百万大军横渡长江》中体会必胜的信心和豪迈的气概……无论是哪种文体,语文课还是语文课,"语文"的主体地位得以凸显,醇味语文课堂真正得以展现。

(二)提高学生语文素养

在"三读一主线"教学模式中,学生在教师指导下自读、朗读、品读,逐渐养成良好的语文学习习惯,锻炼了对语文的感知能力,扩大了知识面;又在教师"主线问题"的激发下乐于思考,形成善于思考和发现的能力,再促进自身更加积极主动地去学习、思考、探索,在良性循环中不断提高自身的语文素养。

(三)促进教师专业成长

课题组的教师们在课题的研究中专业得到发展,他们撰写了多篇相关论文,多次在省、市、县等各级教学活动中开设研讨课,展示了课题组倡导的醇味语文课堂教学模式,受到老师们的极大关注和广泛好评。同时,教师们能针对一个个教学课例,就课堂现象进行自我评价、反思,审视课堂是否有醇正的语文味、醇美的人情味、醇朴的生活味、醇厚的文化味,提高自我觉察水平和教学监控能力,逐步确立了醇味语文教学理念,形成了个体对醇味语文教学现象、教学问题的独立思考和创造性见解。

(四)产生较为广泛的影响

我们的研究也得到了同行的认可,创建醇味语文课堂得到越来越多老师的响应。课题组发表了《立足言语教学　发展思维品质》《回归本色,让阅读教学充满语文味》等多篇论文,阐述醇味语文教学的课堂模式。我作为课题主持人多次应邀到省内外,先后作了《酿语文味课堂,当智慧型教师》《三读一主线的醇味语文课堂教学》《语文阅读教学的"文气"味儿》等多堂有关醇味语文课堂的讲座。课题组成员以自己丰富的实践和翔实的课例，为教师们解读了如何实施语文味课堂，实施语文味课堂后学生语文素养的变化……听课教师们颇受启发。

　　总之，醇味语文课堂模式的提出和实施，给语文课堂教学带来的成效是显著的，在一定程度上改变了新课改下、应试教育下部分课堂"语文味"不足的现状，培养了学生的学习兴趣，调动了学生的积极性，提高了学生的语文核心素养。当然，"醇味"语文课堂研究，也存在一些问题有待解决，比如如何做好读写结合与转化，如何培养年轻教师上出"醇味"语文课等，我们将继续思考、研究，进一步完善醇味语文课堂教学主张。

第二章

追寻:名家语文味课堂的探索

　　从教多年,常有教师困惑而自问:语文究竟教什么？初登讲台者如此,耕耘多年者亦然。在语文教学中迷失自我、发生错位的现象屡见不鲜。归根结底,是对语文的性质不甚了了。《义务教育语文课程标准(2011 年版)》明确指出:"语文课程是一门学习语言文字运用的综合性、实践性课程。义务教育阶段的语文课程,应使学生初步学会运用祖国语言文字进行交流沟通,吸收古今中外优秀文化,提高思想文化修养,促进自身精神成长。工具性与人文性的统一,是语文课程的基本特点。"众多语文专家以课标为引领,以语文课堂为阵地,继承、发扬、创新,形成了诸多不同的教学流派。尽管这些流派教学主张不同,教学风格各异,但它们大多一脉相承,为我们进一步探索语文教育教学提供了借鉴。

　　2006 年 3 月,我们迎来了语文教育的春天。于漪、钱梦龙等语文教育专家齐聚杭州,举起了"本色语文"的大旗,呼吁语文教育正本清源、返璞归真,还语文教学的本来面貌,要在探寻、遵循语文学科规律的基础上进行,回归"语文味"课堂。为此,我们应该从叶圣陶等名家的语文教育思想中追溯本源、汲取养分。只有不断地追寻、探索,不断地借鉴、反思,才能更好地传承和创新,打造更本真的语文课堂,创造更优良的语文教学品质。

第一节 潜心会本文，细读酿醇味

——读《叶圣陶语文教育论集》有感

语文教什么？叶圣陶先生早在近一个世纪前，就对此提出了相当多的看法和见解。在21世纪的今天，重读《叶圣陶语文教育论集》，有助于我们追本溯源，反思自己的教学内容、教学理念和教学方法，考量自己在教学工作中的得失利弊——确如吕叔湘所言："凡是关心当前语文教育问题的人都应该读一读这本集子。"

一、语文教什么

叶圣陶先生说：从语文教育的社会作用来看，一般来讲，社会对青年学生的要求无外乎两个方面，即写得通和读得懂。学生在学期间要阅读，要写作，至于走到社会上，工作也好，生活也罢，一辈子都需要阅读，需要写作。"得到阅读和写作的知识，从而养成阅读和写作的习惯，就是学习国文的目标"（p.003），换言之，语文教育的目标就是培养和提高学生的阅读能力与写作能力。

阅读的行为时时刻刻都在发生，大到读书看报，小到读短信、微信、QQ留言等，无论文化程度如何，终究是逃离不了"阅读"的工作。阅读是吸收，就如我们天天吃饭吸收营养一样，阅读就是汲取精神上的养料。写作是表达，把大脑里想的东西传达出来，让其他人知道，要么用嘴说，要么用笔写，交谈、演讲、写日记，都是"写作"。

阅读和写作能力的高低，造就了"百家争鸣，百花齐放"的局面，因为理解的深浅层次不同，表达的准确度有异，就有了争执，有了辩论，有了"口诛笔伐"。因此，阅读和写作的能力都需要训练。

而"这种阅读与写作的技术的训练，别的学科是不负责任的，全在语文学科的肩膀上"。当然，学生不可能拿起书来就会读，提起笔就会写。教学没有那么简单。第一，必须讲求方法。怎样阅读才可以明白晓畅，摄取精华。怎样写作才可以清楚畅达，表情达意，都得让学生们明明白白。第二，必须使种种方法成为学生终身以之的习惯。因为阅读与写作都是习惯方面的事情，仅仅心知其故，而习惯没有养成，还是不济事的。

因此，语文教学应当培养学生阅读和写作的习惯和方法。

叶老先生具体地分析了阅读和写作各要养成的种种习惯。关于阅读，他说："所谓阅读书籍的习惯，并不是什么难能的事，只是能够按照读物的性质作适当的处理而已。需要翻查的，能够翻查；需要参考的，能够参考；应当条分缕析的，能够条分缕析；应当综观大意的，能够综观大意；意在言外的，能够辨得出它的言外之意；又有疏漏的，能够指得出它的疏漏之处；到此地步，阅读书籍的习惯也就差不多了。"(p.048)可以说今天我们在语文教学中强调的学生阅读时须养成查阅工具书、疏通文意、整体感知、善问质疑、领会意旨等各种习惯与叶老先生当年提出的这些习惯一脉相承。而关于写作，叶老在《论写作教学》中指出："写作已经同衣食一样，是生活上不可缺少的一个项目。"他认为有两种写作的习惯是非养成不可的："（一）有所积蓄，须尽量用文字发表；（二）每逢用文字发表，须尽力在技术上用功夫。"积蓄是言语、生活等知识的积累，"是亲切的观察、透彻的知识、应和环境而发生的情思的积累"；技术是用什么功夫来表达他的积蓄，是将胸中充实而深美的积蓄化为充实而深美的文字，是须苦心经营、一丝不苟的。

然而，所有的习惯都不是天生的，学生自然也不可能一开始就有这种习惯，所以要靠培养。比如阅读，读什么？怎么读？读不懂的怎么办？读不到位的怎么办？怎么发问？怎么设疑？这一篇这么读，下一篇可不可以也这么读……诸如此类的问题，需要老师启发，需要老师解答，更需要老师示范。于是，老师的解读就成了很关键的前提，学生的朗读就成了很重要的形式，老师带着学生一起品读就成了很有效的方法，课堂主问题的设置就成了一个很有导向性的手段，在执教教师精心设置的主线问题的导引之下，学生课前自读质疑、课上朗读感知，最终实现品读鉴赏，从而摸索出阅读的一些规律，总结出阅读的一套"技巧"，养成阅读的一个"习惯"。

那么，又如何培养学生的写作习惯？叶老先生始终把写作作为生活的一部分。他认为生活是写作的灵感来源和基础，写作应该从生活中汲取营养，将对生活的感悟诉诸笔下。写作是人的一种能力，是生活的需要。写作"与生活脱离关系，又何必去学习它"？"训练学生写作，必须注重于倾吐他们的积蓄，无非要他们生活上终身受用的意思"。叶老先生还强调，"写作生活化是目前作文教学的要求"。写作内容不合乎事理、不切合生活的实际、不抒写真情实感，就没法做到"立诚"。在今天的作文教学中，我们大力提倡要基于真实的生活情境写作,"写作要有真情实感,力求表达自己对自然、社会、人生的感受、体验和思考",要"多角度观察生活,发现生活的丰富多彩",①就旨在引导学生要在日常生活的交流、待人接物、处理沟通中积蓄,立足于生活写作,从对生活的体验和理解中获得写作的灵感,让学生有话可说、有情可抒、有理可议,培养"立诚"写作的品质和习惯。

二、教是为了不教

有一句老话叫作"授人以鱼,不若授人以渔",意思是传授给人以知识,不如传授给人学习知识的方法,方法掌握了才是长久之计。同样,教师除了要教给学生知识、技能,还应教给学生独立获取知识的方法和能力。叶圣陶先生在《大力研究语文教学 尽快改进语文教学》《阅读是写作的基础》《语文教育书简》等篇章中,多次明确提出"凡为教,目的在达到不需要教"的著名论断。叶老的主张里,"教"是手段,"达到"是过程,"不需要教"是目的,这些要素是不可或缺的。用叶老的话说:教师教任何功课(不限于语文),"讲"都是为了达到用不着"讲",换个说法,"教"是为了达到用不着"教"。他用"好比扶孩子走路,能放手时坚决放手"的比喻极其形象地揭示了教育的规律,并指出,"达到不需要教,就是要教学生自己学习的本领,让他们自己学习一辈子"。教会学生学习,使学生能够不断地获取新知识,使他们离开了老师,离开了课堂还能自己自主地学习、成长,满足自身的发展需要。"教是为了不教"揭示了教育教学与学生成长、知识学习与主体发展、课程教学与课外自学、学校教育与终身学习之间的辩证关系,体现了叶老先生教育教学的智慧。

但令人尴尬的事实是,时至今日,我们发现,多数语文教师依然行走在"苦教"的道路上——老师教得辛辛苦苦,学生学得茫茫然然,"十年的时间,2700多课时,用来学本国语文,却是大多数不过关"——也难怪叶老先生和吕叔湘先生同时质疑——"是不是应该研究研究如何提高语文教学的效率,用较少的时间取得较好的成绩",这问题确实"尽够发人深省的了"。(p.111)

我曾听过一节课,讲的是鲁迅的小说《故乡》。《故乡》是鲁迅小说中一

---

① 教育部.义务教育语文课程标准(2011年版)[S].北京:北京师范大学出版社,2012:16.

篇重要的作品,被教材编者置于九年级上册小说单元的第一篇,这无疑显示了它的重要地位。该单元要求,"学习这些课文,要结合自己的生活经验,理解小说的主题,分析人物形象,体会艺术特色,品味小说的语言",而执教老师选取的人物分析——闰土、杨二嫂的前后变化对比,环境描写的品析,进而探究小说的主题,是毫无问题的,其"分析人物—品析环境—探究主题"的教学设计也是符合单元教学目标的。

但一节课下来,留给我的印象只有"灌输"二字,整堂课以老师讲解为主,学生们只负责埋头做笔记。且不说这不符合"新课标"里关于"学生是语文课堂的主体,教师是课堂活动的组织者和引导者"的精神,单就学生而言,初三的学生学习小说,难道不应该是已经具备了一定的解读能力和学习方法吗?为何将近三年过去,还要停留在靠老师讲解为主的水平之上呢?再换个角度,即使将《故乡》作为精读课来讲授,也不能将课堂的小结仅仅停留在主题归纳层面,教师应该对《故乡》的学习方法进行小结、提炼,让学生对小说的阅读方法有所认识、有所积累,转化为学生"鉴赏文学作品"的能力,为阅读本单元的后面几篇小说积累阅读方法。所谓"教是为了不教",阅读方法的总结和提炼,是为让学生"具有独立阅读的能力,学会运用多种阅读方法",用叶老的话说,"学生入了门了,上了路了,他们能在繁复的事事物物之间自己探索,独立实践,解决问题了,就用不着给'讲'给'教'了"。(p.112)

那么,如何才能实现"不教"的理想?叶老做了一番论述:

> 知识是教不尽的,工具拿在手里,必须不断地用心地使用才能练成熟练技能,语文教材无非是例子,凭这个例子要使学生能够举一反三,练成阅读和作文的熟练技能;因此,教师就要朝着促使学生"反三"这个标的精要地"讲",务必启发学生的能动性,引导他们尽可能自己去探索。倾筐倒筐容易,画龙点睛艰难,确是事实,可是为了学生的长远利益,似乎不应该怕难而去走容易的途径。这就需要研究。(p.113)

换言之,语文教师应该用心钻研,遵循教育教学规律,善于归纳总结,启发学生举一反三,将知识储备转化为语文能力,让语文成为学生们"善于使用"的"工具"。(p.111)

三、潜心会本文

叶圣陶先生的《语文教学二十韵》包含如下几句:

> 陶不求甚解,疏狂不可循,甚解岂难致? 潜心会本文。
> 作者思有路,遵路识斯真,作者胸有境,入境始与亲。
> 一字未宜忽,语语悟其神,惟文通彼岸,譬如梁与津。

年轻时读《语文教学二十韵》,只觉得语言平实生动,读来朗朗上口,研究了三十多年语文教学,才发现那是叶老毕生教学智慧的捷径,更是语文教师回归语文教学的原点。语文教师必须沉下心来,反复与文本对话,在一次次的研读中,找到文章的切入点,揣摩到作者遣词造句的独具匠心,触摸到作者情感跳动的脉搏。教师只有先于学生在文章中切己体察、潜心涵泳,才能在教学中游刃有余,左右逢源。

"潜心会本文""一字未宜忽""语语悟其神"⋯⋯这样的叮咛嘱咐,无时无刻不在提醒我们要精读文本,仔细推敲字词句段之精妙,形成与作者或编者的共鸣。这便是解读文本的重要性。

如何解读文本? 以我之见:

首先,要"裸读"文本。如何"裸读"? 一要明文体,看看它是叙事、写人、写景、说明,还是说理。二要知内容,了解它写了什么主要内容,又分了几个小内容。三要探思路,理一理它是怎么写怎么说的。四要审方法,归纳归纳它用了什么写作方法。如此一来,算是对课文内容有了比较充分的了解。五要了解时代背景,部分文章需要查找资料,"知人论世",探究作者在何种情况之下写作此文,有何原因,是否有言外之意。

其次,要考虑文本在教材中的地位。第一需要考虑单元目标。统编版教材中,每个单元都有一个"单元说明"。教师可根据单元说明,制定相应的教学目标。第二要考虑文本在单元中的作用。统编版教材每个单元大都有四篇课文,暗合了王荣生教授的《课程论》将入选语文书的课文大致分为"定篇""例文""样本""用件"四种体例,而不同类型的课文需要使用不同的教学方法。

最后,预测学生所不及之处,给予预习的指点。了解文章的大体内容,感受作者的情感,应该采用什么样的方法,从哪里着手——这些都要学生自己动手动脑去预习。教师自当根据学情预测他们预习后可以完成的任务，依据课本原先配套的课后习题或根据实际需要自己设置问题进行引导和启发。此时教师要理清一条主线问题，将其分为几个小问题，让学生课前思考，唯有如此，"学生在预习的阶段既练习了自己读书，在讨论的阶段又得到切磋琢磨的实益，使他们阅读书籍的良好习惯才会渐渐养成"（p.049）。

的确，为了恰当地设置问题，引导学生正确预习并通过课堂指导充分感悟文本，达到养成正确的阅读习惯之目的，教师必须走在学生前面，走得更远；必须先潜心会文本，语语悟其神。课堂上教师起主导作用，引导学生自主学习。教师就像集会中的主席，排列讨论程序，归纳讨论结果。因此，教师势必在课前潜心体会文本的精髓，认真体悟字里行间隐藏的神韵。

叶圣陶先生说文艺鉴赏犹如"采矿"，"你不动手，自然一无所得，只要你动手去采，随时会发现一些晶莹的宝石"（p.191）。特级教师肖培东就说过："教师不能读得太浅，浅了就会犯错误。"比如有些老师教《吆喝》把课堂教成了叫卖场，教《背影》在探讨父亲有没有违反交通规则，等等。这就要求语文教师们要"认真阅读"，"认真阅读的结果，不但随时会发见晶莹的宝石，也随时会发见粗劣的瓦砾。于是吸取那些值得取的，排除那些无足取的，自己才会渐渐地成长起来"（p.191）。

叶圣陶先生在书中提到，从前私塾里有些不凡的老先生，会从虚字方面仔细咬嚼，让学生领会使用某些虚字恰是今语的某种口气；或者就作意方面尽心阐发，让学生知道表达这么一个意思非取这种方式不可；或者对诵读方面特别注重，当范读的时候，把文章中的神情理趣，在声调里曲曲传达出来，让学生耳与心谋，得到深切的了解。这种教师往往使学生终身不忘。

叶老说的这种使学生"终身不忘"的老师，说到底，就是善于咬文嚼字，比如：

> 文中描写风景，表达感情，我们就得问：作者这样描写和表达是不是最为有效？我们不但说了个"好"就算，还要说得出"好"在哪里，我们不但说了个"不好"就算，还要说得出"不好"在哪里。这样从好的文章中得到的感动自然更深切。如果有什么不完美的地方，也会觉察出来，不至于照单全收（p.190）。

叶老先生强调阅读需要咬文嚼字的功夫,他认为,阅读有时候不止于要了解大意,还要领会那话中的话,字里行间的话——也就是言外之意,不能读得太快,得仔细吟味;即便是课外阅读,如果一目数行地囫囵吞枣,至多只能增进一些知识和经验,并不能领会写作的技术在写作上的益处,非慢慢咬嚼不可。

叶先生还以鲁迅先生的《孔乙己》为例,对走马观花者和认真阅读的人进行对比:

> 匆匆读过的人说:"这样一个偷东西被打折了腿的瘾三,写他有什么意思呢?"但是,有耐心去鉴赏的人不这么看,有的说:"孔乙己说回字有四样写法,如果作者让孔乙己把四样写法都写出来,就索然无味了。"有的说:"这一篇写的孔乙己,虽然颓唐、下流,却处处要面子,处处显示他所受的教育给予他的影响,绝不同于一般的瘾三,这是这一篇的出色之处。"有一个深深体会了世味的人说:"这一篇中,我以为最妙的文字是'孔乙己是这样的使人快活,可是没有他,别人也便这么过'。这个话传达出无可奈何的寂寞之感。这种寂寞之感不只属于这一篇中的酒店小伙计,也普遍属于一般人。'也便这么过',谁能跳出这寂寞的网罗呢?"(pp.190—191)

关于《孔乙己》,叶圣陶先生还就"孔乙己是这样的使人快活,可是没有他,别人也便这么过"这么一个看似平白、简单的句子,专门写了一篇文章《未厌居文谈》,指出细心研读的重要性。这篇文章发表于一九四二年八月十五日《国文杂志》(桂林)第一卷第一期。

从叶先生举例四种人四个层次的阅读体验,到叶先生多次撰文谈阅读《孔乙己》的感受,可见认真阅读对欣赏文学作品是多么的重要。叶先生说:"有人说语体文没有什么讲头。像这里所提出的《孔乙己》中的那句话,简单明白,当然更没有什么讲头。殊不知如果把这句话轻易滑过,就会毫无所得。要细心研读,才有以上几层意思可说(而且未必说尽)。从这几层意思看,就会明白那句插进去的话并不是可有可无的,它在结构上是必要的,在作用上是能增加效果的。"(p.202)

可见,只有认真细心地研读,主动地"采矿",才能随时发现文学作品中那些晶莹的宝石。

潜心会本文,还得善于"驱遣我们的想象"。

叶老说："文字是一道桥梁。这边的桥堍站着读者，那边的桥堍站着作者。通过了这一道桥梁，读者才和作者会面。不但会面，并且了解作者的心情，和作者的心情相契合。"（p.192）

先就作者的方面说，"作者着手创作，必然对于人生先有所见，先有所感"，"他动手写，不但选择那些最适当的文字，让它们集合起来，还要审查那些写下来的文字，看有没有应当修改或是增减的。总之，作者想做到的是：写下来的文字正好传达出他的所见所感。现在就读者的方面说。读者看到的是写在纸面或者印在纸面的文字，但是看到文字并不是他们的目的。他们要通过文字去接触作者的所见所感"。（p.192）

叶老以王维的"大漠孤烟直，长河落日圆"为例：

大家认为佳句。如果单就字面解释，大漠上一缕孤烟是笔直的，长河背后一轮落日是圆圆的，这有什么意思呢？或者再提出疑问：大漠上也许有几处地方聚集着人，难道不会有几缕的炊烟吗？假使起了风，烟不就曲折了吗？落日固然是圆的，难道朝阳就不圆吗？这样地提问，似乎是在研究，在考察，可是也领会不到这两句诗的意思。要领会这两句诗，得睁开眼睛来看。看到的只是十个文字呀。不错，我该说得清楚一点：在想象中睁开眼睛来，看这十个文字所构成的一幅图画。这幅图画简单得很，景物只选四样：大漠、长河、孤烟、落日，传出北方旷远荒凉的印象。给"孤烟"加上个"直"字，见得没有一丝的风，当然也没有风声，于是更来了个静寂的印象。给"落日"加上个"圆"字，并不是说唯有"落日"才"圆"，而是说"落日"挂在地平线上的时候才见得"圆"。圆圆的一轮"落日"不声不响地衬托在"长河"的背后，这又是多么静寂的境界啊！一个"直"，一个"圆"，在图画方面说起来，都是简单的线条，和那旷远荒凉的大漠、长河、孤烟、落日正相配合，构成通体的一致。

像这样驱遣着想象来看，这一幅图画就显现在眼前了。同时也就接触了作者的意境。读者也许是到过北方的，本来觉得北方的景物旷远、荒凉、静寂，使人怅然凝望。现在读到这两句，领会着作者的意境，宛如听一个朋友说着自己也正要说的话，这是一种愉快。读者也许不曾到过北方，不知道北方的景物是怎样的。现在读到这两句，领会着作者的意境，想象中的眼界就因而扩大了，并且想想这意境多美，这也

是一种愉快。假如死盯着文字而不能从文字看出一幅图画来，就感受不到这种愉快了。（pp.192—193）

这便要求我们语文教师在解读文本的时候不放过任何一个细节，《醉翁亭记》的 21 个"也"字，《马说》的 11 个"不"字，我们能不能带领学生去揣摩作者蕴含其中的情感？《湖心亭看雪》中，"独往湖心亭看雪"之"独"，与"惟长堤一痕、湖心亭一点，与余舟一芥、舟中人两三粒而已"的"惟……而已"二者有何微妙的联系？我们能不能拥有足够的语言感知的敏锐度，能不能"驱遣我们的想象"去破解其中的奥秘？这一切，很大程度上决定了我们能不能构建一堂具有"醇语文味儿"的语文课。

当然，语文教师如果能长期在课堂实践中以身作则"潜心会本文"，使学生耳濡目染，形成对于语言文字的灵敏的感觉，就可以"通过文字的桥梁，和作者的心情相契合"（p.197），就能具备独立的阅读文艺作品，乃至其他一切作品的能力。

叶老说："审慎的作家写作，往往斟酌又斟酌，修改又修改，一句一字都不肯随便。无非要找到一些语言文字，意义和情味同他的旨趣恰相贴合，使他的作品真能表达他的旨趣。我们固然不能说所有的文艺作品都能做到这样，可是我们可以说，凡是出色的文艺作品，语言文字必然是作者的旨趣的最贴合的符号。"（p.195）因此，我们在解读文本的过程中，便要善于发现这些"符号"，并启发学生、引导学生去发现更多这样的"符号"，训练他们的语感，培养他们的能力。

我曾有过这样的体验，学生学习《故乡》，他们会关注"我竟与闰土隔绝到这地步了"中的"竟"，"以为他总是崇拜偶像"的"总"，"只是他的愿望切近，我的愿望茫远罢了"的"只是"和"罢了"；学习《孔乙己》，他们会关注"大约孔乙己的确已经死了"的"大约""的确"和"已经"，并且在关注这些字词之后，深入剖析，得出主题。这个现象曾一度让我既诧异又欣喜。后来归根究底，原来是我每每讲授鲁迅的作品，总会发现鲁迅先生使用副词的"非常"之处，而学生在不知不觉中受到了影响，培养了语感，也习得了一套阅读鲁迅作品的方法。

回望我所上过的课、听过的课，把语文课上成其他课的情况很多，从头到尾全凭老师讲的现象也不少，在经历了数十年的教育实践后再读叶圣陶先生的教育论文集，才终于读懂了吕叔湘先生序言中说的"为什么现在还没有过时"。诚如吕先生所说，"现在有很多问题表面上是新问题，骨子里还是老问题,所以这些文章绝大部分仍然富有现实意义",叶老的真知灼见,可谓历久弥新。语文应该教什么？语文应该如何教？这是当前语文教育界争论最多的问题,而叶老在论著中的阐述和启发,让我们回归到语文教学的本质,回归到语文教学的原点。他叮嘱我们,"一篇好作品,只读一遍未必能理解得透。要理解得透,必须多揣摩"(p.246),同时也告诫我们,"提出来的必须是合情合理的值得揣摩的问题。要是硬找些不相干的问题来抠,那就没有意义了"(p.248)。

"潜心会本文""语语悟其神"。合上书本,叶老的教诲言犹在耳。语文教师只有做到潜心研读文本,发现文章传情达意的方式方法,找出撬动学生深入理解课文的钥匙,构建醇味语文课堂,才能带动学生养成正确的阅读习惯,最终达到培养和提高学生阅读与写作能力的目标,让学生终身受益。

第二节　以心契心,以文解文,以言传言
——读陈日亮《我即语文》《如是我读》有感

只注重思想而忽略训练,所获得的思想必是浮光掠影。因为思想也就存在语汇、字句、篇章、声调里。
——朱自清

内容人人可见,意蕴须经一番努力才能找到,形式对大多数人却是一个秘密。
——[德]歌德

把学习国文的目标侧重在形式的讨究。
——叶圣陶

陈日亮老师在其书稿、讲座中多次援引名家的这几句话,年轻时候的我并不能很深地理解它们的内涵以及陈老师语文课堂教学思想,2017年暑假时拜读了陈老师的《我即语文》《如是我读》,对这几句话有了比较深的体悟,现根据自身语文的教学实践,围绕着陈老师的"三以"教学思想,谈几点比较深的感悟。

一、培养兴趣,讲求规范,掌握方法,训练习惯

"知之者不如好之者,好之者不如乐之者。"学生对语文学习产生了兴趣,就会积极主动地去寻幽探胜。所以,它是学生学习的内动力,能使学生在学习活动中产生心理上的爱好和追求,是学生学习活动中最现实、最活跃的成分,也是学生学好语文课的入门向导。

陈老师认为,初中是基础教育的"养成教育"阶段,也是中学生学习语文的关键时期。那么初中阶段,语文训练的基本内容是什么呢?就是要"培养兴趣,讲求规范,掌握方法,训练习惯",陈老师曾说:"学好语文,一靠兴趣,二靠习惯,三才方法。""学习任何知识都要有兴趣,但学语文兴趣似乎特别必要。因为它所强化的学习效果,是其他学科无法比拟的。我们常常看到,一个学生对数学不怎么感兴趣,也许并不影响他正确地完成一道练习题,而对语文学得乏味的学生,大有可能整学期学完了,却近乎一无所得。"

怎样培养学生兴趣呢?曾看过一则材料,开学第一节课,陈老师板书了一道三角函数公式 $\tan\alpha=\sin\alpha/\cos\alpha$,问学生是什么意思。学生大多茫然不解,因为学生没学过呀!有的猜是英语单词,有的当成拼音来读。而语文就大不相同,陈老师进而声情并茂诵读了鲁迅《狂人日记》中的一个经典段落:

> 我翻开历史一查,这历史没有年代,歪歪斜斜的每页上都写着"仁义道德"几个字。我横竖睡不着,仔细看了半夜,才从字缝里看出来,满本都写着两个字,是"吃人"。

和三角函数一样,同样是学生没学过的内容,陈老师让学生体会文段的含义,很快有几个学生举手发言,尽管表达不尽准确,也都说个八九不离十。陈老师以这两个例子告诉学生,语文比数学具有更多自学的可能,学起来也更有趣味。同学们会心地笑表示认同。陈老师还指出,课上听得有趣不会必然转化为学得有趣。能让学生自己享受到成功读写的喜悦,才是语文教师应该努力追求的。当然,兴趣毕竟只是一种情绪体验,一种心理状态,只有在各项语文训练中培养强化,养成习惯才能变成持久的学习动力。

陈老师十分注重对学生学习习惯的培养。叶圣陶先生强调"一个方法，一个习惯"，"教语文是帮助学生养成使用语文的良好习惯"，"能力要在习惯中才能养成"。吕叔湘先生说过，"语文的使用是一种技能、一种习惯，只有通过正确的模仿和反复的实践才能养成"。现代著名教育家陶行知先生也明确提出："什么是教育？一句话，就是要养成良好的学习习惯。"陈老师深入阅读这些语文名家或教育家等的著作，从众多名家著作里吸收营养。他实践着叶圣陶先生等语文教育家的教育思想。对于语文是工具性的论断，陈老师在《得法养习　历练通文》一文中，强调语文"是随时随地都要使用的工具"，"是人的生命行为中须臾不可或离的工具"，"语文教学的力，必须直接作用于习惯上"，行为即习惯，语文既然是语言学科，语言是人的习惯和天性，语文教育的全过程，就是语言行为习惯的养成过程，因此语文教学需要努力培育和养成学生良好的学习行为和习惯，"要养成时时处处讲求规范的良好习惯"。

陈老师特别重视学生语文学习行为的规范化训练，他强调语文学习的方法和习惯要求必须严格而精细，丝毫马虎不得，提高学生语文能力，当从严格的规范要求开始，全面地历练习惯，一步达到习而熟之、熟能生巧的地步。他遵照叶老说的"习惯没有养成之前，去个正当适宜的开端，集中心力，勉强而行之"，特别是初中，先示以规矩而后成方圆，否则坏习惯一旦养成，到了高中则可能终身而积习难改。以陈老师培养初中学生的课前、课内自学规范为例：

（1）诵读课文 1～2 遍，注意准确、流利，有一定节奏和感情处理。养成做阅读符号标记的习惯。

（2）熟记课文所有的注释。特别注意：①生难词语；②容易疏忽的注释内容；③实用而尚未掌握的词语。

（3）初步了解课文的内容梗概、主题思想和写作特点。

（4）识记课文中精要和精彩的内容和语句。

（5）思考质疑，拟题供讨论或检测。①提出值得揣摩和需要讨论的问题，一般要记录在笔记本或课本上，有时要写成书面的"提问作业"。②编拟出预习检测的题目（一般为前所列 2～4 项内容，题量宜控制在 5 分钟内可以完成）。

陈老师重视把语文课上成以学生自学为主的语言实践课，他把预习放在十分重要的地位,把预习当作是教学过程的首要环节,为此,陈老师很庄重地将课前的自读命名为"预读课",旨在培养学生的自学能力和习惯。他重视预读方法,提出五点预读的具体措施。就程序上来说:第一步是诵读,包括正音、辨字、疏句;第二步是会意,包括释词、析句和统篇(内容梗概、主题思想和写作特点);第三步是发疑。就预读侧重点而言,概括起来有两方面:其一,重视语感、语言能力的形成。比如上述第1、2、4点,包括诵读、积累词语及语句,诵读是贯穿其中的主线,识记,理解词语、句子离不开诵读。在《初中语文课文阅读的基本方法与习惯》一文中,陈老师对诵读更有细节上的要求,比如"吐词吐字准确清晰,不含不吞;不增、不减、不改、不颠;注意句子停顿间歇……"等,周密而细致。其二,培养学生思维能力。陈老师对语文学科性质有清醒而深刻的认识,他一改不少教师预习只要求学生把课文读一遍以及借助工具书解决一些"文字障碍"的做法,他认为预读需教会学生如何发疑问难,这才是更重要的事情。他认为"语文是一门心灵的学科"。心灵即思想和思维,而思维、思想与语言是二位一体,须臾不可分离,因而学会提出问题至关重要,上述该预读要求的第5点即是这方面的具体要求。陈老师认为,"诵而后思,贯而后通",必须"先不断地听取、记住,才能进行分析、比较",这才是学语文的一条基本规律。而此处"思"便是思考,思考是提出问题、寻求解疑的前提。长期进行这种规范的预读训练,必使学生养成终身良好的语文学习习惯。

检查学生自学语文的能力是陈老师教学中必须完成的一项特殊任务,他说,"无论是课内课外,检查学生自学语文的习惯和能力无疑都应该成为一个重点项目"。但是,语文能力的提高不能专致力课本,"毕其功于课堂,得法于课内,收益于课外"已经被许多学生学语文的成功经验所证明,因而,陈老师又善于培养学生的阅读习惯。

陈老师总结了十大阅读习惯的培养,包括选择文段表情朗读、识记文字默诵概述、寻绎思路体会文意、发现写作语言特点,还包括如何运用工具书、通过何种途径扩大阅读面、怎样充分利用图书馆资源以及阅读交流的必要性。为何要从这几方面培养学生的阅读习惯呢?根据《义务教育语文课程标准(2011版)》,"语文课程是一门学习语言文字运用的综合性、实践性课程。义务教育阶段的语文课程,应使学生初步学会运用祖国语言文字进行交流沟通……"语文课程的性质是学习运用语言文字,让学生学会运用语言文字进行交流。语文教学重在文本表达的各种技能(即言语形式)的教学,通过言语形式的教学了解文章内容、体会文章主旨、培养语文的核心素养——"语言的建构与运用"，因此陈老师在培养十大阅读习惯时重点围绕着言语形式展开，指导具体，操作性强，对一线语文教师的启发非常大。

二、以心契心，以文解文，以言传言

语文课程的基本教材涵盖了百科的文章作品，综合了广泛的知识文化内容。《大自然的语言》指向地理、生物，《落日的幻觉》涉及物理，《最苦与最乐》包含政治……和各学科相比，语文课跟意识形态、文化传统、品德教育关系最为密切。语文课应当教什么？教思想内容即情感态度价值观，还是学习言语形式即文本表达的各种技能？长时间以来，人们对语文应当侧重于工具性或人文性的教学争执不休。《义务教育语文课程标准（2011版）》的颁布明确了语文课程的性质是"一门学习语言文字运用的综合性、实践性课程"，陈老师强调"语言文字运用"这一说。他认为，语文教学不能仅止于内容的"说什么"，懂得"说什么"之后，还必须回到它"怎么说"，应当侧重形式，侧重语言文字的运用；只有侧重形式，才能有效训练学生听说读写的方法习惯。陈老师很早就从叶圣陶先生那里得到了语文教学的精髓，他认为叶老先生主张的"把国文教学的目标侧重在形式的讨究"是经典的论断。因此陈老师说，"语文教学如果不能让学生凭借语言通灵感悟怡情益趣，那就是失败的教学"，"无论是备课、上课还是观课，我的全副精力必然会专注在语言形式上，此外便没有其他什么可专注"，他常戏说自己是个彻底的"语文形式主义者"。

语文课怎么教？陈老师以多年的实践、思考，总结出阅读教学的基本方法和规律：以心契心、以文解文、以言传言。陈老师说"我的教法就是我的读法，怎么读就会怎么教，要想教好，语文教师就须'慎读'"（《如是我读》自序 p.4）。"慎读"，是叶圣陶先生之主张"一字未宜忽，语语悟其神"，"潜心会文本"；"慎读"，是陈老师以心读文，由文本表层潜入文本肌理，融入文本血脉的文本解读；"慎读"，使一篇篇被人解读了千万遍的常规文本闪现出独特的光芒。众所周知，文本解读是语文阅读教学的根，是语文阅读教学的起跑线，是语文课文教学的第一步。阅读陈老师的《如是我读》，我常常感觉陈老师能发人所未发，解人所未解，然又句句在理，段段是实。《老王》一文，在多数教师着重分析老王的善良无私和作者杨绛对老王的同情关爱时，陈老师"体味出一种时代的伤感，一种在大时代里对人的孤独与隔膜的深层体验";《春》一文,在不少教师"拆卸"五幅画面逐一从修辞、描写等各个角度等抽象出来赏析时,陈老师认为此文"也许的确只合在诵读中欣赏,在声音里感受;并且也只有在声音艺术的不断感染之中,才能发现那字句选择与安排的美妙"……其独特的解读正像孙绍振先生早年在其《名作细读》插页中所言,"我当语文老师一定要讲出学生感觉到又说不出来,或者以为是一望而知,其实是一无所知的东西来"。语文教育家、著名特级教师钱梦龙先生对《如是我读》也做了中肯的评价,"他是'用自己的心'在'读',在走近作者,走进文本,故每能于诗文精妙处烛隐抉微,发人所未发,尤能在被多少人解读过的'熟文'中读出新意与创见"。①

陈老师强调读者须潜入文本的语言,对文中情境须有亲切的体验,对文中的论说须有深刻的体认。只有读者的心和作者的心贴紧了,沟通了,经过两个主体之间的同化、调节,才能生成真正的感悟和理解、质疑和批判。他说,"我备一篇课文从不一下子就进入分析,我会花很多时间在反复诵读和默读上。很多熟文我都当生文来读,必反复读出自己的第一感觉而后已"。他读老王的"压着嗓子悄悄问我:'你还有钱吗?'"(《老王》)中隐藏在"悄悄"背后的情感,感受老王的"菩萨心肠",感慨老王这样一个没文化、干粗活、卖体力的劳动者怀着一颗善良之心"悄悄"地关注、爱护、扶持着那些被凌辱与被迫害者。"而我自己,就曾被这样柔软而博大的心温暖过,支撑过,激励过。"(《如是我读》p.168)陈老师感同身受,"以心契心",其课堂必是发自真情,必能使学生受感染、被说服,因为"心读进去"了,文本里盛放着陈老师的"心"。

陈老师认为,语文阅读要潜入文本语言,经常磨炼咬文嚼字之功,做到语不参透死不休,以文解文,语文课程如果真有所谓的"三维目标",亦只需用"咬文嚼字"一矢中的,不使用好这支箭矢,任何目标都只是虚设(《如是我读》自序)。于是,陈老师细品《故都的秋》中的景,想从描景的遣词造句中"读出一个'人'"来,他说,"感情深处对生命衰亡的感伤,则必须靠一颗敏感的心去细察、深味、遥想,否则就抵达不了'这些深沉的地方'"。其实质则是重视言语形式探究的"教学文本解读"。"从语言出发",体会了内容、情感,"再回到语言"。

但是,陈老师"却并非一味死细,而是细而精,细而深,精深之功,全在

---

① 大夏新年新书[EB/OL].(2010-12-23)[2019-06-25].http://blog.sina.com.cn/s/blog_4d34c8c50100ncuy.html.

关键词之洞察幽微"。例如，对名篇《沁园春·长沙》的解读，陈老师抓住"竞、怅、独"三个关键字。对于"竞"一字，课文给出的注解是"竞相"。而陈老师提出了自己的思考："'竞'是否等于'争'？'竞相'就是'争相'吗？"通过梳理和考证后，陈老师得出结论："'竞相'与'争相'虽只有一字之微，但若理解为后者，就是大家都在为生存而争自由，同前几句所描写的景象就极不和谐。而'竞相'则不然，表明万类之间并没有'争'，而是大家在寥廓的宇宙空间，彼此拥有极大的生存与发展的自由。"明确了"竞"字的真正含义之所在，才能感受到"怅寥廓"三字的出现，就不显得突兀，从而真正理解诗人为什么发出"谁主沉浮"的"怅问"。

日常教学中，不少教师奉教参为绝对权威，不可否认教学参考书可帮助教师从宏观上把握教材的编写意图、特点与要求，从微观上领会每一课教材的特点、重点、难点与教法。但是这也成了一些教师"唯教参是从"，不花力气去解读文本、钻研教材、吃透教材的理由。陈老师拒绝到文本外搬"救兵"，拒绝做"教参"及专家学者作品分析的"二传手"，他对权威的《教师教学用书》敢于质疑，大胆怀疑。

比如，针对《教师教学用书》"大英帝国从海上来，又从海上去"[《别了，"不列颠尼亚"》（语文版）]的解读，陈老师以"大话""空话""废话"不客气地提出了批评和指导意见（《如是我读》p.42）：

> 对一个短到13个字的句子，给出了长达100多字的答案，究竟揣摩出了什么？除了复述新闻（还有出入，如"参加仪式的英国官员"）和"概括性很强"这样的废话，就只剩下"凝聚沧桑巨变"和"对比历史现实"这两个意思。前一句是大话，后一句是空话，不客气一点说，是废话。如欲避免，就要回到字句上去揣摩……

又如，对人教版八年级下《端午的鸭蛋》中"淡而有味"的语言风格的几处解读，陈老师也同样有独到的见解，或犀利地指出其中的谬误，或提出值得商榷的问题（《如是我读》p.177、p.179）：

> 某"教师用书"说文章开头是"先浓墨重彩写家乡独特的风俗"，那完全说错话了。
> "教师用书"的意见认为，结构严谨对中学生而言，依然大有必要，其意思仿佛是说对作家特别是汪曾祺则无必要。可是为什么结构不

严谨是允许的呢？如果真有学生这么问："很自然，很随意"就一定很好吗？教师将如何问答？是否需要上升到"作者风格的品评"，引导学生再去探讨？对八年级的学生谈作家风格，能谈得清楚吗？

陈老师不仅能对语文教学用书中的相关问题进行质疑、反驳、批评，而且能如其言"如欲避免，就要回到字句上去揣摩"，"以心契心""以文解文"，提出解读的思路，供年轻的教师思考。比如《别了，"不列颠尼亚"》，陈老师提出富有启发性的五个问题引导教师分层思考；而《端午的鸭蛋》则从行文脉络、儿童天性及结尾的特点解读"囊萤"夜读故事之必要，入情入理，说服力强。

语文教育家、全国著名特级教师于漪曾经说过，"在备课中，我干脆不看教学参考书"，但日常的教学中，这样的教师是何其少也！教师只有独立自主地解读文本、钻研文本，有"一遍不行两遍，两遍不行三遍"的深入教材的意识和觉悟，才能读懂、读透、读出教材的意蕴，真正走进教材。"独立自主"是语文教师走进教材的必由之路，因此陈老师"以心契心""以文解文"的读法，"咬文嚼字"之功，对一线教师的启发极大。

陈老师说："语文课上需要讲的东西确实很多。是从语言文字中'抽'出来讲，还是'放'到语言文字中去讲，既是语文课程的一个基本原则问题，也是检验语文教师业务水平和执教能力的一项重要的指标。""心在文中"——因此不能脱离"文"而"抽"出思想、理念而大谈之。这样的"借题发挥"，不仅脱离了课文之"文"，也脱离了作者其"心"，和教材与语文教学已经无关了；"循文会心"——因此，必须紧紧抓住"课文的语言文字、表现形式"这个中心，引导学生从领悟"文"面之"义"（字义、语义、用法、表现特点）入手，感悟"文"后之"意"（意味、情意、意念、用心、意图）。这里的关键，是找到每一篇课文"文"与"心"的契合点，而且是最具匠心的那个点。陈老师坚守着朱自清先生对语文教学的认识——"只注重思想而忽略训练，所获得的思想必是浮光掠影。因为思想也就存在语汇、字句、篇章、声调里"。这样的语文教学收获了浓浓的语文味，为现今的语文教学带来了一股清流。

三、读出感受，读出理解，读出精彩，读出味道

统编版教材对语文课堂朗读教学极为重视。七年级上教材中的《春》

在课后积累拓展中，第五题的要求是"朗读并背诵全文，找出你喜欢的段落，标出语句中的重音和停连，在小组里朗读，互相评价"。《济南的冬天》课后积累与拓展中，第四题要求"根据你的理解，标出课文第三段的重音和停连，并尝试朗读这一段"。"重音和停连"是朗读的具体要求和方法指导，是前所未有的，因而不少老师无从下手。而陈老师早已经意识到语文课堂朗读的重要性，并根据文本内容进行详细指导，颇具前瞻性。教《纪念刘和珍君》，陈老师说："非诵读不能尽其哀愤。"以第一部分为例，陈老师认为，一开头从缓慢而深沉的语流中必须读出"沉"而不是"静"，是"沉入悲痛的回忆和欲说无言"的煎熬；而第二段"字里行间的情绪是紧张而急迫的，诵读时须注意"强调几个副词。最为精彩的是陈老师第三段的朗读指导，可谓是"以心契心"的极致体现。

陈老师认为，"开头一句，须将声调提升，提升之前当把'实在'二字加重"，同时，他把"艰于呼吸视听"这六个字，作为诵读本段的基调加以把握。接着，他边读边谈感受，如"既然是'还能有什么言语'，又是'必须在痛定之后'，就应在有所抑制之中，读出内心的沉郁与深痛，一直到了'尤使我觉得悲哀'而止。'悲哀'二字，读时还当适当分开，不宜连读，像欲透气，却又憋住"。此外，陈老师还十分注重几个虚词对情感宣泄所起的作用，比如"可是""实在""还""尤""已经"等，在朗读时也一一作了充分的把握。然后，陈老师又强调了"痛定"一词，认为"说是'痛定'，其实又何尝能够？此时鲁迅的愤怒实际已经达于极点"。因此，在接下来读"我已经出离愤怒了"下面三句时，陈老师把这三句话"并作一句一气而出，调值与音量都升至自诵读以来的最高点"。让学生充分地感受到"'深味''非人间''浓黑''悲凉'字字有鞭辟之声，'快意'二字当刻意扬起，有罔顾一切而拼豁出去之概。总之，要显示出一种不能已于言的冲击力与爆发力"。读到本段最后一句"就将这作为后死者的菲薄的祭品，奉献于逝者的灵前"时，陈老师又自然地减轻语气，放慢语速，以一种哀敬与默奠的语调结束，让学生深刻体悟到这一语调和开始写追悼的肃穆气氛相协调。

其他的语段，陈老师也几乎全用朗读教学的方法，就重要段落的一些关键语句，反复从声情语调上去揣摩作者或揭露或驳斥或批判或歌颂的起伏跌宕的思想感情，而很少进行语句分析与内容概括，尤忌边读边插说语法修辞和写作特点。

在《〈春〉"拆卸"了还有美吗》一文中，陈老师根据朱自清所追求的"活的口语"和"说话风"的文风，准确把握文章的言语形式的特点，他认为这篇散文最好只教学生诵读，而不是具体分析，原因是"它的'美'是太感性了，太直观了，它是一首从儿童口里唱出来的春的赞歌，准确地说，这是一篇抒情的美文，而不是写景的名篇。它的'美'须完完整整地感受，而不能拆卸了欣赏"。对课文语句进行具体分析之后，陈日亮先生这样确定了全文的朗读节奏：开头两段要读出欢喜，却不宜太强烈；写小草一段要读出欢快而轻柔；写花的一段，注意读出活泼欢快的动感；写风的一段，注意读出温馨陶醉的快感；写雨的一段，注意读出恬静安逸的静感；写天上景色的一段，注意读出兴奋感；末尾写春天像娃娃，像小姑娘，像青年，在声量逐渐增大、提高的同时，还要注意读出身体活动、生命运动的感觉。

"我除了习惯于借助有理解有表情的朗读，有时甚至干脆采用串讲法，兴致淋漓地把通篇文章边读边讲下来（讲感受而不是做分析），让学生知道我是如何披文入情、提要钩玄，怎样把作者'在文章中写进去'的东西读出来。'以心契心'的阅读，不是自由放任的教学，而是同样需要示范指导，这是毫无疑义的。"陈老师这样说的，也是这样做的。他觉得"如果有哪位教师愿意只是原汁原味地教学生诵读、朗读，任何内容的分析解读都不需要，只要指导学生读得声情并茂，读得滚瓜烂熟，读得春天仿佛就来到了眼前，那么，这将很可能会是一堂非常出色的语文课"。其实，任何文本，我们需要的就是建立在文本解读基础之上的教学，需要的就是符合文本特征的原汁原味的教学。

陈老师说："'读出感受，读出理解，读出精彩，读出味道'是'潜心会本文'（叶圣陶）的不二法门。"阅读感知本来就没有一定的客观标准，如果能读到感觉"其言若出吾之口，其意若出吾之心"，教学目的也就基本达到了。"文章不厌百回读，熟读深思子自知"，以读代讲或多读精讲的效果绝不应低估，"熟读成诵""背熟记牢"应该大力提倡。如果我们年轻的教师们能从陈老师的朗读教学中学习一些技法，哪怕是一丁点儿的启示，应对新教材是不是就更能得心应手了？

四、围绕课题，有序展开，逻辑推进

按照陈老师《十如何——语文教学具体操作抽象谈》里的话，这十二个字原文的表述是"要让听课的，听出你是围绕一个课题，在进行有序的展开，逻辑的推进"，我对这几句话的感受特别深刻，因而将其压缩成了十二个字——围绕课题，有序展开，逻辑推进。

在这里，陈老师讲的"课题"并非现今广义上所说的研究、解决的问题，而专指一节语文课中教学的主要内容。"有序"是教师经过认真揣摩教材，根据每堂课的知识重难点、能力训练点规划课堂各环节的先后顺序，使之符合学生的认知规律，适应学生的心理发展顺序，从而高效、优质地完成教学任务，达到教学目的。课堂教学中，有序性和有效性是一个统一的整体，二者只有做到最完美的结合，才能发挥出课堂应有的价值，才能把枯燥的课堂真正变成学生学习的乐园。

"有序"一半缘于教学内容，一半缘于教学组织，教学内容的选择是前提。陈老师有自己确定每篇课文教学内容的办法，他认为教课文之前要多问一些为什么——为什么要学？为什么要教？为什么需要教？……还要确定哪一些不必教，比如学生一般已经知道的不教，不是本单元教学重点的不教，要尽可能剔除不需要教的，删繁就简，如此才能把教学内容提炼得精粹，教学任务才能集中，避免面面俱到。在教学内容的选择方面，陈老师特别推荐了特级教师陈钟樑老师执教的《风筝》（作者鲁迅），我特别到网上去查阅了本课的相关教学实录，发现陈钟樑老师在非常简略地导入了课文后，没有像一般的教师教鲁迅先生的作品一样介绍这篇文章的文学常识，也不讲文中鲁迅先生的自我解剖，而是结合文本内容抓住课文中几个最基本的词语（比如"嫌恶""苦心孤诣""虐杀"等）品词析句领会情感，侧重于课文中叙写的三件事情对文章进行了深入的解读，可以说课堂内容集中凝练，达到了简洁的境界，而要做到这点，是陈钟樑老师就教学内容上有所取舍，进行高屋建瓴式的提炼的结果。

教学组织过程中，陈老师认为一节好的语文课的"序"一般是用有意义有关联的问题，将教学内容通过思考探究的方式相互衔接起来。即便有的按照课文自身的顺序，也需要有问题的接续和展开。他强调"一个或几个好的问题的设计、启发和运用，几乎是一节课组织教学的全部内容，也是效率的基本保证"，他提倡语文课的内容组织，过程的美，在隐显之间，"羚羊挂角，无迹可寻"。陈老师以《拿来主义》为例，认为教师教学中应抓住本课起着枢纽作用的关键句子——"所以，我们要运用脑髓，放出眼光，自己来拿"，进行有利于解读教学重点的问题设计——究竟是什么原因我们必须"拿来"？而要解答这个问题，学生必然会自觉地去发现课文前面几个段落的思路是如何进展的，也就是抓住这个主问题，那么本节课的教学重点及难点就能迎刃而解。

陈老师杜绝将语文课变成"废话的集散地"，他认为一节课的开头很重要。但不是那种专为表演给人看的故作姿态的"导入",他说,"为导入而导入,徒然是浪费时间","上课的第一分钟,就要抓住学生的注意力"。在陈老师推荐的《风筝》教学中,我还发现整个上课过程的很大特点是简洁。其简洁表现在如下三个方面:①简洁的导入——"现在都时兴老照片、老唱片、老歌曲,我也给大家看看以前是怎么上课的"。②简洁的提问——"从第三自然段看起,两兄弟的矛盾是怎么产生的? 文章中"我"非常讨厌风筝,原因在哪里呢? ③简洁的读读议议——"现在开始阅读第三件事。第三件事看起来同样很简单。'我'要向小兄弟道歉,但'小兄弟'已经把这件事忘了。为什么听了'小兄弟'的话,'我'的心又沉重了?"简洁地提出主要问题进行探讨,这几个问题环环相扣,逻辑严密,体现了严谨有序的思路。

当然了,我不知道是实录不完整呢,还是确实就上到如实录中写的:

> 师:文章的最后一段是明显的"首尾呼应"。"我倒不如躲到肃杀的严冬中去吧,——但是,四面又明明是严冬,正给我非常的寒威和冷气。"这句话中的破折号值得品味。我给大家示范一遍。大家下课后好好体会一下。

实录结尾我总感觉少了点什么,有草草结束课堂之嫌,想想是否应当像陈老师说的:"结束一堂课,切不可急急匆匆。习惯于用 3～5 分钟进行总结,会有助于提高课的质量。否则,让下课铃声催赶着匆忙收拾残课,既煞风景,也研伤课的灵魂。"确实如此。

我无法详尽言述《我即语文》《如是我读》这两本著作中包含的丰富的教学思想,只能就我在醇味语文教学方面的探索实践,选择上述四方面简要谈谈我阅读后的体会以及对我教学的深远影响。同时,应当关注陈日亮老师的两本著作都强调"我"。这个"我",是自由的个体精神,是清醒独立的品格,是澄明执着的心态,是充满生命气息的境界。正是这个"我",带领我们在诗意盎然的语境中,自由自在地在醇味的语文世界里遨游。陈老师的"我即语文"说以及个性的文本解读说,以其独特的人格和视角,靠自己的内在力量,去发现机理,探究本然,强调阅读的个体性关怀,一方面深化对语文学科性质的认识,丰富阅读教学理论,另一方面对语文教学改革、教师教学产生了积极的指导意义,对当今语文教学的一些非语文的现象起到了拨乱反正的作用,值得更多的老师模仿借鉴,从而真正把我们的语文课堂打造成醇味的语文课堂。

第三节　教学解读，醇味语文课堂的基石
——读王荣生《语文科课程论基础》有感

　　这些年断断续续读了王荣生教授的《语文科课程论基础》《语文教学内容重构》《听王荣生教授评课》《实用文教学教什么》等有关教学内容选择的书籍，总是会有茅塞顿开之感，受益良多。书里很多阐释，总能让我很自然地联系到这些年在教学、教研工作中的点点滴滴，其中有得到理论印证的欣喜，也有自以为是的反思。让我感触最深的，莫过于我省在 2014、2015 连续两年举办的"课文教学解读大赛"，那时的一些困惑，在读了《语文科课程论基础》第七章"语文教材的两个理论问题"、第八章"语文教材的选文类型鉴别"之后，竟有了豁然开朗的感觉，更觉得语文教师确实有"教学解读"之必要。

　　在这两章中，王荣生教授关于语文教材研究中术语纠缠的原因阐释以及将"语文课程内容""语文教材内容"混同于"语文教学内容"现象的解读，可谓一语中的：

　　　　长期以来，我国的课程计划、课程大纲与教材研制、编写"一向是由政府组织教材专职编辑人员与学科专家具体操作、实施，形成'上所定，下所行'的课程、教材研制体制"。国家统控的课程研制体制，很大程度上将课程与教材两个不同的层面（范围）重叠了起来，客观上造成了课程与教材层面、教材与教学层面不同问题的混淆。

　　"教材就是教什么""语文教学就是教教材"这种说法甚为流行，语文教材（语文教科书），成了"语文教学（课程）内容"的代名词。①

　　殊不知，"语文课程内容是课程层面的概念，回答的是语文课程'教什么'这一问题；从学生学的角度，它是学习的对象，因而也是对'学什么'的

---

①　王荣生.语文科课程论基础[M].北京：教育科学出版社,2014：270-271.

规定"。

而"课文教学解读"正是为了讨论语文课程内容的问题,即解决"教什么"的问题。

所谓"教学解读",是对"语文课文"进行"教学"上的解读,即:解读的内容是否"契合课文内容与形式的教学精要",是否"契合单元教学目标",是否"契合学生的现实水平、发展需求及可能性"?"目标达成"是否有效,是否有效"满足学习需求"?它既不等同于大家所熟知的"文本解读",也不单纯是教师常常要做的"教学设计";既不是对文本本身写一篇有理有据感性理性兼备的解读分析——或说是"读后感",也不是对某篇课文进行说课演示。从比赛的全称来看,它是"中学课文'教学解读'大赛",也就是说,我们作为解读者的身份是语文教师(而非一般读者),解读的对象是"课文"(而非普通文本),解读成果服务的对象是"教学"(课堂、课堂的学生,而非读者自己)。简单说来,"教学解读"的内容可以理解为:教什么?为什么?怎么教?

王荣生教授在《语文科课程论基础》一书中引用了曾天山《教材论》里的一段话:

> "教学内容又是教材内容的教学化。教学内容是师生在教学过程中各项活动对象及活动当时的组合,是具体而动态的,是主体与客体相互作用的过程与结果,是对静态教材内容多次教学法处理的过程与结果。"他指出,"无论是多么教学化的教材,教材内容都不能代替教学内容,也不会自动地转化为教学内容","语文教学内容,是教学层面的概念,从教的方面说,主要指教师为达到教学目标而在教学的实践中呈现的种种材料。它既包括在教学中对现成教材内容的沿用,也包括教师对教材内容的'重构'——处理、加工、改编乃至增删、更换;既包括对课程内容的执行,也包括在课程实施中教师对课程内容(正的或负的)创生。"①

也就是说,面对一篇课文,教师要选择的教学内容是什么,为什么选择这样的教学内容,欲采用什么样的教学方法将之呈现在课堂上,这样一系列问题的解决有赖于教师对课程内容的把握以及对学生学情的掌握。

---

① 王荣生.语文科课程论基础[M].北京:教育科学出版社,2014:279-280.

基于以上理解,我想分享我关于"教学解读"的几点感受与体会:

一、"教学解读"是作为语文教师对教材的解读

文本之所以被选用为教材,是为了"教学"服务,为了体现语文的"工具性"作用,它不同于一般文本,可以任由读者做出自己独特的理解和感受。研究、解读"课文"的是语文教师,这就要求语文教师在对教材进行解读之前,应先了解课标精神,领会编者意图,结合学生的实际,做出"定篇""例文""样本""用件"的区分,最后做出"教学内容"的选择。

王荣生教授一再强调"教学内容"选择的重要性,他认为:

> 教师根据学生的具体情况,将课程专家提供的"一般应该教什么"转化为"实际上需要教什么"……关注与学生实际的契合,这是"语文教学内容"的本来含义。
>
> 其他学科教师所面临的,主要是教学内容的选择,是如何根据学生的学情来选择合宜的教学内容。[1]

因此,学力学情,应该是"教材解读"中需要教师考量的一个重要因素。基于学情的教学内容的确定,决定着教学内容与文本、文本作者、学生之间的契合度和教学的有效性。换言之,同一篇课文,"我为什么选择这个作为教学重点? 我的依据是什么?"是教学解读过程最主要的内容。

一位老师在解读《桃花源记》时,基于对八年级学生已经具备一定"借助工具书"读懂文言大意,但尚不"能够区分写实作品与虚构作品"(课标)的学情,将"帮助学生理解本文是虚构的文学作品"设置为教学重难点,选取"领会本文深刻内涵(即主题思想)"这一教学内容,实则是将《桃花源记》定性为"定篇"类型的选文,符合课标的要求,体现了"定篇""彻底、清晰、明确地领会作品"[2]的功能。

而教师对教材做出准确解读的前提是必须具备超强的文体意识。王荣生在"教什么"系列丛书中为文体分门别类,做出了精确而具体的指导,实在是用心良苦。但从另外一个方面来看,当下的语文教学确实存在执教

---

① 王荣生.语文课程与教学内容[M].北京:教育科学出版社,2015:200-403.

② 王荣生.语文科课程论基础[M].北京:教育科学出版社,2014:305.

者混淆文体知识的现象，这常常让我在听评课现场如坐针毡。散文教什么？诗歌教什么？小说教什么？新闻教什么？议论类文本教什么？说明类文本教什么？……说到底，执教者首先得对不同文体的文本"教什么"有一个基本的认识，才能更好、更准确地确定教学内容。以往我们经常会在很多场合看到这样一种课堂：教学课件内容丰富、图片精美，加之声频、动画等科技手段的应用，课堂气氛热闹，学生互动频繁，看上去颇为"成功"。而这样的课堂在教学说明类课文时尤为常见，究其原因，便是执教者无视文本的文体特征，没有正确选择教学内容，把本应指导学生弄清"说明对象的特征以及说明的方法、语言"，并带领学生体会"作品中所体现的科学精神和科学思想方法"的语文课，硬生生上成了科学自然课或者其他的什么课。王荣生教授说，"在原则上，所教的是'语文'的内容，应该是语文课'好课'的底线"，这确实很值得我们深思。

以人教版七年级下册第五单元的《猫》为例，我看到、听到的课大致上是教师让学生"从来历、外形、性情和在家中的地位几个方面，说说第三只猫与前两只猫的区别"，进而分析"为什么'我'对于第三只猫的死比前两只猫的亡失'更难过得多'"，最后得出"我"因为从这几段养猫经历中深深认识到自己的错误而痛苦、挣扎、自责、自省的情感，再让学生谈谈从中得到了哪些启发。听到的课很多，基本上大同小异，但倘若《猫》是一篇叙事散文，那么这样的结论兴许符合作者的创作意图，但是郑振铎的《猫》却是一篇小说，作者的儿子郑尔康曾经很明确地提出，"我家的猫，也有遇到灾难的时候……自从上述那两件'猫的事件'发生不久以后，父亲便写了他的《家庭的故事》的第一篇《猫》"。① 《家庭的故事》是一部写实的短篇小说集，由 16 篇小说组成，《猫》是其中的第一篇，这说明《猫》所记并非郑振铎的亲身经历，他仅是借这件事来阐述自己对生命价值的态度，实为一篇写实小说，而不是人们通常认为的散文。散文重在分析情感，而小说则具有一定的隐喻性质，如果从环境的渲染、情节的安排、人物的刻画、语言的表达入手，引导学生一步步去解读作者隐藏在文本底下"对人性恶的反思""对生命平等、自由的诉求"的深刻内涵，才能算是给予了学生解读小说的基本方法。

---

① 郑尔康.石榴又红了——回忆我的父亲郑振铎[M].北京:中国人民大学出版社,1998:12.

二、"教学解读"的课文是"一片森林中一棵树"

王荣生教授在论著中明确指出：

> "如何（教）"，除了事实、概念等方面的组织，还包括采纳什么途径和手段的问题。途径和手段，从学的一方讲，是"通过什么去学"；从教的一方讲，便是"用什么去教"的问题。"用什么去教"，可能的回答之一，就是"用选文去教"。①

语文教材以单元编排，每个单元都设定了单元教学目标。因此，在解读的过程中，我们不能忽视单元目标的重要性，应该顾及单元系统对课文的制约和影响，"契合单元教学目标"，还要注意学生能力发展的可持续性，也就是说，应注重教材中"例文"类选文的重要性。

以统编版七年级上册第四单元教读课文《植树的牧羊人》同课异构为例，两位执教者分别对该篇课文作了如下设计：

【教学设计一】
(1)动画视频导入，画出课文中表示时间的语句。
(2)概括故事内容。
(3)分析人物形象。
(4)探讨精神内涵。

【教学设计二】
(1)默读课文，勾画圈点文中关键性语句。
(2)概括课文内容。
(3)勾画圈点故事中的几处"变化"（对比）。
(4)分析人物形象。
(5)拓展延伸，写"身边的'植树人'"。

王荣生教授说："'用选文去教'，与'教选文'，有本质的区别。"在此地此时，"选文"并不是写作的"课程内容"，而主要是学习课程内容的途径，而

---

① 王荣生.语文科课程论基础[M].北京:教育科学出版社,2014:272.

且还只是数种可能途径中的一种选择,在"用选文去教"之外,还存在着诸如"用尝试性的写作活动去教""用原理的解说去教"等其他的可能途径。

纵观这两种设计,显然第一种设计是"教选文",而第二种设计更符合"继续学习默读,掌握圈点勾画方法"的单元目标要求,利用《植树的牧羊人》"这一篇"课文,学习默读"其他"文章的方法,即"用选文去教",是将该篇课文作为"例文"类型选文加以解读的成功的做法。我们暂且不论教师在实际课堂操作的效果如何,但这种举一反三的做法,正是王荣生教授在书里说的"'例文'本身不是语文课程内容的构成,它属于'用什么去教'含义的语文'教材内容'",这种将课文处理成"大致与相当于理科教学中分直观教具"的解读确实值得探讨。

因此,对课文进行解读时,除了符合语文课标要求,符合学生实际,还应重视单元目标的导向作用,以更好地体现课程内容。

三、"教学解读"最终是为教学服务

基于"教什么"问题解决的教学解读之后,应该最终落实到教师的课堂教学实践中来。王荣生教授在书中一再提及:

> "教什么"的问题与在"教什么"既定的前提下"用什么去教"的问题,两者有因果的联系。
>
> 成篇的"例文",大致相当于理科教学中的直观教具,它给知识的学习添补进经验性的感知。但是,感知教具并不是教与学的目的,目的是要通过教具,使学生更好地理解和掌握知识。
>
> 教学化,包括人们一再重申的心理化,也包括贴近教学实际的要求、形成具体而有效的教学设计。
>
> 无论是多么教学化的教材,教材内容都不能代替教学内容,也不会自动地转化为教学内容。
>
> 语文教学内容,是教学层面的概念,从教的方面说,主要指教师为达到教学目标而在教学的实践中呈现的种种材料。它既包括在教学中对现成教材内容的沿用,也包括教师对教材内容的"重构"——处理、加工、改编乃至增删、更换;既包括对课程内容的执行,也包括在课程实施中教师对课程内容(正的或负的)创生。
>
> "教学内容是在教学过程中创造的",它逻辑地蕴涵着教师参与课

程研制、用教材教和教学为学生服务等理念。①

也就是说，教师的解读在整个教学活动中起着至关重要的作用，甚至，为了"使学生更好地理解和掌握知识"，可以依据"学生的实际"对"教材内容"进行"重构"。

下面是一位老师对《春》所做的教学设计。

活动 1：作者选取了春天哪些景物进行描写？

活动 2：对比以下语段，说说你的发现：

【语段 A】嫩绿的小草从土里长出来，满地都是。人们在上面尽情享受。风很轻，草很软，舒服极了。

【语段 B】小草偷偷地从土里钻出来，嫩嫩的，绿绿的。园子里，田野里瞧去，一大片一大片满是的。坐着，躺着，打两个滚，踢几脚球，赛几趟跑，捉几回迷藏。风轻悄悄的，草软绵绵的。

活动 3：请你也来赏析一段描写。

活动 4：通过今天的学习，你收获了哪些写作方面的启示？

我们不难看出，该教师对《春》的处理，并不是作为"定篇"类型的选文，而是作为一个写作的"样本"，让学生从中总结描写的方法，收获对写作的有益启示，即王教授所说的"对教材内容的重构——处理、加工、改变乃至增删、更换"，以更好地实现教学目标。

再如《陈太丘与友期行》教学设计：

教学目标

培养文言语感，初步掌握学习文言文的方法。

教学重难点

积累文言字词，借助注释疏通文意，初步感知古今汉语的差别，感受文言之美。

教学设计

(1)以出版社错误封面导入《世说新语》。

(2)读一读。

---

① 王荣生.语文科课程论基础[M].北京：教育科学出版社，2014：269-280.

①给无标点文本,朗读,要求读顺。

②再读,要求读出人物语气。

③第三次朗读,要求读出节奏变化。

(3)记一记。

自读课文,要求:

①找出 1 个通假字。

②找出 2 个表现文章主旨的字。

③找出 3 个表示敬与谦的词。

④找出 4 个字组词,如不期而遇,引吭高歌,舍近求远,非同小可,大言不惭,瞻前顾后。

⑤找出 5 个需要积累的字词。

(4)议一议。

从文章的一个字、一个词或一句话,你读出了什么?

(5)归纳学习文言文的方法:读—记—议

对于七年级学生而言,文言文是陌生的,他们还没有学习文言文的实际经验,该执教者试图通过"读——记——议",引导学生通过朗读、积累、分析从字到词,到句,到篇,摸索出一套阅读文言文的方法,用学习"这一篇"的方法去学习文言文"这一类"的文章,真正落实了王荣生教授变"讲课文"为"教读法"的主张。

王荣生教授于"语文教材研究中的术语纠缠"中毫不客气地指出:

由于既定的教学大纲与既定的教材几乎可合二为一,而在教学的实践中,语文教材(教科书)的权威实际上又要超过教学大纲——不备有"语文教学大纲"的学校、没读过"语文教学大纲"的教师不在少数,而教学则必须"以本为本"。①

王荣生教授更在"选文类型鉴别的理论和实践意义"中直言不讳:

从教学内容的选择来说,如果有意将某一篇课文处置成"定篇",那么在教学中就要按"定篇"的本性,通过材料的增补、通过所创设的

---

① 王荣生.语文科课程论基础[M].北京:教育科学出版社,2014:270.

情境,使学生"彻底、清晰、明确地领会"作品。而如果自觉地处理成"例文",那么在教学中就没有必要对选文作字、词、句、篇、语、修、逻、文的面面俱到的分析,应该把师生的注意力集中到"例"的局部,引导学生扎扎实实地学会听说读写的知识、技能、策略、态度。

我国优秀的语文教师,多数是将选文处理为"样本","样本"类型的成功教学,比如钱梦龙的"导读"、蔡澄清的"点拨"。而"样本"教学,强势地依赖教师个人对学生学情的诊断能力和教学内容、教学方法现场调节的教学机智。在哪里"导"、"导"什么? 在什么地方"点拨"、"点拨"什么? 在什么时候"引导"、从什么地方去"发现"? 这些都是"样本"教学能否成功的关键之关键。但关于这方面的研究,现在还十分薄弱,基本上还停留于优秀教师本人的经验陈述。①

因此,在现阶段,对课文教材进行"教学解读"非常必要,教师对教材的选文类型进行鉴别,准确地选择教学内容、制订适宜的教学目标,设计切实、有效乃至高效的教学方案,才能使语文课成为真真正正的"语文课",才能使语文课堂的"语文味儿"浓醇绵长。

从教几十年来,语文教材改了换,换了改,我也曾在课堂教学实施中变着花样做过不少尝试,经年有意或无意地累积的一些经验,在重读了名家经典之后,顿时就拥有了"原来如此"的豁然开朗的感觉。古人云"开卷有益",追寻前辈的足迹,汲取语文名家思想的精华,总有醍醐灌顶之感。《礼记》说"学然后知不足,教然后知困",遵循语文教学的本质规律,带着问题和困惑阅读、思考、实践,才能让自己获得有益的启发,取得长足的进步。

---

① 王荣生.语文科课程论基础[M].北京:教育科学出版社,2014:351-354.

第三章

探索:醇味语文课堂的构建

　　随着教育改革和课程改革的稳步推进,教学效率越来越受到学校和教师的关注。但根据长时间的教研观察,我发现目前初中语文课堂教学存在大量的"少慢差费"现象,很多老师感觉到语文课"教得辛苦",但学生似乎"并不领情",成绩"提高很慢"不说,语文课堂也没有了"语文味",变成思政课、建筑课、生物课或其他的什么课,学生学习毫无兴趣可言。那么,究竟是什么原因让语文课变得如此尴尬? 是什么让语文课失去了本该有的"语文味"? 我们又该追求一种什么样的语文课堂? 这些问题很值得探讨摸索。

第一节　当前语文阅读课堂的现状

　　作为一门基础性的工具学科,同时也是一门养心育魂的人文学科,语文对于学生的成长有着至关重要的地位。但是近年来据笔者观察,当前语文阅读课堂似乎陷入奇怪的"三远离"窘境,即:教师远离文本,教师远离学生,学生远离文本。看上去一堂课完整流畅,师生互动良好,可细细品味,整堂课浮于表面,未能深入文本解读,未能抓住文本的核心部分与学生一同分享感悟;整堂课也流于形式,没有真实讨论,没有引导学生一同探究文本的奥妙所在。归纳症结所在,主要表现在如下几个方面:

一、教学模式单一僵化

《义务教育语文课程标准（2011版）》针对不同学段所制定的阅读阶段目标都不约而同地强调了学生个体，强调学生应有个性化阅读体验，这也就意味着教师应根据各个不同学段学生内在的不同阅读需求，制定生动多样的阅读教学模式来满足各个学段学生不同的阅读期待。即便是同一学段，七、八、九三个年段的阅读要求也不尽相同。由此可见，创建生动的语文阅读教学课堂本应就是对每位语文老师最基本的要求。然而反观现状，当前语文阅读课堂的教学模式较为单一，呈现出固化、僵化的状态。

首先，教学过程固态化。许多语文老师秉承传统的教学理念和教学方法，坚持固化的教学设计模式。就一篇课文的教学，普遍按照作者介绍、时代背景、识字释词、段落大意、中心思想、写作特点等六大模块进行设计，学生听得索然无味；对同类文本的教学，即便在不同的学段也是无差别对待处理，比如同样是散文教学单元，统编版七年级下册第五单元与八年级上册第四单元阅读教学就有明显的区分，前者重点为学习托物言志这一类文章的阅读方法，而后者重点学习语言欣赏并了解不同类型散文的特点，九年级下册的散文则有更高的要求，但不少教师对这些文本教学目标的制定、教学方法的选择千篇一律；再如不区分教读和自读两种不同类型课文的教学功能，用一样教法教两种课型，用同样要求学两种课型，"混淆"了两者本应承担的不同的具体阅读任务；又如没有文体意识的语文阅读教学课堂随处可见：《阿长与〈山海经〉》花大量的时间分析阿长形象，《猫》着重分析作者（实际是小说叙述者）对三只猫的情感，《苏州园林》大规模训练学生对说明方法及其作用的掌握……凡此种种，致使整个教学过程呆板死气，学生的课堂学习兴趣普遍下降，无法激发和提升学生的创新思维能力。

其次，教学内容应试化。教师仅仅追求课堂教学环节的完整，将阅读教学单纯地理解为学习生字生词、理解课文中心思想、学习语言写作的方法与技巧，沿用传统的教学模式，机械地向学生灌输阅读技巧和阅读习题答题模板。教师把教材作为中心，教学目的和过程是学一篇解析一篇。为了应付考试，片面追求升学率，教师在教学中针对考纲考点，考什么就讲什么，课堂一再强调："这是中考考试的内容，同学们要记下来！""来，我们齐读一下赏析题的答题技巧——这句话采用比喻的修辞手法,形象生动地写出了……表达了作者……的感情。"即使是背诵课外的名言佳句,也是为考试服务。从七年级到九年级,节节如此,年年如此。如此课堂一再训练,语文教学能有什么明显效果?所谓课堂面目可憎,说的就是这回事吧。这种过于强化应试考试的教学使学生难以和文本对话及情感交流,缺少思维碰撞和审美情趣,导致学生丧失学语文的兴趣。

第三,教学设计碎片化。很多老师在进行教学设计时,常常会"肢解"课文,将课文分析得支离破碎,忽视引导学生自主理解文章内容、领悟感情、品读语言等语文教学的重点。某位教师上文言文《答谢中书书》,全文68个字,居然用了十一个环节完成教学任务,除却导入、作者简介、背景介绍、正音正字、朗读、解释字词等常规的教学点(甚至还有分段),仅仅解读文本这一项,就提出了以下11个问题:

(1)本文的主要内容是什么?

(2)总领全文的一句话是什么?

(3)全文围绕哪个字展开?

(4)文中具体描写景物的句子是哪些?

(5)作者都描写了哪些景物?

(6)作者分别从哪些角度对景物进行描写?

(7)运用了什么描写方法?

(8)"晓雾将歇,猿鸟乱鸣"描绘了怎样的画面?

(9)"乱"字用得好不好?为什么?文中类似的词语还有什么?

(10)王国维说:"一切景语皆情语。"这篇短文写自然景物,表达了作者什么样的思想感情?

(11)文章主题思想是什么?

呜呼哀哉!教师如此肢解课文,学生能拥有发现山中美景的眼光吗?能感受作者置身山间的愉悦心情吗?能真正领会作者蕴含文中的生活态度吗?全国著名特级教师钱梦龙先生曾一针见血地指出:"当前,必须改变前面所说的语文教学中的两种倾向:一种多见于日常教学,其特点是死抠文本,肢解课文,进行琐碎刻板的字、词、句操练;另一种形式,就是'满堂问'。教师为了追求课堂表面的热热闹闹,追求形式上的启发式,便采用'满堂问'的方式。他们用一个接一个的'为什么'来'调动'学生的情绪,来营造课堂上的虚假繁荣……一堂课问下来,学生不知所云,毫无所得。"①钱老师对课堂教学倾向的剖析,在本次《答谢中书书》一课的教学中可谓一针见血,而这样的课堂现象,又带有一定的普遍性!

以上几种初中语文阅读课堂的模式化表现,不仅没有让学生进行真正的阅读,阻碍了学生阅读能力的提高,而且严重影响了学生对语文学科学习的兴趣。

二、偏离学科教学特点

《义务教育语文课程标准(2011 版)》指出,语文课程"应使学生初步学会运用祖国语言文字进行交流沟通……提高思想文化修养,促进自身精神成长",是"工具性与人文性的统一"。语文课程的性质决定了语文教学的双重任务:一是语文学习要立足教材,引导学生借用文本习得语言,通过大量的言语实践(研读课文),使学生进入文本,还要巧设言语实践平台,精心构建言语实践情境,培养训练学生熟练运用祖国的语言文字,唤醒学生的创造力,提升学生的思维品质,突出体现语言作为表达交流、传递信息的工具,这是最能体现学科特点的语文课堂首要的学习任务;二是在发展学生言语能力的同时,要重视语文熏陶、感染作用,让学生通过优秀作品的阅读,体验文本蕴含的感情,形成正确的情感、态度和价值观,提升学生的人格品位。语文的人文性总是在语文的工具性价值实现过程中得到体现。但是,目前部分课堂无法突出语文学科的特点,主要表现在:

首先,忽略教学解读。所谓"教学解读",是对"语文课文"进行"教学"上的解读。文本之所以被选用为教材,是为"教学"服务的,是为体现语文的"工具性"作用,它不同于一般文本,可以任由读者做出自己独特的理解和感受。研究、解读"课文"的是语文教师,这就要求语文教师在对教材进行解读之前,应先了解课标精神,解读单元目标,领会编者意图,结合学情特征……然后做出"教学内容"的选择。然而在实际阅读教学过程中,多数语文教师常常忽略教学解读,但他们一味地奉"教师教学用书"为"圣旨",以搜索网络"教案"为乐趣,喜欢花精力找寻各种资料,无论准确不准确,无论适用不适用,照抄全搬,却很少有人愿意花时间仔细将教材读几遍。

---

① 雷玲.故事里有你的梦想[M].上海:华东师范大学出版社,2007:24-26.

其次,无法沉潜文本。学生言语能力的获得,须深入文本,或静心默读,或情感诵读,或拒绝词语,或品析句子,而由于教学解读的缺失,造成既弄不清"教什么",更搞不明白"为什么教"和"怎么教",文本解读常常浮于表面,更无力设置适切的教学情境进行交流,甚至为追求所谓的课堂气氛的活跃,脱离文本肆意发挥,表现出极大的随意性和盲目性。教《吆喝》,课堂上花了很多时间找身边的吆喝、演当地的吆喝,至于北京吆喝声是怎样的各有千秋、都有怎样的产生背景,作者又是怎样运用传神的语言将这些吆喝一一记录在文的,教师则基本没有涉及,完全违背了单元目标中"能够体会多种表达方式综合运用产生的艺术效果"对语言学习的要求;教《阿长与〈山海经〉》,教师问道:"从哪些地方可以看出'我'对阿长的厌烦之情?"学生答曰:"她喜欢切切察察,她限制我行动,她睡觉时挤得我无法翻身!"学生的答案有缺憾固然无可厚非,关键是教师要引导学生潜入文本,体会作者在遣词造句中流露出的情感,很遗憾,不少教师只在文本的表面滑行。就语文教学需沉潜文字这点,我曾读过一句形象的比喻:"语文教师不能学蜻蜓,而要学鱼鹰,要看准目标,一啄搞定,每次不论大小,都要有点实实在在的收获。"确实是这个理儿!培养学生的语言能力应当依托具体的语言环境,抓住品词析句的机会,引导学生斟字酌句,从而形成赏析语感、整句语感、连贯语感和句读语感。

再次,片面追求人文性。语文教学要致力于培养学生的语言文字运用能力,提升学生的综合素养,在发挥语文作文"工具性"的同时提高学生的人文情怀。虽说语文是"工具性"和"人文性"的统一,但不少教师课堂教学中片面追求人文性,过于强化人文精神的培养,忽略了语文作为"工具性"应着眼于培养学生语言运用能力的实用功能和课程实践性的特点。全国著名特级教师陈日亮先生在2013年第八届中语会的报告《守正融新,踏实前行》中,对语文教学的现状就一针见血地指出:"你们去听课就会发现,教师都习惯侧重于思想内容的解说和发挥。至于如何从文本语言形式中间去发现和领悟思想感情,老师往往缺少担当。结果就是肤浅和泛漫并存,要么肤浅要么泛漫,泛人文主义,泛人文教育。"直到今天,这样的语文课堂依然大行其道。《富贵不能淫》《最苦与最乐》教育学生"怎样做大丈夫?""怎样成为有责任意识的人?"《羚羊木雕》《我的叔叔于勒》探讨"父母该不该把羚羊木雕要回来?""菲利普夫妇该不该躲于勒?"……

某位教师教学《心声》包括以下环节:①畅所欲言说自己的心声,导入课文;②出示目标,指导自学(包括疏通字词句、感知课文、分析人物);③自学检测,互帮互学(包括讲解字词句、了解小说、复述内容、谈对文中人物的感受);④质疑答疑,更正讲解,着重领会心声含义;⑤分层训练,完成作业,包括小说文学常识的填空、完成"心声"作文。在课堂活动的四个部分中,第一个教学环节教师针对四位同学的心声就植入了对学生人文情怀的教育:

> 刚才我们有四位同学说出了自己的心声(板书课题)。我想告诉第一位同学,"树欲静而风不止,子欲养而亲不待",趁我们年轻,趁我们的父母还健在,请善待我们的父母。我想告诉第二位同学,把同学当朋友,多说说自己的心里话,或许情况就会得到改善,问题就会得到解决。我也希望同学之间能够互相团结,记住,"给别人一缕阳光,自己就可能得到一轮太阳"。我想告诉第三位同学,"可怜天下父母心",多做换位思考,你就会明白父母的良苦用心。我想告诉第四位同学,你很有爱心,乐于助人。大胆地说出来或者给这位老师写封信,这位老师可能就会改变自己的教学行为。毕竟教学相长。

第三个教学环节该教师花了大量的时间请同学谈阅读的感受:

> 师:阅读结束了,同学们有什么感受在心中油然而生?
> 生 1:我特别同情李京京同学的生活处境,因为我也有过类似的经历。而且他投入地学习,积极地进取也值得我学习。
> 生 2:我特别敬佩李京京同学。我觉得他很自信。……
> 生 3:我觉得文中程老师的做法不对。他不应该有偏见,应该相信每一位学生都是优秀的。
> 生 4:老师,"心声"这个题目是不是一语双关啊? 我觉得这不仅仅是李京京的心声,更是普天之下学生共同的心声。
> 生 5:我特别讨厌像程老师这样的人! 太偏心了! 学习好就喜欢,学习不好就讨厌。
> 生 6:"金无足赤,人无完人",我认为,李京京固然值得我们同情,但是程老师所做的这一切也是为了学校的荣誉,他们两个人都很好。
> 生 7:通过读这篇课文,我想对所有的老师说一句话,那就是对所有的学生都要一视同仁,不能把学习成绩的好坏作为评价学生的唯一标准。

　　师:刚才听了同学们的发言,我感受很深。尤其是最后一位同学的发言让我仿佛看到了我们每一位同学的那颗渴望关爱、渴求平等的心。其实老师也有过许多失误,也曾经遗忘过学习暂时落后的同学,但今天听了同学们的发言之后,我决心改正,争取做一个公正无私的老师。①

　　学生讨论很热烈,发言很积极,课堂"真正"属于了学生。按照这位教师对新课堂的认识,"学生要自由""要有宽松的氛围""就是民主",可是,教师是否完成了单元教学目标中要求的两点教学任务——"品味小说的语言""体会艺术特色"? 学生在这节课上掌握了哪些语文技能? 语文教学如果偏离了方向,脱离了言语等形式的教学,就可能把语文课硬生生上成了"政治课"! 对于语文课程中"人文性"的实施原则、注意事项,前辈特级教师钱梦龙先生说得非常清楚:

　　　　语文课程人文教育的最大特点是"润物细无声",这一特点只有在一个综合的、立体的科学训练过程中才能真正体现出来。游离于学生读、写、听、说实践的人文教育,不是语文课程的人文教育。②

　　此外,滥用多媒体技术。受课改理念的影响,语文课堂上教师也竭力体现新课标的精神,显示追求潮流不甘落伍的奋进姿态。于是,利用多媒体这一"现代化武器",《一滴水经过丽江》《春》《济南的冬天》变成了图片展示课,《恐龙无处不在》《大雁归来》《落日的幻觉》变成了生物、地理课堂……令人眼花缭乱的图像展示、快餐式的"读图"几乎取代了"读文"的训练,有时更配以五花八门的背景音乐,花花哨哨,热热闹闹。钱梦龙老先生对此表现了极大的担忧:"一篇课文教下来,学生读课文仍然结结巴巴,丢三落四,如同没有学过一样。问及课文语句,更是茫然不知所答。"③

---

　　①　初中语文教学案例[EB/OL].(2020-01-13)[2019-12-23].https://wenku.baidu.com/view/49d9ad0aa01614791711cc7931b765ce05087aae.html

　　②　钱梦龙.我和语文导读法[M].北京:人民教育出版社,2005:35.

　　③　钱梦龙.语文课要实实在在教会学生读书[EB/OL].(2012-02-22)[2019-12-23].http://www.360doc.com/content/12/0222/08/3442964_188523465.shtml.

因此,教师只有抓住所教学科的精神特质,才能真正彰显这门学科对于学生发展的价值。教师在教学活动中应充分体现任教学科的特点和需要,体现特定学科的精气神。

三、教学语言缺乏形象

语文,归根到底是一门关于语言的艺术。初中语文教学因其内容的特殊性,应当更充分体现中国经典文本所蕴含的语言艺术。教师在课堂使用怎样的语言形式,表达怎样的情感,展现怎样的状态,对学生来说,将产生巨大而深远的影响,不仅影响着课堂教学效果,还影响着学生的学习情绪、学习态度和学习成绩。但我们经常在语文阅读课堂中听到这样的教学语言:

其一表现为课堂教学语言充斥着大量口头禅、废话、套话。"这个""那个"等没有任何实质内容的发语词,"是不是""对不对""懂了吗"等没有任何思维含量的设问,"好""很好""不错"等廉价的赞美和鼓励,这些枯燥乏味的、没有个性的语言影响了教学的节奏,分散了学生的注意力。某次听课,"闲着没事"很"用心"地给授课教师数了数,发现一堂课下来,他竟说了近百个"是不是",口头禅出现的频率之高超乎想象。至于今天有不少学生,抑或某些明星,张口就是"接着""接着",似乎没有"接着"这个词,话就没办法进行,这是否也是平时教师贫乏的教学语言带来的弊端呢?也许学生经过一段时间习惯了老师的口头禅,但作为教师不能轻视这些"没有意义的空话"给教学带来的负面效应。教师的口头禅是其教育理念、自身修养的外在体现,它影响着学生的听课效率和言语品质,决不能"脱口而出"。

其二表现为思想保守刻板,照本宣科。语言晦涩平淡,甚至连说话的腔调都一成不变。苏联教育家苏霍姆林斯基说:"教师的语言修养在极大程度上决定着学生在课堂上的脑力劳动的效率。"部分教师受应试教育的深刻影响,传授知识时多为千篇一律的照本宣科,教参里解读到的知识点、试卷上出现的测试点讲得多、反复讲,一遍一遍简单重复,生怕学生不懂,而不管学生是否喜欢听;部分教师采用"你听着""你给我""你们要明白"等命令指示的口吻,强制学生接受灌输的知识,又居高临下地作终结式的定论。这些都导致语文课堂教学的低效益,使语文课毫无吸引力。比如:一位老师分析《邹忌讽齐王纳谏》兼语句的结构时(姑且不谈这是否为第四学段学生应该掌握的知识)，手指着板书，"齐王，齐国国君，是不是？作为名词，对吗？这个词既可以作为动词'讽'的宾语，又怎么呢？又可以作为'齐王纳谏'的什么呢？对，主语。你们明白了吗？"这种啰唆的、刻板的、强制的又支离破碎的教学语言，久而久之就使学生产生了疲倦厌学的心理。还有，过分依赖 PPT 课件也限制了教师的即兴表达，对语文教师的教学语言产生了很大影响。

缺乏形象性的教学语言让经典文本的美感大打折扣。近年来语文教材选文大多"文质兼美、适合教学"。教学语言承载经典文本所蕴含的语言艺术的最好"容器"，针对不同的课文都应该有相对应的语言。如果说学生阅读经典文本所唤起的是浅层的表面的感悟，那么教师则要利用自己的教学语言带领学生往文本更深处品味文本之美。而在大部分课堂的观察中，大部分教师在课堂的讲述千篇一律，教学语言呆板生硬，缺乏针对性，语调没有因为文体或文章所抒发的感情而有太明显的变化。一篇篇美好的文本通过教师苍白乏力的教学语言一"演绎"，学生脑海中最起码的画面感都无法唤起，更勿谈所谓的美感，由此课堂教学效果大打折扣。

四、教学过程缺乏互动

语文阅读教学本身就存在很强的双向互动性。这主要体现在教师个体的阅读感受体验和学生个体的阅读感受体验应在课堂上产生碰撞、交流、交融，师生紧紧围绕文本产生从浅层到深层的沟通交流。但在语文阅读课堂，常常能看到如下场景：

场景一：某中学初一随机抽取的一节课里，《爱莲说》的讲解出现了这样一段对话。

　　教师：大家根据《爱莲说》里面的内容来说一种花，然后说明它的特征有哪些。比如，文章中的莲，是花中的君子，它中通外直，不折不挠。其他的花呢？×××你来说一下。
　　学生 1：百合花，清香四溢。(教师用手指下一个学生)
　　学生 2：桔梗花。
　　教师：桔梗怎么写？给咱们写到黑板上。(生在黑板上写了"桔梗")
　　教师：桔梗花有什么特点？
　　学生 2：坚强。

（教师又用手指下一个学生）

学生 3：牡丹，富贵……

场景二：某次"一师一优课"的教学评选，同样是《爱莲说》，某教师设计的课堂导入语。

教师：今天我们要学《爱莲说》（板书），作者是——

学生（齐）：周敦颐。

教师：对！周敦颐是宋代人，他喜欢莲花。你们喜欢什么花？

学生 1：牡丹花。

教师：很好！还有吗？

学生 2：水仙花。

教师：哦！水仙花是我们的市花。

……

面对这样一个简单的问题，且不说有没有拓展出去的必要，场景一教师总共请了三位以上学生描述其他花卉，耗时 12 分钟，而且内容和语言都极为贫乏。根据初一学情，学生完全可以在教师的引导下运用更为丰富的词语对描述的对象加以润色，以锻炼学生的语言表达能力，这也是语文课程的性质决定的，但教师并没有真正起到"导"的作用。如果确实有必要进行拓展，将阅读教学与写作教学相结合，教师完全可以提供一定的时间让学生模仿文中的写法描写熟悉的花卉，再分组交流，相对于该教师这种简单的提问方式更可以启迪学生的思维，锻炼学生的语言表达能力。场景二则完全是徒有其表而无实质内容的师生间的"假对话""假互动"，试想幼儿园的小朋友恐怕还会回答得更有童趣吧？这种故作姿态的互动只能惹人生厌。

当下课堂的假互动或缺乏必要的互动主要表现在以下几方面：

首先，互动形式单一。初中语文课堂中多采用单一的互动形式，即教师与学生全体之间的互动和教师与学生个体之间的互动。部分教师过于强调教师的单向讲授，主导意识强烈，学生成了盛装知识的"容器"；部分教师虽有一定的互动意识，但未能培养学生的问题意识，你问我答的现象较普遍。

其次，互动过程偏重于认知，师生之间的互动是一种比较特殊的人际互动,具有多样化的内容。教学中采用的互动主要包括情意互动、行为互动以及认知互动。但目前大部分课堂侧重于认知互动,较少涉及行为互动或情意互动。

再次,互动形式化。课堂教师点拨过多,学生见解太少。当学生答不出问题时,教师并没有给予适当的引导而一味地陈述或直接把答案兜给学生,用讲授代替互动。学生习惯了被动接受,不愿思考问题,无法发挥"主体"作用。教师一味地讲授,削弱学生自我学习和自我思考的能力。

最后,互动缺乏深刻性。现下大多数课堂教学中,教师与学生的互动仅仅只停留于文本内容的表层,停留在简单的判断和归纳的层次,无法深入文本进行更深层次的探究。师生互动中,学生与教师的思维不在一个层面上,互动质量有待进一步提高。

《义务教育语文课程标准(2011版)》指出,"语文教学应在师生平等对话的过程中进行",教学实践告诉我们,语文教学是一种"沟通"与"合作"的"互动",是教师、学生凭借"教学文本"进行"对话"的过程。只有真正进行师生间全方位的对话,才能实现真正意义的课堂互动教学,从而促进学生进行有效学习。

五、问题设置琐碎盲目

提问是语文阅读课堂促进师生之间交流、引导学生发生真正阅读的必不可少的手段,这也就需要教师提出有思维含量的高效问题。但在实际的教学中,教师的课堂提问存在较大问题。或提问语言繁杂,学生无法理解;或脱离具体学情、学段特征,存在较大的盲目性;或设计老套,没有创新,流于形式;或范围过窄,只针对特定的对象。设计多思维指向、多思维途径、多思维结果的问题以培养学生的创造性思维能力的问题,更是少之又少。曾在本校听课,一位教师在《永久的生命》(统编版八年级上册第四单元第三课自读课)12张PPT的设计中呈现了以下问题:

(1)作者为什么说我们都非常可怜?

(2)这与标题"永久的生命"相去甚远,作者为什么要这样写?

(3)作者说我们应该看到生命自身的神奇,这里"自身的神奇"指的是什么?

(4)怎么理解"生命自身的不朽"?结合选文内容理解。

（5）生命是一直永久的吗？文章中哪句话可以看出？

（6）文中的"分开来"和"合起来"，分别指什么？结合选文内容分析。

（7）作者赞美生命的永久，却说"生命在那些终于要凋谢的花朵里永存，不断给世界以色彩，不断给世界以芬芳"，你怎么理解这句话？

（8）整体的生命是永久的，个体的生命是易逝的，我们应该如何对待生命这种奇妙的状态？我们应该如何对待有限的生命个体？

我们姑且忽略本篇是自读课的事实，请教者思考以下问题：①你经过单元目标的解读和文本细读了吗？②你制定了本节课的教学目标和重难点了吗？③在一节 40 分钟的课堂你能完成这些任务吗？④这些问题能指向教学重点吗？⑤有哪一些问题可以剔除？⑥这么多的问题中有没有哪一个能辐射全文，牵一发而动全身的问题？⑦如果没有，你怎样整合出一个真正能体现文本重点又能有效调动学生思维的问题？相信经过教者层层追问，步步筛选，就可以意识到你课件中要解决的这些问题有什么弊端，哪些问题没有存在的价值，从而明确自己设计问题中存在的大问题。

可是，这种琐碎、无序、盲目的问题设置在语文课堂里绝不是偶然的现象，值得语文教师深思。

综上，语文课堂教学存在的五大缺失一定程度上制约着学生语文课堂学习效率，教师只有深入文本解读，加强自我学习，更新课改观念，优化课堂结构，才能实现语文课堂收益的最大化。

第二节　缺少"语文味"的原因

新课标下的语文教学应有自己的学科领域和学科精神，只有认清语文学科的边界，明确学科的目标，才能形成语文学科的风骨与特质，才能让语文课堂具有醇厚的语文味。语文味是语文课堂的气质，是教师应当追求的一种境界。但是多年来中学语文教学往往游离于语文味的边缘，其缺失的原因是什么？

一、以"应试训练"代替内容分析

在应试教育的大背景下,很多教师被"教学只为考试服务"的错误教学理念影响,认为教学目的仅仅是应付考试,因此对于要学习的课文,教师往往先找出其中考查的重点,漠视语文学习的目的。学《再塑生命的人》,抠出三个考点:①怎样理解题目的含义? ②文中第三段的景物描写有什么作用? ③品析"我自豪极了,高兴得脸都涨红了,立即跑下楼去"的表达效果。学《从百草园到三味书屋》,机械地提问:插叙长妈妈讲美女蛇的故事有什么作用? 从百草园到三味书屋的过渡语段有什么表达效果? ……然后利用伪阅读的方式让学生反复记忆这些考点,并采用题海战术进行教学。绕过阅读量的积累而沉入题海,不能否认部分内容有解读的必要,但关键在于教师在阅读教学过程中应尊重语文教学的规律,采用合理巧妙的方式提出问题,让同学们合作交流学习,而不仅仅将课文作为一般考题的阅读语料出现。教师如果在课堂中经常有意无意地引导学生只往标准答案的方向思考问题,长期将多样化的答案禁锢在标准评定框架内,忽视培养学生创造力,学生的思维能力就会被无情地扼杀。

另外,在错误的教学理念影响下,教师以考代教,以练代教,侧重功利化、所谓"实用性"的教学工作,用所谓答题技巧代替真正的阅读教学、内容分析,将阅读训练演变成了单纯的"问"与"答",导致阅读教学模式化倾向,语文课堂也因此变得枯燥无味、面目可憎。以技法训练代替根本的文本阅读指导,会使大量的内容各异的文章使用相同的阅读方法,比如某名师工作室总结的散文课堂教学过程:

1.品味语句,体会作者思想感情
(1)找出文中一些表示抒情,特别是议论的句子。
(2)点明文章写作背景的句子。
2.分析人、事、物的特点,把握作者的感情倾向
(1)抓住景物描写,理解文章中心。
(2)找出文章线索,领会作品主题。
(3)抓住详略处理,把握文章的主旨。
……

我们并不反对给学生一些阅读方法方面的指导，但如果整个单元都依据这种对点的模式化教学，是否太枯燥无味了？这种做法，违背了学生阅读的初衷，大大削减了阅读的积极性与主动性，剥夺了学生阅读文本的趣味与快乐，不利于学生阅读情感的培养，更不能满足学生对于阅读学习的期待。

二、以"复制粘贴"代替独立思考

上海浦东教育局副局长、教育发展研究院院长程红兵在作报告时也说："有绝活的老师往往有深情，有真气。"①这"绝活""真气"依靠教师自身丰厚的语文素养，依赖教师对文本用心地解读。由于自身知识储备的匮乏、懒惰的心理作祟，一些教师无意吃透教材，吃不透教材，缺乏自己独特的感悟，忽视自身对文本实质性、个性化的解读和理解，无法对文本做出进一步深层的挖掘。在教学中只能奉教材为圣旨，只能拘泥于教参提供的现成资料，照搬照抄，死抱着教参备课，死搜索教案上课，一味"复制粘贴"，不思考教材里的表述是否正确，教参的解读是否准确，网络的教案是否符合学情，课堂的教学设计是否有创意，能否吸引学生。教师由此成为教参以及网络教学设计的"传声筒"，这种投机取巧的办法导致课堂教学内容千篇一律，枯燥乏味。

教材是按照课程标准编写的，是教师传授知识的主要依据；教参是专家组织编写的，肯定也富有真知灼见；网络教案不少是赛课成果，不可否认是高水平的教学设计。但"人非圣贤，孰能无过"，万一编写者出错了呢？统编版九年级上册《怀疑与学问》中一句："怀疑不仅是消极方面辨伪去妄的必需步骤，也是积极方面建设新学说、启迪新发明的基本条件。"此处"消极方面"用词准确吗？浙江省著名特级教师肖培东就大胆提出了质疑。课改之初，语文版教材课下注释也屡有出入，九年级下册《捕蛇者说》"向吾不为斯役"中，"向"的课下注释为"从前，这里有假使的意思"，"假使"的意思对吗？同样对于"妻子"的注释，七年级下册《强项令》一文是"妻子儿子"，而在《桃花源记》中却是"妻子孩子"，孰是孰非，需要教师引导学生辨别……古人说"尽信书不如无书"，教师如果不向学生解释清楚，照本宣科，还算是语文教学吗？学生接受了错误的知识，万一以后酿成大错，就悔之

---

① 程红兵.课堂是教师专业修养的体现[J].今日教育,2017(02):40-41.

晚矣！

教参亦如此，人教版七年级上册教师教学用书对《再塑生命的人》中"再塑生命"的含义进行解读：

> "再塑生命"的含义是什么？表达了作者怎样的思想感情？
>
> "再塑生命"从字面意思看是"重新塑造生命、重新获得生命"的意思。但在本文中，"再塑生命"是指：
>
> (1)"爱的光明照到了我的身上"。本来，"在我的那个寂静而又黑暗的世界里，根本就不会有温柔和同情"，但是，在莎莉文老师的教育下，"我"的灵魂被唤醒，拥有了"光明、希望、快乐和自由"。
>
> (2)莎莉文老师让"我"又回到自然，理解自然。
>
> (3)莎莉文老师还教"我"懂得"什么是爱"。正如作者自己所言："她就是那个来对我启示世间的真理、给我深切的爱的人。"
>
> 从这个意义上说，莎莉文老师是"再塑生命的人"，用中国通俗的话说，就是"再生父母"。"再塑生命"一词表达了作者对莎莉文老师的无比敬爱和感激之情。

稍稍熟悉这篇课文的老师可以发现，学生就文本内容能够领会这些知识点是完全不可能的，因为教材并没有(2)(3)两点的相关内容。而教参的编写者为什么如此解读其含义？根本的原因是语文版教材中同样有一篇出自《假如给我三天光明》的《我的老师》，课文题目不同，但节选只是部分篇章一致，人教版教参编写者忽略了两个文本的差异，照搬照抄语文版的解读。可是，我们一部分老师就像这里的编写者一样，不动脑筋把"全面"的理解传递给学生了。

我国著名文艺理论家孙绍振教授曾说："现在的中学语文教学为什么枯燥乏味？主要是因为语文教师难以讲出学生不知道的东西……对于文本，如果教师在讲解上不能出新，如果教师在课堂上的分析都是学生在一般资料上就可以看到的，学生就不会信服你，课也不会上得生动。"[1]语文教学的基本材料是文本，这也就要求语文教学设计的基础是文本解读。尤其是现代文阅读更强调读者与文本、教师和文本、教师和学生的对话。阅读的目的在于建构新的意义，而不是复制作者的意图，或扭曲作者的意图。

---

① 程红兵.课堂是教师专业修养的体现[J].今日教育,2017(02):40-41.

所以作为教师深入解读文本，是提高课堂效率的手段之一，是培养学生终生学习的必备条件之一。在语文教学设计中，教师只有真正进行深入文本解读，才不会只停留在文本内容的浅层层面，否则即使将课文全部弄懂了，即使解决了"写的是什么？怎样写的？为什么要这样写"的全部，该"懂"的内容都弄懂了，该教学生的都讲完了，也只达到浅表性阅读的层面。对新课程提倡的创造性阅读和评价性阅读要求，还相距甚远。语文课堂不能体现教师的学养，就没法展示语文味。

三、以"哗众取宠"代替教学创意

新课程改革以来，不少语文教师为了能跟上形势，在课堂上绞尽脑汁、翻新花样，不断改变教学策略和方法。课堂直观的多媒体屏幕，时而翻出别开生面的彩色图画，时而发出动听的优美音乐，时而蹦出动感十足的FLASH 动画；课堂规整的小组合作学习，颇有气势的齐刷刷回答、齐刷刷鼓掌……刻意追求课堂的"新、奇、特"，在时尚的引领下，语文课着上了时代鲜明的色彩，让人眼花缭乱、目不暇接。前教育部新闻发言人、语文出版社社长王旭明先生曾在访谈中对语文课的现状表示担忧："声、光、电等多媒体教学手段的使用，如何才能不给人喧宾夺主之嫌？什么样的课才不是假语文课，而是一堂属于语文的语文课？""语文课上应该用语文的方法教语文，千万别让语文教学变得时髦却虚伪。"①

过度依赖多媒体技术，让语文教学日渐脱离了原来的轨道，失去了原有的学科味。统编版七年级下册《黄河颂》的课堂教学，播放铿锵嘹亮的《黄河大合唱》组歌，欣赏奔流滚滚的母亲河气势；八年级上册《永久的生命》的课堂教学，用动画视频展现小草"那样卑微，那样柔弱，每个严寒的冬天过去后，他们依然一根根从土壤里钻出来，欢乐地迎接春天的风"，以示永久的生命、生命的顽强……教师直接把语文课上成了音像课，把语文课堂变成了电影院。更多的将多媒体使用当作教学的必备流程，从作者介绍、作品背景、字词注释、思想意义、艺术手法……一股脑网上下载拼凑，一箩筐往课堂里装，老师讲到哪里，屏幕点到哪里，学生的思想呈碎片化、拼贴化状态。

适量的多媒体教学对活跃课堂气氛，增加课堂容量，增强解读的形象

---

① 王旭明，赵婀娜.别让语文教学时髦却虚伪[J].教师博览，2014(09):8.

性、生动性具有一定的作用,但无节制地使用也让教师忘记了语文教学的使命而沦为多媒体操作员。为了追求多媒体效果,忙于操作各种多媒体设备,忽略了对文本的深入解读,制约了自身专业能力的提升;而以画面音乐等媒体吸引学生的注意力,课堂气氛活跃了,学生却无法静下心来感受文本或精美或风趣或严密的语言特点,无法体会到作品在遣词造句、语法修辞、选材立意等方面的独到之处,进而无法感受作者所表达的思想和情感,直接影响了文学艺术本身审美功能的体现,直接影响了学生的语言表达能力,也不利于培养学生的思维能力,失去了语文核心能力的养成。统编版语文教材主编温儒敏先生曾旗帜鲜明地对滥用多媒体教学现象进行质疑:"现在的语文课不断穿插使用多媒体,虽然很直观,可是把课文讲解与阅读切割得零碎了。学生的阅读被挤压了,文字的感受与想象给干扰了,语文课非常看重的语感也被放逐了。"①

与此同时,由于多媒体的滥用,师生的互动受到阻碍,师生情感交流产生隔膜。长此以往,不利于学生非智力因素的发展。多媒体教学过程如果过于程序化简单化,也就不利于鼓励学生发现、探究问题,必将导致学生学习主体性的泯灭,必将使教育以新面孔走老路。"我并不看好语文课上使用多媒体,甚至认为现在滥用的多媒体,已经成为语文教学的'毒药'。"②语文阅读课堂要"回归"语文教学的本位——"指导学生正确地理解和应用祖国的语言文字",不能让多媒体"喧宾夺主"。应避免时尚的语文导致学生语言能力的丧失。语文课堂融入太多非语文的东西,会陷入"哗众取宠"的境地,弱化课堂的语文味。

四、以"人文性"代替"工具性"

关于《猴王出世》的教学设计,有以下几种观点:

> 其一,我如果教《猴王出世》,就不会把重点放在"怎么写"上,而会以"石猴何以成王、它与众猴的区别在哪里"为主线,引导学生细读文本,发现石猴的性情和品格,以此拓宽视野、丰富情感体验,让学生得

---

① 吴华.教育新闻语文课堂三大"时髦"该降降温了[EB/OL].[2016-05-12]. https://edu.qq.com/a/20141222/022318.htm

② 陈日亮.我即语文[M].福州:福建教育出版社,2014:75.

到人生的启迪。

其二,我如果教《猴王出世》,就引导学生通过体会小说语言文字的精妙,培养学生如何将语言变得"精确妥帖"的兴趣,提高学生语言文字的运用能力,发展学生的想象和思维能力,提升语文素养。

其三,我如果教《猴王出世》,就"以石猴何以成王、它与众猴的区别在哪里"为主线,引导学生细读文本,品味语言文字的精妙,提高学生语言文字的运用能力,发展学生的想象和思维能力,同时得到人生的启迪。

一篇课文能教给学生的内容是无限丰富的,教师有必要根据语文课程标准对教学内容进行二次开发。按照语文课程标准对语文课程性质的准确定位:"语文课程是一门学习语言文字运用的综合性、实践性课程。""工具性与人文性的统一,是语文课程的基本特点。"结合课标中一再强调的语文课程的重点是"语言文字运用",对《猴王出世》的三种教学设计,孰是孰非一目了然。其一重人文,即内容情感的把握;其二重工具,即语言文字运用;其三为基于语言文字运用的工具性与人文性的统一。很遗憾的是,第一种教学设计在现今语文课堂上大行其道。全国著名特级教师陈日亮先生曾指出:"批判'工具性'的论者,总是高举'人文性'的旗帜。当然,这面旗帜举多高都并不过分,但如果它是冲着'工具性'而来,是认为强调了工具就会排斥了人文,其目的是要来纠偏,或者竟是要取而代之,即认定人文性才是语文的基本性质,那就不可不争不可不辩。"[②]意思是语文教学所承担的"人文性"必须服从"工具性",不能喧宾夺主,更不能弃"工具性"而不顾。但是许多教师对语文阅读教学还存在着模糊的认识,在教学内容的选择上受传统思想的影响,往往重"意"轻"言",他们偏重对文章内容的理解、主旨的挖掘,大举人文旗帜,忽视对文章言语表达形式的体悟和认识,过度重视内容分析而忽略语用表达训练已成为一种教学常态,违背了高中语文课标中作为语文最核心素养核心能力的"语言的建构与运用"的培养。

下面从某一网站教学设计中随机抽取了50个课例进行分析(表3-1),或许更能说明这个存在的问题。

表 3-1 课例分析

教学内容(不区分文体)		课例数量	占比
内容情意上的理解与分析	理解并能概括内容	32	64%
	作品(作者)情意理解	45	90%
	理解人或物的形象	14	28%
	了解(理解)作者	8	16%
语言及文章形式上的理解与分析	梳理情节、文章布局	10	20%
	品味语言	13	26%
	分析文章写法	12	24%
语用练习	写话练习	4	8%
	想象与再现	2	4%
	仿写、续写	8	16%

由表 3-1 也可以看出,语文课堂上对文章内容与情意的理解是许多教师必然关注的首选,对微言大义的分析、中心思想的挖掘,成为阅读教学内容的主导,甚至成为大多数课堂教学内容的全部,似乎不把文章主旨挖深挖透就没完成教学任务;而对作品(作者)语言及文章结构、写作方法等形式方面,教师在教学设计中关注得远远不够,语用练习更是少之又少。这样的教学设计极大地偏离了语文学科教学的方向。上海市特级教师、教育家李海林先生对语文教材的价值有过一段十分精辟的论述:"学生阅读教材里这些文章的目的,本质上不在获得它们所传达的信息本身,而是这些文章在传达信息的时候所产生的'如何传达信息'的信息。我们称这种'如何传达信息的信息'为'言语智慧'。"①如果教师在教学中不着眼于帮助学生获得言语智慧,那么语文课就会失去其本质属性。

实际上,内容的理解与主旨的把握只是语文教学的起始阶段,在读懂内容的基础上要进一步让学生读懂文章的表达形式,进而习得这种语言表达——这才是语文教学的重心。正如叶圣陶先生所指出的那样:"凡是学习语言文字如不着眼于形式方面,只在内容上去寻求结果是劳力多而收获少。"②然而当前的语文阅读教学"只在内容上去寻求结果",对文章思想内容深挖细敲,读出的思想内容越新鲜越好,导致偏读、片读、错读、误读等现

① 李海林.语文教材的双重价值与教学内容的生成性[J].语文学习,2004(03):23-25.
② 叶圣陶.叶圣陶语文教育论集[M].北京:教育科学出版社,2015:132.

象时有发生,因文解意太过,据意习言不足甚至缺位,致使学生对语言形式的学习不到位。无法定位教学重点,怎么可能有语文味?

五、以"自我中心"代替学生主体

就语文课堂教学中学生所处的地位,《义务教育语文课程标准(2011版)》明确指出:"学生是语文学习的主体,教师是学习活动的组织者和引导者。""语文课程必须根据学生身心发展和语文学习的特点,爱护学生的好奇心、求知欲,鼓励自主阅读、自由表达,充分激发他们的问题意识和进取精神,关注个体差异和不同的学习需求,积极倡导自主、合作、探究的学习方式。"[①]但是,现实中却有不少教师置学生的"主体"地位于不顾,无可争议成了课堂的主角。请看下面某一名师就"有比较才有鉴别——智叟之'智'"的《愚公移山》课堂实录片段[②]:

师:相比之下我们会觉得智叟很"聪明",他自己也认为自己很聪明,但是智叟的"智"是一种什么样的"智"?

生(齐大声):小智!

师:非常好,小聪明! 他把一切事情都计算得非常清楚和精密,他认为,以你生命的长度和你的力量来跟这两座山较量,你显然是不自量力,你必然是要输的。他的这种衡量,显得非常明智。但是,庄子说(点击幻灯片)——

> **智叟之"智"**
>
> **"去小智而大智明"(《庄子·外物》)**
>
> 小智谋事,中智谋人,大智谋势

师:去掉小聪明,才能拥有大智慧。小智是用来干什么的呢? 小智是用来谋事的,它可以精明地计算一件事的得失;中智是用来谋人

---

① 教育部.义务教育语文课程标准(2011 年版)[S].北京:北京师范大学出版社,2012:3.

② 熊芳芳.《愚公移山》课堂实录[EB/OL].(2019-10-13)[2019-12-30].https://www.sohu.com/a/346704144_353710.

的;大智不仅仅限于一件事、一个人或者一群人,它是在谋求整个人类的幸福或思考整个世界的发展趋势。所以,智叟不"智",而愚公呢?

生(齐):大智!

师:大智若愚,他才是拥有大智慧的人。

这个故事告诉我们(点击幻灯片)——

> 明智的人早已老去
> 单纯的人永远年轻

师:像智叟这样的人,已经明智地为自己划定了生命的界限和终点,他早已老去,不再做梦,最后的时光,不过是等死罢了。但是愚公"年且九十","且"是什么意思?

生(齐):将近。

师:将近九十岁的人开始做梦,你是否会觉得荒唐? 人活九十,已属罕见,年且九十而还能做梦,更属稀有。一个人活到将近九十岁而还能做梦,恰恰证明他怎样啊?

生(齐):年轻。

师:对,他的心是年轻的。因为单纯,所以年轻。他做梦,他行动,他开创新的生活,他改变自己的命运。所以(点击幻灯片)——

> 年轻就是生产力
> 梦想就是创造力
> 勇气就是影响力
> 信念就是自信力

因为年轻,所以充满力量;因为梦想,所以永不停止创造;他的勇气影响了他的家人和邻居,他没有煽动,也不是独裁,他用他的信念聚集了一大批跟他有相同梦想的人。

师:接下来请大家思考这样一个问题(点击幻灯片):

> 移山是为了_____

生:"惩山北之塞"。

师：从文本来看，山挡住了我的道路，出入不便。这是再明白不过的原因。但是，再往深处想一想，移山是为了什么呢？

生：为了子孙后代。

师：不光为了自己，更是为了造福子孙后代。还有其他看法吗？他忍这两座山已经忍到快九十年了，为什么突然做梦，要移走它们？

生：因为忍无可忍，无须再忍。（生齐笑）

师（亦笑）：是一个原因。还有吗？人一生，越到最后，越是会想什么问题？

生：为后代留下点什么。

生：不留遗憾。

师：对，他会回顾自己这一生到底做了什么，这一生值得吗？有意义吗？我们常常会听到内心有一种呼唤，如果我们一生只是在顺应环境，接受环境，甚至是容忍环境，你会觉得自己这一生怎样啊？

生：憋屈。

生：白活了。

师：我们为什么要读书求学？其实就是我们不想停留在现有的处境当中，我们想要为自己创造一个新的未来。所以愚公在"年且九十"的时候突然萌生一个梦想，其实就是因为听到心中的呼唤。荣格有一段话这样说（点击幻灯片）：

> 我们通常所说的使命感：它是一种非理性的因素，让人注定要摆脱普通大众和常规老路。真正有人格的人无一例外具有使命感，并像信仰上帝一样对它深信不疑。
>
> "有使命感"最初的意思是"受到某个声音的召唤"。
>
> 人格的发展是自我意识增长的同义词。
>
> （荣格）

师：他说，每个人心中都会听到这样的召唤，要你成为英雄，要你去完成一项伟大的事业，要你去担当一个使命。每个人心中都会听到这样的呼唤，但是那些人格力量弱小的人，这种声音会渐渐变得越来越弱，最终会听不到，它会慢慢地泯灭于群体的声音之中，使命感也随之被集体的需要所取代。

　　笔者对此实录的字数进行精确统计,在长达1182字(不包括PPT的字数)的教学片断中,学生回答的总共才49个字,教师全然将自己的解读灌输给学生,将"满堂灌"做到了极致,至于学生,就像木偶一样被动地拖着走,回答的问题没有一点思维含量,或以"小智""大智""年轻"等这样的简单词语出现,或以"惩山北之塞"(学生的回答还是错误的,老师居然没做作出任何评价)等文中的句子回答,像幼儿园小朋友。有必要说一句,这堂课授课的对象是高三年级学生,笔者暂且不评判《愚公移山》教学内容的选择是否正确,毕竟将初中的课文置于高三在"教什么"的问题上会有所争议,关键是无论初中还是高中,师生在课堂的站位角色是一致的。那么,教师在课堂上起到"导"的作用了吗?学生的"自主阅读、自由表达"表现在哪里?师生间的"平等对话"实现了吗?新课标要求语文教师摒弃满堂灌的方式,避免教师陷入尴尬的教学困境,但多数教师还是受应试教育压力的影响,无法及时更新自己的教学理念和教学方法。

　　在语文阅读教学中,很多教师的教学方式依旧停留在"教师讲解为主,学生被动接受",导致教师对阅读教学过程中学习主体对象认识不够,颠倒了教师与学生的地位,忽视或抑制了学生的主体意识。尤其在语文阅读课堂的提问环节,或者像上述实录一样,提问没有一点思维含量,或者教师为了赶教学进度和任务,只要学生的答案不符合预期,存在差异,或直接粗暴地告知正确答案,或将学生的答案引向标准答案的范畴,盲目根据自身喜好对学生进行填鸭式教学,无法让学生深入思考探索,学习积极性受到打击。同样,也有些教师则在阅读教学过程中过分细致地分析讲解,不利于学生阅读思维的发展,影响学生对课文个性化探索感悟的过程。长此以往,语文核心素养"思维的发展与提升"又如何得以实现?而如此包办课堂,怎么可能有语文味?

　　综上,机械乏味的应试训练、按部就班的沉闷讲解、抛开语言的人文探讨、片面绝对的赶时尚潮流以及自觉深邃的一言堂等现象的存在,又如何能上出语文味?鲁迅先生的"三味书屋"里有一副对联:"至乐无声惟孝悌,太羹有味是诗书。"把有味的诗书读出味道,把语文课上出语文味,将语言学习、审美教育、人格培养、思维提升融为一体,让学生陶醉在醇厚的语文课堂里,是语文教学努力的方向。

第三节　语文课堂对醇味的追求

　　全国著名特级教师、人民教育家于漪先生在为《课堂，与美相遇的地方》一文作序时写道："醇美语文，体现出民族语文的醇厚之美、语文本体的醇味之美、语文学习的醇真之美、课堂和谐交融的醇和之美。好的语文课应如甘醇的美酒，醇厚甘美，韵味浓郁，让人品后回味无穷。"①醇味的语文课堂，或有意趣盎然、声情并茂的读味，咬文嚼字、含英咀华的品味，圈点批注、意理阐发的写味，或是语言典雅、渗透传统的文化味，精心创设、具体可感的情境味，以引发学生学习语文的兴趣，并积极主动地参与到语文学习之中，从而习得语言、养成能力、发育精神、净化情感，提高学生的语文核心素养。

一、朗朗读书声，酿就语文味

　　《义务教育语文课程标准（2011 版）》中明确指出，"能用普通话正确、流利、有感情地朗读课文，是朗读的总要求"，"评价学生的朗读，应注意考察对内容的理解，可从语音、语调和情感表达等方面进行综合考察"，优美的朗读给读者一种身心愉悦的享受，是文本和读者进行的一种交流、谈话，是把文字转化为有声语言的一种创造性活动，是学生完成阅读教育任务的一项重要的基本功，"书声琅琅"是一堂语文课的重要特征，朗读是语文教学的第一要义。《义务教育语文课堂标准（2011 版）》指出："注重情感体验，有较丰富的积累是培养学生具有独立阅读能力并使其形成良好语感的基础。"而朗读正是实现这一目标的必经途径之一。可以说朗读是阅读的起点，是理解课文的重要手段，它有利于感悟内容，领会文气，培养语感，陶冶情操。

---

　　①　李德芹.课堂，与美相遇的地方［M］.上海：华东师范大学出版社，2016.

(一)朗读理解文意

示例:《再塑生命的人》
(统编版七年级下册)

本节课教者带领孩子们寻找文中之"最",挖掘出"最迷茫""最绝望""最幸福"的几个片断,旨在品味这些微妙的细节,并结合朗读指导和训练,尽情朗读,有滋有味地投入,沉浸蕴含其中的深沉情感,将朗读与理解课文巧妙地融为一体,感受散文言有尽而意无穷的审美意蕴。

1.最迷茫

朋友,你可曾在茫茫大雾中航行过,在雾中神情紧张地驾驶着一条大船,小心翼翼地缓慢地向对岸驶去? 你的心怦怦直跳,唯恐意外发生。在未受教育之前,我正像大雾中的航船,既没有指南针也没有探测仪,无从知道海港已经临近。我心里无声地呼喊着:"光明! 光明! 快给我光明!"

【点拨】用雾天在海上航行的比喻,十分形象地展示了作者坠入黑暗世界找不到方向的迷茫感受。反复呼唤"光明",表达了作者受教育前对光明的渴求。

朗读处理可重读"神情紧张""小心翼翼""怦怦""唯恐""呼喊""恰恰",体会迷茫无助之感;"光明! 光明! 快给我光明!"语意递进,情绪愈加激昂,句间较长停顿,饱含痛苦的渴求。

2.最绝望

在我的那个寂静而又黑暗的世界里,根本就不会有温柔和同情。

【点拨】重读"根本",读出愤怒和绝望的感觉。 这是个怎样的生命? 黑暗的世界、生命的牢笼,没有光明,没有温度,没有情感……受教育者本身没有爱,或者不懂爱。 这是一个处于寒冬中的孩子,"根本"就看不到希望!

3.最幸福

这些字使整个世界在我面前变得花团锦簇,美不胜收。记得那个美好的夜晚,我独自躺在床上,心中充满了喜悦,企盼着新的一天快些来到。啊！世界上还有比我更幸福的孩子吗？

【点拨】花团锦簇，美不胜收——这八个字的朗读语速可适度放缓，以便细腻而准确地体会作者对幸福的感知，体会一个曾经绝望的灵魂，现在对生命满怀深情，对未来充满了企盼和向往。

这样的朗读，也是赏析，是点拨，更是通过朗读来唤醒，唤醒沉睡在学生内心的情感。

新课标指出："朗读是语文教学中最基本也是最重要的手段，应让学生在主动积极的思维和情感活动中，加深理解和体验，有所感悟和思考。"这样的朗读和文本理解有效结合，想得深，说得清，触得到作者的内心，悟得了文章的内涵，即使学生"外在腔调"不那么悦耳，也是心耳相感的好朗读。

（二）朗读领会文气

示例：《湖心亭看雪》
（统编版九年级上册）

古文朗读重"因声求气"，由有形的声音传递无形的文气，进而领悟文意、文辞、文法。在教学过程中，教者努力地引导学生读出文言的腔调，在反复朗读中感受文气。例如：

> 雾凇沆砀，天与云与山与水，上下一白。湖上影子，惟长堤一痕、湖心亭一点、与余舟一芥，舟中人两三粒而已。

【点拨】教者引导学生关注"与"字，利用连读与延读，读出浑然一体、苍茫浩大的气势来。而"湖上影子，惟长堤一痕、湖心亭一点、与余舟一芥，舟中人两三粒而已"一句，则要求语速放缓，读出无限感慨，读出苍茫天地间的渺小和孤独感来。文言文的一部分生命便在这声调之中，吟诵之间，文味儿浓厚。

琅琅书声，流淌的不仅仅是师生情感的交融，更是师者传递的理解与思考。

（三）朗读体验诗情

示例:《化石吟》
（人教版七年级上册）

语文之美,从某种意义上说,就是诵读之美。而诵读之美又必须体现在高低、强弱和缓急等方面。课堂教者的朗读指导不仅仅注重内涵的把握、品读的深入,还给予了操作性极强的直观的点拨。停顿、强弱、连读、重音⋯⋯教者将各种朗读技巧转化为相应的音乐符号,辅之以音乐家一般娴熟的指挥手势,还有精彩的示范朗读以及用心的文字揣摩,讲究细节的圆润婉转、独具匠心和化境。

朗读、体会

复原的恐龙、猛犸/仿佛在引颈长吼,

重现的远古林木/多么葱茏、幽雅,

啊,你——令人叹服的/大自然,

高明的/魔法师,卓越的/雕刻家!

逝去万载的世界/又重现,

沉睡亿年的石头/说了话。

长眠地下/刚苏醒的化石啊,

你讲的故事/多么令人神往、惊讶!

片段一:朗读技巧的指导

第一步:明确提出要求——读准字音,把握感情（激昂、赞美）,读好节奏（如何连音,如何渐强）。

第二步:示范朗读。

第三步:学生朗读。

片段二:咬文嚼字中结合朗读的指导

第一组语言的对比：

(1)长眠地下刚苏醒的化石啊

(2)埋藏地下刚苏醒的化石啊

【点拨】拟人化的手法表达喜爱、赞美,便于直接抒发内心强烈的情感。

第二组语言的对比：

(1)冰冷的骸骨把平凡的真理回答

(2)冰冷的骸骨回答了平凡的真理

【点拨】诗歌有押韵的特点,读起来朗朗上口,有音乐的美感。韵脚主要看偶数句的最后一个字。这首诗歌押的是 a 韵。

这种有效的咬文嚼字,让学生感受到祖国语言文字的魅力、诗歌的魅力,同时让学生真正获得基本的语言素养,为其奠定终身发展的基础。

(四)朗读感受意蕴

示例:《落日的幻觉》
(人教版八年级上册)

本篇课文虽是说明文,但是它融文学性、知识性、科学性、哲理性于一体。如果将本文的教学重点定位在落日幻觉的原因的探讨,有可能将语文课堂变成物理课堂;如果将教学目标定位在说明顺序和说明方法的教学上,那将纯粹是说明文知识点的传授。如此教学势必将失去语文学科的特点,失去语文课堂特有的文味儿,所以本节课教者在引导学生了解落日幻觉的四个成因这个说明事理后,重点指导学生朗读课文第一、二自然段对落日幻觉的描写,通过朗读领会科学小品生动形象的语言特点。如：

①人们都喜爱观赏日出,无不赞叹太阳升起时的壮观景象……

②其实,日落的景象和日出同样壮观、绮丽,而且神秘、迷人。如果有机会观日落,它会使你神往……

着重号突出重音,词语朗读强弱分明,句子缓急有致,学生在反复诵读中能生成一幅幅落日的画面,在诵读中体会作者对美的欣赏,在诵读中领悟文本意义,这样的教学方法丝毫不逊色于单纯文字分析所获得的信息。所以,准确的诵读使本节语文课堂充满了浓浓的"文味"。

全国著名特级教师余映潮先生在其系列的《阅读教学设计的诗意手法》中,无一不提到"朗读",他认为:

朗读,是品味感受的阅读活动;

朗读,是充满诗意的文学活动;

朗读,是丰富细腻的情感活动;

朗读,是对同学们进行语调、语速、节奏、情感等方面的技能训练和说普通话训练的语文活动;

朗读,是让同学们认知文字、感受声律、体味词句、领会情感、品味意境、发展语感的充满情致的实践活动;

朗读,是阅读教学的一种基本课型,是阅读教学过程中的一条常用教学线索,也是一种灵动多姿的教学细节。成功的朗读教学一定是层次非常细腻,过程非常生动,形式非常活泼的。

反过来讲,没有朗读的课只是"课",它不是美的语文课。而且,只是单一地让学生"读"而没有朗读指导的课,没有力度,更没有美感。[1]

因此,语文学习并非仅仅是单纯的语言上的分析思考,抽象的分析讲解只会日渐拉开学生心灵和语文的距离,"诵读以贯之,思索以通之""语文有门,诵而思,就是语文大门的钥匙!"朗读,让语文课堂散发醇厚的语文味。

二、咀嚼与揣摩,细品语文味

《义务教育语文课程标准(2011 版)》明确提出,"语文课程是学生学习运用祖国语言文字的课程",语文课程的基本目标或者说语文学科的基本出发点在于培养和提高学生理解和运用祖国语言文字的能力。因此,语言形式应当成为语文教学的主要内容。语文教学应当关注文本的语言形式,培养学生语感。语感是在读写实践中,在对语言不断比较、揣摩、欣赏中逐

---

[1]　余映潮.阅读教学设计的诗意手法[EB/OL].(2011-10-13)[2020-03-15].https://max.book118.com/html/2017/0520/107946900.shtm.

渐积累的。教学时,教师应该凭借自己一定的文化积淀,去体味、感悟作品,引导学生比较、揣摩,细细品味,掌握其内在含义,体会作者用词的独具匠心,通过比较,品味词语,培养学生语言运用的意识。在教学过程中,教师不仅需要对文本进行整体的研读优化,也应在局部细节上下功夫。

(一)体味、咀嚼、领会,在细节上品味语言

语文课首先要关注文字,甚至是一个普通的标点。所有教学细节无一不是文本的标点、文字引发,并紧紧围绕标点、文字形成波澜。多角度、多层面去咀嚼标点、文字,品味语言,就引入了对文本思想、情感、形象、韵味体悟的源头活水。

示例一:《秋天的怀念》
(统编版七年级上册;教者:特级教师于永正)

这一堂课,于老师从"母爱"入手,聚焦作家笔下一个个看似平常的细节,引导学生去品味细节。

> 师:再来聚焦一个很不起眼的问号"?"("你要是愿意,就明天?"她说)。母亲是以什么样的语气?
> 生:试探。
> 生:商量。
> 师:(引导、小结)母爱是小心翼翼,母爱是平等,母爱是尊重。

于永正老师谈到自己备课的过程时曾说:"母亲为什么不用肯定的语气说,而是用问的语气?一个小小的问号告诉了我们多少东西啊!母亲在有病的儿子面前,真是小心翼翼呀!生怕哪句话没说好,惹儿子发脾气!我朗读时,就连母亲的表情都出现在了我的眼前!这个问号回答了母爱是什么——是平等,是商量,是小心翼翼呀!"于老师善于抓住标点符号背后蕴含的内容,把文中主人公的情感一步步挖掘出来,把作者想要表达的意蕴一步步剥露出来。一个容易放过的标点,于老师品出了深刻的内涵。

示例二:《香菱学诗》
(人教版九年级上册)

课堂上,教者引导学生揣摩香菱如痴如醉地构思诗歌,专注执着地学

诗的细节:不仅关注神游学诗中反复斟酌的"抠土"动作及浮想联翩、物我两忘的"出神"情态,还有取舍推敲中"皱眉""含笑"的情绪变化。

再者,教者引导学生关注香菱脸上的经典表情——笑,也颇具匠心。文中的笑,有乐于学习满足喜悦的情怀,有日有所思梦亦同趣的收获,也有笑中含悲难言苦闷的无奈……意味深长。朗读、比较、品味、揣摩,从微观视角品读细节,才能尝出隐藏在其中的真味。正如钱梦龙老师所说:"碧波深处有奇珍!"

这样的例子,不肤浅不粗糙,具有一定的品位和高度,学生通过品词析句,走进文本语言的深处,学生的审美能力和鉴赏趣味也在潜移默化中得以提升。

示例三:《桥之美》
(人教版八年级上册)

以重点句赏读环节为例,教者引领学生从微观视角领略语言特色,向文本更深处漫溯。在细处捕捉语言的感情密码,感受美文中的抒情色彩,以饱满的情感朗读,沉浸画意,品味涵泳,上出情味、美味、趣味。朗读中教者关注的词语如:

> 茅盾故乡乌镇的小河两岸都是密密的芦苇,真是密不透风,每当其间显现一座石桥时,仿佛发闷的苇丛做了一次深呼吸,透了一口舒畅的气。
>
> 早春天气,江南乡间石桥头细柳飘丝,那纤细的游丝拂着桥身坚硬的石块,即使碰不见晓风残月,也令画家销魂!
>
> 湖水苍茫,水天一色,在一片单纯明亮的背景前突然出现一座长桥,卧龙一般,它有生命,而且往往有几百上千年的年龄。……如果坐小船沿桥缓缓看一遍,你会感到像读了一篇史诗似的满足。
>
> 桥面上盖成遮雨的廊和亭,那是古代山水画中点缀人物的理想位置。因桥下多半是急流,人们到此总要驻足欣赏飞瀑流泉,画家和摄影师们必然要在此展开一番搏斗。

即便本文为一篇科普的小品文,教者仍然可以凭借对语言的敏锐感知能力,抓住这些极富表现力和感染力的文字,让学生感受描写中作者寄予的情怀,并结合朗读的指导,扣住学生的情感体验,巧然天成。说明文照样能"嚼"出浓浓的语文味。

（二）置换、辨析、探索，在比较中品味语言

在比较中品味语言，需要抓住不同的词语、不同的句式、不同的表达顺序来体味语言的含义，对比语言的差异，感悟表达效果的优劣。在语文阅读教学中，教师如果能抓住这些不同的元素，充分运用比较法引导学生去揣摩品味文本，往往会收到事半功倍的效果。

比如人教版八年级上册《落日的幻觉》，教者通过不同句式和不同词语的比较，采用朗读的方法体会文本语言的妙处：

第一组：
①人们都喜爱观赏日出，无不赞叹太阳升起时的壮观景象。
②人们都喜爱观赏日出，都赞叹太阳升起时的壮观景象。

第二组：
①就连我们的古人不也留下"夕阳无限好，只是近黄昏"的诗句吗？
②我们的古人也留下了"夕阳无限好，只是近黄昏"的诗句。

第三组：
①可惜这种美丽的紫光并不多见。
②但是这种美丽的紫光并不多见。

第一组"无不"用双重否定句，强调了人们的赞叹，而一般的陈述句没有这样的表达效果；第二组"不也……吗？"用反问句，表示强调，突出古人也有这种情感；第三组用"可惜"更表现了人们对美景的依恋。语文教师必须把握文本中的富有表现力的词句，并合理利用这些富有表现力的词句来构建起语文课堂所必须具备的"文味儿"。

再如人教版七年级上册《我的老师》，教者抓住文本中的词语，以文字替换的方式比较不同的表达效果，品悟真情：

有一次，她的教鞭好像要落下来，我用石板一迎，教鞭轻轻地敲在石板边上，大伙笑了，她也笑了。

有一次,她的教鞭呼啸而来,我用石板一挡,教鞭重重地砸在石板边上,大伙怒了,她也怒了。

一个是温柔如水,一个是强悍似虎;一边是其乐融融,一边是剑拔弩张。通过词语的揣摩、比较,学生具体而形象地感受了蔡芸芝老师的慈爱和温柔,而且也活跃了课堂气氛。

再如统编版九年级上册《湖心亭看雪》在赏析环节中,标点、词语对比赏析法也收到了比较好的效果:

第一组:
雾凇沆砀,天与云与山与水,上下一白。
雾凇沆砀,天、云、山、水,上下一白。
赏析:句中连用三个"与"字,从上到下将天、云、山、水如此浩大的空间连接在一起,弥漫的冰花更使这浩瀚的空间浑然一体、苍茫一片。
第二组:
湖上影子,惟长堤一痕、湖心亭一点、与余舟一芥,舟中人两三粒而已。
湖上影子,惟长堤一条、湖心亭一座、与余舟一艘,舟中人两三个而已。
赏析:"痕""点""芥""粒"着力写眼前景物之渺小、微弱,人的渺小与天地之大形成强烈对比,表现了寄蜉蝣于天地、渺沧海之一粟的人生态度,也渲染了万籁俱寂的气氛,具有极强的心理震撼力。

在这个环节中,教者调动自己的激情,启动自己的生命体验,对文本进行了创造性处理。对比文本的介入,有意地制造认知冲突,让学生在相关字词上多一些流连,多一些揣摩,也多一点品味。利用这种极富生命力的对比赏析,学生借词张力,反复咀嚼,嚼出味道,嚼出语言的甘美,充满了情趣与思辨的力量。

置换、辨析、探索,在比较中品味语言是一种行之有效的方法。教师通过对语言材料的比较,可以培养学生辨析语言的能力,让学生领会作者在语言运用上的精妙之处,因而产生语感,增加语言的敏感度,主动探索语言的运用方式,从而提高自己的阅读鉴赏能力和写作表达水平。

三、聚焦主问题，散发语文味

语文课堂提倡学生主动探究、自主学习，但是如果教师组织不当，随意地让学生说说喜欢哪一段或哪一句，势必造成语文课堂教学的碎片化。好的语文课堂讲究思路清晰、过程流畅，甚至环环相扣，如行云流水，就像写一篇文章，有精心的构思、巧妙的过渡、衔接、照应……那么如何做到这一点，主问题的设置就极为关键，一个完整核心的问题，可以有效地组织学生探讨。阿基米德说过："给我一个支点，我可以撬动整个地球。"给语文教学找一个支点，同样能撬动整个课堂，而这个支点就是课堂教学的"切入点"。智慧的教者善于根植于文本的语言文字，深入到文本字里行间，用敏锐的目光将文本中有价值的素材挖掘出来，依据教材结构和课程的需要，选准选好教学切入点设计主问题，围绕主问题的解读巧妙追问，联成流畅的教学步骤和学习过程，如此课堂教学过程就得心应手，充满醇香的语文味。

（一）从标题切入，举目张纲

标题是文章眼睛，是整篇文章的灵魂。或表达作品的主要内容，如《地下森林断想》，将题目拆分为"地下""森林""断想"三个元素，可使学生在较短时间内准确把握文章内容；或蕴含文章的情感，如《伟大的悲剧》，通过探讨斯科特等人"伟大""悲剧"之所在，引导学生体会探险者虽然在同不可战胜的厄运的搏斗中毁灭了自己，但他的心灵因此变得无比高尚；或暗示文章的主旨，如《孤独之旅》，围绕"孤独"一词，借助人物刻画和景物描写的分析感受小说主人公的"孤独"，深入理解"孤独"的内涵；或揭示文章的结构，如《从百草园到三味书屋》，"从……到……"的格式，不仅能感受文本以空间的变换为顺序来记叙的清晰结构，而且能深入探讨作者先后写这两段读书生活的意义之所在……标题是进入文本最直接的抓手，抓住标题设计主问题，就找到了解读文本的钥匙，抓住教学的关键，并顺利展开其他的教学环节。

以统编版七年级下册《土地的誓言》为例，本文是一篇抒情散文，充溢着饱满、深沉的爱国热情，文章中作者抒发了对国土沦丧的压抑之情，以及对故乡的深深眷恋。既是抒情散文，当以情感作为主线组织课堂教学。从文章题目看，其中心是作者对故乡土地发出的誓言，主体内容在第二大段的后半部分："我必定为她而战斗到底。""土地，原野，我的家乡，你必须被解放！你必须站立！""为了她，我愿付出一切。"学生不难体会蕴含其中的对家乡土地的热爱和眷念以及对收复失地的强烈的愿望、坚定的信念。所以由标题入手，提出主问题：

> 作者向土地发出什么誓言？
>
> 从誓言中你们体会到作者什么情感？
>
> 除了你已经体会到的情感，你还能感受作者的其他感情吗？
>
> 怎样表现这些情感？作者在表现这些情感时写法上有什么异同点？

围绕着第一个主问题，师生通过有感情的朗读，体会到文中一浪高过一浪的感情波澜，引导学生理解文章大量的篇幅是从感情上为誓言的决心而蓄势，从内容上为发出誓言作铺垫。这样的阅读教学，问题设计环环相扣，前一个问题的解决，为后一个问题作铺垫，有联系，有梯度，有前因有后果，最后水到渠成，整条线索非常清楚。

再以统编版九年级下册《白雪歌送武判官归京》一诗为例，教者可抓住标题中的"送"字，提出能辐射整个课堂教学的主问题"围绕着'送'字写了哪些内容？"再组织学生反复地朗读诗歌，圈点勾画，品词析句，感受诗歌以想象为翅膀、以情感为纽带、以意境为归宿的巧妙构思，学生充分理解诗意，感悟诗情，明确围绕"送"字写的边塞奇丽的雪景、雪后铺天盖地的严寒、军中的艰苦生活、饯别宴会的盛况及送别友人踏上归途等的生动画面，以及诗人对友人的依依惜别之情和因友人返京而产生的惆怅之感。这样的教学处理，能紧紧扣住重点，学生思维处于自由活跃的状态，课堂教学氛围充满活力和激情。

（二）从核心价值切入，高效精准

选择好教学的核心内容，有利于打造高效课堂。《义务教育语文课程标准（2011版）》指出："阅读教学是学生、教师、文本之间对话的过程。"有智慧的老师善于从解读文本入手，通过对一篇课文的特色的剖析，挖掘出属于这个文本核心价值——独有的特征、精彩的美点，然后针对这些亮点设计教学课堂的主问题，并围绕主问题，通过教学方案的实施，引领学生准确、合理地解读文本，发现亮点，收获亮点，实现有效教学的目的。

示例一:《桥之美》

（人教版八年级上册）

《桥之美》是著名画家吴冠中的美学小品,既有诗意的描写性文字,又有准确的说明性文字,师生在受到美的熏陶的同时,也获得了一些美学常识,而文中的极具个性色彩的表达与《中国石拱桥》平实的语言形成鲜明的对比。这篇文章独具的特色,不仅包含着作者的审美倾向,又具有语言表达的示范意义,这些都是学生发展必不可少的养料。如果教师能敏锐地发现其文本的核心价值,抓住"美"字,正确筛选、合理定位教学内容,其教学设计必是简约雅洁:

问题一:在画家眼里,桥的魅力体现在哪里?

问题二:本文列举了哪些例子来说明桥之美?

问题三:你认为文中哪一座桥描写得最美? 找出相关语句,然后用"我认为_____的桥最美,美在_____"的句式表达。

问题四:在这些不同环境中各式各样的桥的描写中,你能读出作者的情感吗?

问题五:同样是写桥的文章,本文与《中国石拱桥》有什么不同?

几个问题的设计串成一条主线,从整体感知到局部揣摩再到拓展延伸,简约设计选点突破,利落地构架起整个课堂体系。如此设计根植在文本深处,从关键词、句子入手,循序渐进,细琢慢品,让学生去感受、体味、触摸作者笔下桥的特点及抒情色彩浓厚的语言,思路流畅,可谓美文美教独具韵味。

示例二:《斑羚飞渡》

（人教版八年级上册）

这是一堂公开教学,教者导入环节的设计为:

(1)用一句话说说你的阅读感受。提问——这是一个怎样的故事?

(2)沈石溪怎样用语言来构建这个感人的故事?（插播视频《文字的力量》）

导入环节的设计指向性十分明确——感受文字的力量!接下来的教学就围绕这个主问题展开,以下为主体教学过程:

(1)梳理情节,对比缩写版文段,理解其故事编排的匠心。

(2)精选语段,品读赏析,感受文字的力量。

①细描动作,再现场面,震撼心灵。

②融入感受,对比反衬,直击人性。

③展开联想,运用比喻,凸显悲壮。

(3)揣摩点拨,剖析情感,触摸文字的温度。

这节课抓住文本的个性和价值,凸显最动人最有力度的笔墨,紧扣文本语言,领会作者、编者的意图,有效调动学生情感,增强学生语感,展示了教者独特的文本解读能力。

(三)从线索切入,条分缕析

线索一般指贯穿于文章的情节脉络以及作者思想感情的起伏变化等。它像链条一样,串联起文章的人、事、景、物。如果线索不清,文章必然杂乱无章。

例如《背影》一课,全文以父亲的背影为线索。教者抓住渐行渐远的背影解读(儿子对父爱逐步深入的理解)。主问题设计如下:

(1)文中哪几处提到了背影?(找出句子朗读)

(2)哪一处背影写得最详细?(找出相关的语段,在比较中反复朗读,体会情感)

(3)从背影描写中你体会到什么感情?

(4)儿子能理解这种感情吗?(找出相关的句子朗读,体会作者对父亲的情感)

全文共写了四次背影——第一处背影:长存于记忆间的背影;第二处背影:定格在月台上的背影;第三处背影:消失在人群里的背影;第四次背影:浮现在泪光中的背影。第二处是印象最深刻的,是特定背景下的画面,也是最经典最浓墨重笔的一处,它凝结着父亲对儿子的深情。为此,作者做了很多的衬托和铺垫,教者引导学生揣摩那些看似平淡、实则考究的细节，使读者看到了艰难背景下的父爱，看到了琐事中的父爱。

这几次背影的出现都是相互关联的，每一次出现都具有不同的意义和价值，彼此是不可取代的。背影一次又一次出现，父爱的主题得以一层一层渲染和强化，作者对父亲的态度也在悄悄发生变化，对父亲的理解也不断加深。关照全文，父亲对儿子的情感是从黑发到白头的挂念，从现实的摩擦到暮年的宽容；儿子对父亲的情感是从埋怨其自作聪明到深深自责，从心灵的触动到真切的挚爱。父爱如山，才终得圆满。

（四）从教学难点切入，答疑释难

特级教师钱梦龙说过："我在备课的时候，首先考虑的不是自己怎样讲文章……有时候自己在阅读中遇到难点，估计学生也会在这些地方发生困难，就设计几个问题，让学生多想想。"解读文本，可以从教材的难点切入，从学生感到费力、困难或者难以理解、解决和掌握的地方入手。

例如统编版七年级上册《猫》一文，一教者从"为什么养猫的痛楚如此深重，让他毅然决然不再触及？"这一问题切入，引导学生理解隐藏于文本内容之中要传递的主题，包括作者和文本本身具有的情感、态度、价值观。

要解答这个问题，教者必须了解作者的情感变化：

第一只猫：喜欢——怜惜——酸辛。
第二只猫：喜爱——慌乱——怅然、愤恨。
第三只猫：漠视——怀疑——暴怒——内疚、痛苦。

由此可以发现：人们对于猫的态度，完全是从个人利益、喜好出发的。因为喜爱而怜惜不舍，因为漠视而妄加质疑和惩戒。猫于人而言是弱势群体，话语权掌握在人的手中，我们可以对一只猫大加赞誉，也可以对一只猫极尽贬抑，一切由人说了算。

这只无法言语的猫，面对不公正的怀疑、斥责，甚至暴力惩戒，它只能"很悲楚地叫了一声'咪呜！'便逃到屋瓦上了"，这难道不是现实中弱者的表现吗？而黑猫的出场，让花猫沉冤得雪，也让"我"意识到自己的过失。强烈的自责、无尽的内疚，永远成为留在心灵深处的伤痛。至此教者应将文章的内涵定位在——弱者的悲楚和人性的复苏。

(五)从关键处切入,凸显主旨

每篇课文都有一些非常重要的词句,这些词句承载着重要的信息,或集中表达文章中心思想的概括语,或直接传达主要信息的主旨句,或反映文章结构关系的过渡句。在教学中如果紧扣这些句子设计主问题,往往能有效地组织探讨,起到意想不到的效果。

以统编版八年级下册《社戏》一文为例,文章结尾处写道:"真的,一直到现在,我实在再没有吃到那夜似的好豆——也不再看到那夜似的好戏了。"在教学时,教者以这句话为切入点设计主问题:①那夜的戏真的好看吗? 那夜的豆真的好吃吗? ②为什么会有这样的感受? ③作者真正回味的又是什么呢? 学生自读课文,合作探究:

生:我认为戏是不好看的。

师:为什么?

生:白天能连翻八十四个筋斗的铁头老生可是"却又并不翻筋斗",可见"我"内心的失落;小旦一出来就"咿咿呀呀的唱",可见"我"的烦躁;等了许多时都不见"我"最想看的蛇头蛇精和黄布衣跳老虎,也是写"我"失望的心情,所以戏是不好看的。

生:第21自然段中"我"最怕老旦"坐下了唱"偏偏"当初还只是踱来踱去的唱,后来竟在中间的一把交椅上坐下了","只是"说明自己还能忍受,"竟"是出乎意料,表示"我"忍无可忍了;后面再一个"担心"和双喜他们"喃喃的骂""不住的吁气""打起哈欠来"还有双喜"终于熬不住了",这些都可以看出小伙伴们和"我"一样都不喜欢看戏。

……

师:确实像同学们说的,那夜的戏并不好看,有直接描写,也有从"我"和小伙伴们对"戏"的不好看的种种反应侧面烘托戏不吸引人。同学们还能深入文章找到关键词语体会那夜的戏让人失望的情感,最后小伙伴们一致决定中途退场。可见,"戏"确实是不好看。那夜的豆真的好吃吗?

生:应该是没那么好吃。第39自然段写六一公公送罗汉豆给母亲和"我"吃,"但我吃了豆,却并没有昨夜的豆那么好",可见豆也是一般般。(学生笑)

师:"豆"不可能真的好吃,"戏"确实真的不好看,为什么"我"却认为"实在再没有吃到那夜似的好豆，——也不再看到那夜似的好戏了"？请同学们探讨一下产生这种感受的原因。

……

围绕这个问题，学生必然会将看戏过程及看戏前后相关联的人和事进行分析解读。比如看戏前的波折、看戏途中的月夜美景和美妙感受、看戏过程中我受到的优待、月夜归航、归航途中偷豆以及看戏的余音六一公公送豆等。在这部分文字里，我们看到了一群善良、淳朴、可爱的农村孩子。聪明活泼、胆大心细、热情友爱的双喜、阿发、桂生等，为"我"看不成戏而"叹息""表同情"；终于成行了，开船时"年幼的都陪我坐在舱中，较大的聚在船尾"，对我照顾有加；看戏时，桂生殷勤地为"我"买豆浆、舀水；回家的路上，阿发以"我们的大得多"为由，建议去"偷"自家的豆。这些都是他们热情、纯真、智慧、能干、童心的突出表现。而六一公公作为小说的"余音""绕"在看戏的"梁"上，是淳朴乡民的代表。六一公公只是责备"不肯好好的摘，踏坏了不少"；听说摘豆是为了请客，马上说"这是应该的"，他并不是吝啬的人；后来又亲自送豆，表现了他热情好客的性格；"我"夸了他一句，不料六一公公"竟非常感激起来""将大拇指一翘，得意的说道"……六一公公身上，体现了平桥人淳朴厚道的农民本色。进而教者再进一步追问：这种热情、纯真、智慧、能干以及平桥村人的淳朴本质还表现在哪里？引出对开头三段的解读，从而对平桥人的人性美有更深的体悟。

在如此分析、探讨的基础上，主问题答案就不言自明，原来平桥村是"我"的乐土，即便是不好看的戏也因为有这群热情、纯真、智慧、能干的小伙伴以及淳朴善良的平桥村人而让我倍加怀念。因此，作者真正回味的是自由自在、无拘无束、天真烂漫、宁静祥和的童年生活，从中寄寓"我"对人生理想境界的渴望和追求。

可以说，教师抓住小说最后一句话，以此为切入口设计主问题，以"好吃"的豆和"好看"的戏为主线，文章的内容解读、原因分析、内涵挖掘就迎刃而解，避免因问题琐碎而导致文本解读零散的后果，又能充分调动学生的思维，将课堂真正还给学生。

总的来说，阅读教学中的主问题设计能有效地简化课堂教学头绪，使教学内容于单纯之中表现出丰富，于明析之中透露出细腻，这种高屋建瓴的设计风格直指教学目标，有利于高效完成教学任务。

四、践行新课改，留住语文味

在语文新课改浪潮的推动下，教师的教学观念发生着深刻的变化，课堂交给学生的呼声也越来越高，学生自主合作探究的意识也越来越强。这本不是一件坏事，但随之出现变着花样上课的也增多了，并冠之以美丽的名称——综合、渗透、人文、情感、态度、价值观等时髦的语词。可看似热闹的课堂背后，不少教师也忘记了语文教学的使命。有忧患意识的专家、学者、教师对这种现状也表现出了极大的忧虑，"勿让课改改掉语文味""语文课改更要上出语文味""让课改留住语文味"等一些相关的文章也应时应势而出。如何在课改的大背景下，留住课堂的语文味呢？

（一）情境设置力求实在

语文课只有确定了教学内容后，才能去选择适宜的语文教学方法，但也有教师反其道而行之，一门心思在方法层面上求新求异；另有一些老师严谨踏实，在浮躁的风气中去弊求实、守正融新。以下是统编版七年级上册《皇帝的新装》的两节课堂实录，节选了皇帝穿衣和游行两个片段：

（江苏版仲老师）[①]

师：昨天的课后作业是同学们找对子，演课文里的片段，大家准备好了吧？

生：准备好了。

师：谁有勇气先上来？

生：我。

师：掌声鼓励。（掌声）（只见那位同学大大方方地走到黑板前，面对着黑板，搔首弄姿，最后还把屁股扭了几下，然后跑了下去）（笑声）

师：我们能猜出他演的是哪一节吗？

生：（齐答）皇帝穿新衣。

师：演得很好。能把黑板比作镜子，难得的创造。让我们再次以热烈的掌声表示感谢。（学生鼓掌，看着那位同学笑）

---

① 仲达明.《皇帝的新装》课堂教学实录及反思.新语文学习（教师·中学专辑），2005（02）：31-33.

师：还有哪位有信心更胜一筹？

生：（自信地说）我们两人。

师：好。掌声鼓励。（只见两位同学走到教室后部的走廊上，两人打着耳语。之后，其中一个跑到讲台边，拿起数学老师用的三角板，到后面又把自己的帽子套在三角板的一个角上。准备好了。另一位扮作皇帝的同学大摇大摆地走在前面，后面的同学一手举着三角板当华盖，另一只手假装小心翼翼地托着新装，嘴里还冬——冬冬冬，冬冬冬——冬——冬冬冬地唱着。大家笑。突然，后面的同学用脚朝地上很响地一踩，"皇帝"立刻向后面倒了过来。吓得后面同学扔了华盖，忙低身用双手托住皇帝的背。笑声中他们自豪地坐到座位上了）

师：（收住笑）能对原作进行加工，取得了意想不到的效果，妙！感谢。（掌声）

（永嘉版肖老师）①

师：那么同学们，读完了《皇帝的新装》，想一想你觉得最有夸张力的细节是什么？

……

生：阅读该句"乖乖，皇帝的新装真是美丽！……"

师：那个大人说这句话的语气是喊的还是轻轻地说出来的？

生：是喊出的。

师：为什么是喊出来的？要让别人都听见，大家看看这些句子后面都是什么符号？

生：感叹号。

师：感叹号啊同学们，因此这个句子就要读出夸张的语气，谁来试一下。"乖乖……"

生：（该生感受再读）

老师引导同学齐读，男生读，女生读，品味读。

师：……你看看，还有哪个细节是最荒唐、最夸张的？

生：第36自然段最后一句话。"因此他摆出一副更骄傲的神气，他的大臣们跟在他的后面走，手中拖着一条并不存在的后裙。"

师：皇上穿着并不存在的后裙在干嘛？

---

① 肖培东.我就想浅浅地教书[M].武汉：长江文艺出版社，2016：215.

生:游行。

师:裸奔,光天化日之下,皇上在裸奔。我们一起来看看他是怎么换衣服的。"皇帝把他所有的衣服都脱下来了……"读——(生齐读)

师:大家听到哪些词还没有读好?

生:"转""扭"。

师:这个镜头我们要读出什么词的味道来?

生:动词。

师:动词,这个动词读的时候要真实地发生,而且读时要读得快还是慢?

生:慢。

师:慢,在读时也转一转,扭一扭,体会那个感觉。试一下。"皇上在镜子面前……"预备,起——

全班感受着齐读。

确实,新课程要求人们具有开阔的视野、开放的心态、创新的思维,与之相适应的语文课也需要"开放而富有创新活力"的教学理念,但课程标准也一再强调语文教学"应以提高学生语文素养为目的",一切不以培养学生的语言、思维等能力为目的而纯粹以"乐一乐"来活跃课堂气氛的心态组织的教学课堂无疑都是不足取的。上述江苏版的教学片断里,所谓活跃的气氛,是以教师下达的两次"掌声鼓励"以及"让我们再次以热烈的掌声表示感谢"的指令后伪装的;所谓的课堂活动,是学生浮于文本表面而胡编乱造、哗众取宠甚至偏离了主题的搞怪表演。可是这样的课堂,教者自己的评价居然是"难得的创造""意想不到的效果"!试问如此真能实现教者仲老师课后反思所言的"真正地实现'素质'的提升"吗?

活跃课堂气氛能培养学生对语文阅读的兴趣,但须选择符合语文教学的方法。上述永嘉版的《皇帝的新装》教学片段,同样的教学内容就可看到教者在方法运用上的别具匠心。教者紧紧扣住单元教学目标,围绕夸张的想象这个教学重点,引导学生关注文本中富有个性的语言(如"乖乖")、漫画似的动作(如"转""扭"),甚至一个容易忽略的标点(如"感叹号"),个读、齐读,男生读,女生读,品味读,在学生的朗读、品析中读者似乎看到虚伪而愚蠢的大臣们在"乖乖呀"声中那谄媚的、巴结的嘴脸,看到奢侈而昏庸的皇帝在大庭广众之下"转一转,扭一扭"的丑态,忍不住有浮出笑意的冲动,真正营造出贴合实际的教学情境,并能够将学生带入到教学情境中思考文本的内容，挖掘文本的价值，把所有学生的课堂积极性全都调动起来。如果说每一位学生都是沉浸其中的出色演员，那么教者肖老师就是一位优秀的导演。优秀的导演引导学生紧贴文本，发现文本本身的美，从美的感受中寻到趣味，培养学生独特的感受及理解、欣赏与评价的能力，努力使学生感受和理解文本作者表达的思想感情，这才是语文教学独有的魅力。

（二）多媒体教学应适时适度

一位教师上唐朝诗人王维的《使至塞上》时，花去近十分钟让学生欣赏"大漠""长河""狼烟""落日"的图片，领略"大漠孤烟直，长河落日圆"表现的意境；另一位教师上《一滴水经过丽江》，为检查学生对文本内容的理解，用希沃白板设置了一段抢答比赛，伴随着"叮叮叮"的声音，在听课者还没理解其用意时，此环节戛然而止。为什么前者不请学生阅读诗句用散文化的语言描绘的意境呢？难道语文课不是为了培养学生的语言表达能力、审美鉴赏能力？为什么后者不让学生静下心阅读文本呢？难道语文课不是为了培养学生思维能力？

语文教学运用计算机多媒体网络技术，借助声音、图像、动画、视频、网络等内容营造教学环境，是《基础教育课程改革纲要（试行）》的具体要求，是信息时代的产物和标志。但教者更应当明确多媒体仅仅是辅助教学，是为达成你的课堂教学目标的必要补充，切记不可喧宾夺主。一味地赶时髦，追求形式，滥用多媒体，对于能力强的学生而言，限制他们的思维；而对于思维处于弱势的学生而言，则降低了理解难度，容易养成思维惰性，或者分散了学生的注意力，让学生在音像视频中眼花缭乱而迷失语文学习的方向。因而，正确理解多媒体教学的"辅助"作用至关重要。

首先，多媒体适时呈现，突破重难点。我国古代大教育家荀子早已提出："不闻不若闻之，闻之不若见之。"借助多媒体教学能有效地化抽象为具体，比如教学《湖心亭看雪》，在引导学生理解末句"更有痴似相公者"中"痴"的含义时，学生根据文本第一段的景物描写对隐含其中的"痴迷于天人合一的山水之情"和"痴迷于高雅脱俗的情趣"是不难理解的，但是要理解作者感伤的故国之思就有一定的难度，所以教者可适时以 PPT 呈现相关背景的介绍，并结合上文"崇祯五年十二月"及"客此"的理解，学生便能豁然开朗，使课堂教学进入"柳暗花明又一村"的佳境，教学难点也就不攻而破，从而真正体现多媒体的教学辅助功能。当然，部分教师可能认为，对相关作者作品背景介绍的 PPT 可以在课堂伊始呈现，目的不是一样能达到吗?就拓展知识来说,何时呈现没多大区别;就突破教学重难点来说,效果截然不同。前者是语文教学的一种普遍流程,学生容易忽略关键的信息;后者与正在进行的教学重难点关联,学生能获得深刻的印象。在教学中多媒体出示的机会是否恰当,直接影响课堂的教学效果。

其次,多媒体拓展知识,丰富教学内容。《义务教育语文课程标准(2011 版)》强调:"拓宽语文学习的内容、形式与渠道,使学生在广阔的空间里学语文、用语文,丰富知识,提高能力。"而在语文课堂上要达到这一目的,最便捷的办法是充分运用多媒体课件展示对教材内容的补充,做到立足文本,又高于文本。比如教学《周亚夫军细柳》,在解读"礼"文化的过程中,若能结合汉字的造字文化,即从字源学的角度厘清"拜""揖""礼"的意思及其之间的关联,效果又将大为不同,这时 PPT 的呈现对课堂传统文化的渗透是一个契机:

《说文解字》:拜,两手及地。字形采用"手、𡴋"会义。𡴋,读音与"忽"相同。拜,杨雄说,"拜"的字形采用两手下垂的形象会义。

《说文解字》:攘也。从手昬声。一曰手箸胷曰揖。伊入切。

"豊"是"禮"的本字。豊,甲骨文𧯜=𢁐(像许多打着绳结的玉串)+𠀠(豆,有脚架的建鼓),表示击鼓献玉,敬奉神灵。

汉字文化博大精深,教师追根溯源,学生对"拜""揖""礼"的理解就更为直观,印象也更为深刻,同时也认识了祖先的智慧,这何尝不是一种情感价值观的教育?这样,既可以突破时空的限制,丰富教学内容,又可以强化对课堂知识的训练,提高学生的阅读水平和认知能力。

最后,图像音频片段展示,助推文本理解。教学中,结合具体的文章,教师适当播放电影、电视片段、出示图片,从直观、形象入手,让学生感知情境,在真实的场景和氛围中获得情感体验,使学生的情感和认知达到和谐统一。比如统编版八年级下册《安塞腰鼓》的自读教学,教师先播放两三分钟最典型的腰鼓表演的录像片段,让学生目睹安塞腰鼓的壮阔、豪放与火烈,产生了身临其境的感受以及强烈的阅读兴趣后,再抛出本节课探究的主要问题:作者刘成章如何抓住关键词句描绘安塞腰鼓?如何用恰当的言语将黄土高原上男儿的激情淋漓尽致地宣泄出来?接着教师引导学生借助各种形式的朗读，教会学生在读中悟、悟中读，在循环往复的"好一个安塞腰鼓"中体会语言文字散发的独特魅力，领悟作者所歌颂的生命的力量，从而懂得运用语言描绘画面与录像片段的区别之所在，启发学生热爱文字，学会表达。再如统编版七年级下册《土地的誓言》，开头以歌曲《松花江上》导入除了可以创设阅读氛围，而且教师可以借助歌词自然地提出"歌词与文章所写的内容和流露的情感有什么异同"这个问题，引导学生比较阅读，或者从歌词结尾"哪年，哪月，才能够回到我那可爱的故乡？哪年，哪月，才能够收回那无尽的宝藏？……什么时候，才能欢聚一堂?!"找到切入点，体会歌词里蕴藏着的反抗斗争的力量和人民渴望收复失地的强烈愿望，再导入课文的学习。又如《我爱这土地》等一些诗歌的朗读教学，同样以图片的形式指导更为直观：

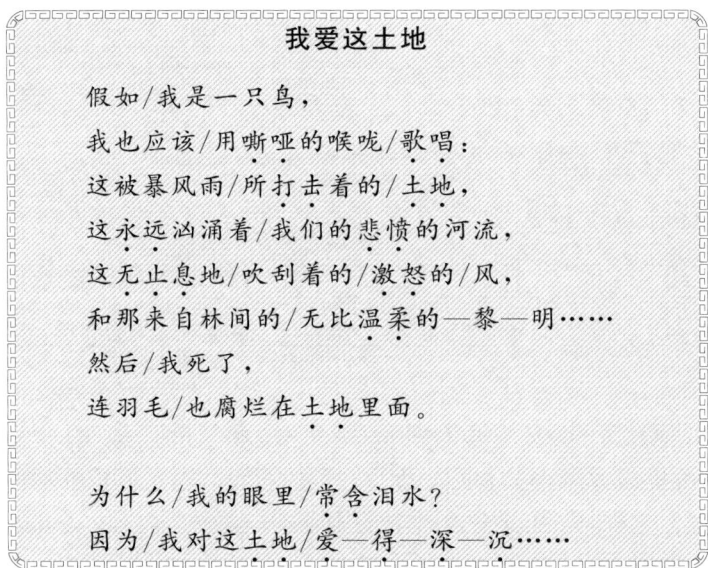

> ## 我爱这土地
>
> 假如/我是一只鸟，
> 我也应该/用嘶哑的喉咙/歌唱：
> 这被暴风雨/所打击着的/土地，
> 这永远汹涌着/我们的悲愤的河流，
> 这无止息地/吹刮着的/激怒的/风，
> 和那来自林间的/无比温柔的—黎—明……
> 然后/我死了，
> 连羽毛/也腐烂在土地里面。
>
> 为什么/我的眼里/常含泪水？
> 因为/我对这土地/爱—得—深—沉……

总之，语文课堂在致力于提升学生语文核心素养的同时，对多媒体教学应坚守因需而用、适时适度、恰到好处的原则，恰当使用多媒体辅助教学，把信息技术有效地整合到语文课堂教学之中，优质高效地完成教学任务。

（三）交流合作学习需求效率

《学记》有言："独学而无友，则孤陋而寡闻。"新课程改革鼓励合作学习，促进学生之间的相互交流、共同发展，仅《义务教育语文课程标准（2011

版)》中,"合作"一词出现的频率就高达十三次之多。故而课堂教学中被许多语文教师视为最普遍使用的学习方式之一,在实践中也确实极富创意和实效。然而,在有些语文课堂教学实践中,"合作学习"却存在着"重形式、轻实效"等不良倾向。有的对问题理解不深,浮于表面;有的根本没有想法,沉默不语;有的脱离主要内容探讨,天马行空。有效的合作学习应当做到:

其一,自主学习是交流合作的前提。在合作学习之前,教师应当布置具体的学习任务,并提供充裕的时间,鼓励学生先自主解决问题或发现问题,以培养学生思维品质,杜绝学生依赖心理,进而组织学生把自主学习中独立思考的结果或遇到的新问题与同组成员探究、交流、合作,保证每位成员的发言权,以集体的智慧明辨是非或攻克难关。比如关于散文《从百草园到三味书屋》主题的探讨,学生由于思考的角度不同,可能出现了多种观点:一是批判封建腐朽、脱离儿童实际的封建教育;二是对童真童趣的依恋;三是对自由快乐美好生活的向往。学生通过个体充分独立自主学习思考之后再提出自己的观点,并结合文本摆出依据,相互启迪、相互补充、充分研讨,保证每位学生的话语权,再达成共识,最后推荐小组成员进行全班交流。只有这样,才能避免合作学习时的"浮""泛"等现象。如果学生没有独立思考的空间,就容易人云亦云,失却自己的判断,缺乏独到的见解,长此以往,学生的思维品质必将受到影响。

其二,高品质问题是交流合作的关键。佐藤学认为,合作学习"应该是高水准的内容,是具有挑战性的学习任务",此处"高水准""挑战性"并非指高难度的问题,而是难易适中的、具有探讨价值的"高品质"的学习问题。如果问题比较简单,多数学生经过独立思考就能得到快速解决,就没有小组合作学习必要,比如对统编版九年级下册散文诗《海燕》课后"为什么还要写海鸥、海鸭和企鹅""为什么还写了大海、狂风和乌云"这两道思考题的探讨,学生依据七、八年级的知识积累完全可以自主解决;如果问题太难,超出学生认知的范畴,时间再长的合作交流也得不出结论,这样的问题也没必要开展小组合作学习,比如对统编版八年级下册《恐龙无处不有》课后拓展题"恐龙灭绝的原因到底是什么",在教师没有提供补充材料或学生没有查找资料的前提下组织小组合作学习是不可能得到什么结果的,至多仅仅是个别课外知识比较丰富的学生的"一言堂"。

选择高品质、具有探讨价值的问题,即问题应当是开放的,理解是多种多样的,结果是不唯一的,就能吸引学生的注意力,才能引起学生的高度兴趣,并能使学生产生强烈的求知欲。在这种欲望的驱动下,学生会产生强烈的合作欲望。同时,这样的问题学生往往考虑得不够全面,个人独立思考会有一定困难,亟须与其他同学进行交流。比如统编版七年级下册自读课文《台阶》,文中父亲的形象是立体的、丰满的,刻画人物的方式也是多样的,教师提出"围绕台阶这一中心,文章是怎样通过细节刻画父亲这一人物形象的"这一问题进行自主、合作、交流学习,既能突出单元教学目标中提出的"注重熟读精思,要注意从标题、详略安排、角度选择等方面把握文中重点",又能引导学生关注自读教学课后的阅读提示。相信学生在合作交流中,彼此观点就会碰撞,有争议的问题会变得明确,还可以互为补充答案,对细节描写这一知识的理解也会更加深刻。学生通过对有价值的问题的合作探究、思辩,培养了创新思维能力。

其三,教师的调控是交流合作的保证。在合作学习过程中,教师既要尊重学生的主体地位,又要适时发挥自身的主导和调控作用,而不能作为一个局外人,放任自流。包括具有鲜明的语文特征的学习任务指令的下达,为学生提供必要的启发、帮助和建议,防止偏离主题的讨论,鼓励人人动口,在交流中提升学生语言和思维能力,还要防止有的学生坐享其成、过度依赖同伴的不劳而获思想的出现。教者甚至作为其中的一分子参与探讨,形成一种师生互动的良好合作氛围,从而促进学生高效完成语文学习任务。

语文教学绝不应当追求片面的高大上的教学理念而脱离语文教学的轨道,不少语文名师即便课堂上没有使用多媒体,也没有开展小组合作交流学习,但他们的课堂坚守语文教学的根本,散发着醇厚的读味、品味、写味、文化味,历久而弥香。

五、写作与指导,突出语文味

作文教学是语文教学的有机组成部分,有效的作文教学过程应该语文味十足,使学生体味语文学习的快乐,从而提高写作能力。纵观初中作文教学现状,真正缺少的就是这种怡情悦性的语文味。如何在写作与指导教学中突出语文味呢?

(一)借鉴教材阅读资源

阅读有助于积累语言,有利于语文学习、写作、知识的积累,丰富写作题材,提升写作创意,提高自身的文学素养。在语文教学中,阅读和写作是互相促进、相辅相成的。元朝学者程端礼曾就"读"与"写"的关系进行过论述:"读书如销铜,作文如铸器,铜既已销矣,随模铸器,一冶即成……劳于读书,逸于作文也。"意思是读书就像熔化铜一样,作文好像浇制器皿,铜已熔化,按照模型浇制器皿,一熔就成功……读书上多用力,在作文时就轻松。虽然此处的"读"范围很广,但是如果教师能在课堂阅读教学中渗透作文指导,让学生通过阅读课文来体会语言的神韵,将课内的一些语言的精髓转化成自身体内的营养,为学生日后的表达和写作搭桥铺路,那么写作就完全可能信手拈来,"一冶而成",因此这句话对今天的语文阅读教学很有启发。比如在《从百草园到三味书屋》这篇课文里,作者对自己被迫离开百草园被送到三味书屋读书的原因做了种种推测:

　　也许是因为拔何首乌毁了泥墙罢,也许是因为将砖头抛到间壁的梁家去了罢,也许是因为站在石井栏上跳了下来罢……都无从知道。总而言之:我将不能常到百草园了。Ade,我的蟋蟀们! Ade,我的覆盆子们和木莲们!

　　语段连用三个"也许"以排比的句式,用疑问、猜测和无可奈何的语气表现"我"告别百草园时心里引起的震荡、依恋和惋惜之情;接着又采用拟人的手法,赋予百草园的动物、植物以人的情感,写"我"离开这些"老朋友"时的不舍但又不得不离开的遗憾,流露出对无拘无束、自由快乐生活的无比神往,韵味悠长,令人咀嚼不已。得到这个语段的启发,我在《那一次,我真难忘》作文训练中,引导学生站在文中"我"的立场,在对本段朗读、咀嚼、评析的基础上,对考试失利时"沮丧"的深层原因仿造该段的写法,设身处地进行了种种推测:

　　也许是因为长期以来高居榜首而滋生了骄傲自满情绪,也许是因为挡不住新手机的诱惑成天玩得不亦乐乎不可自拔而忽略了学业,也许是因为考试当儿自视甚高不重细节粗枝大叶以至于马失前蹄罢……都无从知晓,抑或兼而有之。总而言之,我必将失却那站在领奖台上的荣耀了。Ade,我那沉甸甸的奖状们! Ade,我那有纪念意义的奖品们! ……

如此，借助教材的排比、拟人的修辞手法，模仿教材的句式特点，就有了更多的自我反省、自我解剖的检讨，具有现实的意义，而且也增加了语言的韵味，增强了表现力，使写作的内涵更为丰富。

写作教学与课内阅读是不可分割的一个整体，阅读的根本目的是学好、学会表达，课堂所教的一切都要落实到运用上，大量阅读，勤写勤练，就能有效地促进学生读写素质的提高，提高学生的写作水平。

（二）创设真实任务情境

学科素养反映核心价值，是以情境为载体对必备知识和关键能力的综合运用。语文味写作教学中，教师需要提供能触动学生心灵的材料，创设真实、开放、综合的任务情境。基于真实情境下的写作理论，教师应从教学需要出发，有意创设一个具体的场合、景象或境地，让学生置身其中，观察、思考、想象，引起学生的情感体验，由此及彼，进行写作训练，将写作变成与己、与真实生活、与表达真实的心灵世界有关的事情，凸显语文的应用性功能。比如统编版九年级上学期的写作重点是议论文训练，为了将课内所学的写作知识运用到实际生活中，教师应当以敏锐的目光挖掘日常生活现象，引导学生对现象发表自己的看法，锻炼学生"说"的能力，提高学生的思维品质。为了更清楚地说明这个问题，下面具体展示本次作文训练运用情境创设写议论文的步骤与方法。

首先，提供材料，用看得见、摸得着、闻得到的身边事物创设生活情境，引导学生关注生活，激发学生作文兴趣：

> 记者发现，快开学了，杭州大批钟点工被家长叫去学校，给孩子教室搞卫生。因为新学期的班级打扫和布置开始了，老师征集家长志愿者，可家长们大多也要上班，只好约了钟点工，团购价 3 小时 175 元。擦地板、擦桌子、整理桌椅之外，擦玻璃需要另外加钱，一般 256 元起步。钟点工阿姨到学校一看，发现隔壁打扫教室的也是自己的同行，然后大家呼朋唤友地干起活来了。（《都市快报》2019-02-20，有删改）

其次，提炼观点。根据本学期第一次议论文的写作要求——观点要明确（统编版 p.38），教师根据此情境提出具体的写作任务："多角度思考，从这则消息中可以提炼出什么观点？"教师预设以下观点：

（1）家长要从小培养孩子的自理自立能力；

（2）学校、家庭、社会需形成合力,重视孩子的劳动教育；

（3）家长的包办溺爱不是真爱,而是伤害；

（4）孩子只有养成自立习惯,才能成才。

再次,明确提出观点的写作思路。教师在学生提出观点的基础上,进一步提出具体要求:

你要如何提出这个观点? 请写 150 字左右的片段作文。

如果说上一个环节仅需要口头表达的话,那么本环节就需要深入思考,训练学生的逻辑思维能力。

复次,师生交流、评议课堂习作。鼓励学生创新表达,师生共同讨论,最后形成怎样提出观点的小秘钥。比如下面一学生采用"概述事件内容——分析评价事件——精确提炼观点"的常见的步骤方法:

开学初,杭州大批钟点工被家长叫去学校,帮孩子到教室搞卫生。消息曝光之后很多人吐槽这事,家长竟然请钟点工替孩子打扫卫生,学习再好有什么用? 都没有生活自理能力了,这样培养出来的学生长大后能自立吗? 太让人担忧了。其实,家长要从小培养孩子的自理自立能力,孩子才能茁壮成长。

最后,利用完整一课时写一篇作文。议论文写作对九年级学生来说是初步的尝试,是初中写作教学的难点。前面四个步骤的写作教学都是为了更好地完成本节课的写作任务而必需的铺垫,第二节课的重点是教师给出具体的写作任务:

阅读了这则消息,你有什么看法? 请给文中的家长(或老师、班级学生)写一封信。

要求:①书信体格式；②字数 600 字以上；③不得出现真实姓名,若出现写信对象,以"家长:刘女士;老师:陈老师;学生:二年级(1)班"替代。

如此，本次的写作就建立在真实、开放情境的基础上，经历了由句到段再到篇章的一次由易而难的议论文写作过程，突出了学生在写作中的主体地位。将写作置于真实情境之中，写作变成了一件真实有用的事情，学生写作热情被激发起来。总之，创设真实情境，解决现实问题，激发了写作动机，也焕发了写作教学的生命活力，丰富和发展了写作教学。

（三）诗意启发引导评价

杭州师范大学人文学院叶黎明教授针对有效的作文教学，提出了"教师如教练"主张，合格的教练需要示范，分解动作，在非常短的时间内找到学员和标准不相符的动作，并给予指导，还需要评判学员的动作是否合乎规范。叶教授认为："应该是具体、有针对性的指导，针对具体的文体、写作任务、目的与读者，开发可操作、能反复练习的写作知识。"[①]从写作最初的指导到最后的评讲，整个过程都是不可忽略的。

首先，引导富有感染力。语文课程标准要求写作教学要"让学生易于动笔……表达真情实感""表达力求有创意"，一篇优秀的作文之所以能打动人、感染人，原因在于作文者"情动而辞发"。因此，教师以参与者的角色引导学生练习把自己亲身经历的事情，把自己看到、听到、想到、感受到的等所有诱发生命的感动，用自己的语言文字创造性地表达出来。我手写我口，我手写我眼，我手写我思。"作文的本质含义应该是学生将自己的生命感动进行反思性合理表达。"[②]

以全国知名特级教师肖培东的作文指导课《小小鸟窝，大大世界》为例，肖老师在本节作文教学中，循循善诱，躬亲示范，以语言的魅力影响了学生，征服了众多的听课者。肖老师借助"荷叶上滚动的露珠""树上的鸟窝""秋天的落叶""沙漠里的大树""悬崖上跌落的瀑布"等五幅图片，耐心引导学生用语言描述画面，从大自然中感悟"人生其实就是这样一个拼搏挣扎的过程，成功绝不是一种偶然，不是一种运气"的人生哲理；他更通过个人自然流畅的、富有文学性的语言示范引领，诸如："如果你只艳羡沙漠里的那丛绿荫，那么你就可能会忽略烈日的炙烤、风沙的袭击和一望无垠的寂寞，所以树的人生不是一种运气！""春天的每一片绿叶都不是一个偶

① 俞发亮.作文课我们有办法[M].上海：华东师范大学出版社，2015.

② 冯铁山.从"规训外铄"到"诗意生成"——诗意作文教学的基本内涵与实践策略[J].宁波大学学报：教育科学版，2018（4）：80-85.

然,它要经历一个寒冬的苦熬,慢慢飞上枝头,因此当你欣赏到叶子绿时,你能不能想到曾经拥有的秋冬的枯涩!"教师独有的体验、感悟潜移默化地激发了学生的语言潜能和创造力,学生的言语表达从干瘪、简单、直白的"大树在沙漠中顽强地生长,然后长成了大树""想到了生命的顽强"转变成有创意的、高品质语言:

> 生:晶莹透亮的水珠,闪闪发亮,但是它幸运的人生背后是艰苦的积累和艰难的步伐。
> 生:落叶不是无情物,化作春泥更护花。落叶化作了下层的肥料,生命更加碧绿更加富有生机。
> 生:当你看到涓涓细流,你也许不会想到积水成渊的背后所经历的一切。

课堂教学高效的引导在于教师以个人的语言魅力打开学生的思路,激发学生的思维。肖老师引导学生在观察中想象,运用准确、生动的语言表达自己观察中的发现,并凭借对语言文字超强的表现能力,感染了学生,把学生带入写作的氛围中,臻入佳境。

其次,评点具有赏析力。语文味创始人程少堂先生教学法的核心内容是"一语三文"教学模式,"一语"即语言,"三文"即文章、文学、文化。此教学模式强调教学"有温度"——融入师生的生命(情感)体验,让语文教学过程产生审美意象,成为创造美的过程。基于此,"作文点评就不是一个纯客观的工作,而是要表达,要抒情,即把作文点评当作创作一样来对待,要有较丰富的思想"。① 在这方面,不少教学名师的作文教学课堂也为我们树立了榜样。

比如程少堂老师《以思想串连美丽》的课堂作文点评:

> 生:走过西欧冰冷的石柱,走进所有读者心里。他所观之景也都残破不堪,毫无美感可言。
> 师:没有"废墟之美"吗?有一首诗就叫《废墟》:人哪/当你终于懂得欣赏废墟之美/时间开始倒流/向着饱满而葱郁的往昔。

---

① 钱冰山.语文味教学法在作文点评中的应用[J].中学语文教学,2015(3):40-44.

　　这样的点评语言带上浓厚的感情色彩，字里行间流露出程老师对文章作者鲜明的"爱憎"之情，文采斐然又不乏思想内涵，从而获得更深的美感享受。

　　再如肖培东老师的《好久不见》的课堂作文点评：

　　　　生：每天的大课间，我们都要去操场上做运动，我们每天都会走这个台阶，台阶很干净，走上去很清爽，也像我们一样活力四射的。

　　　　师：你坐着，阳光就撒在你的台阶上，你坐在那里跟你的同学聊天，你坐在台阶上，望着你的校园，看着时间慢慢地流逝。你突然发现，陪伴你初中生活的，其实就是这些一级级不说话的台阶。很好，"一级级清爽的台阶"，多有意思呀！

　　这样的点评是肖老师融入内心的体会，是把对生活的感知、对生命的认知"体贴"地与学生进行真情的交谈，感染力蕴涵在字里行间，你能从中感受到教者那颗诚挚的舞蹈的心。这是语文味教学法所倡导的"有温度"的具体而微的表现。

　　又如，全国著名特级教师余映潮的作文点评：

　　　　师：一只蚕为自己织了一个厚厚的茧，后来，它想出来，想拯救自己，它就咬破了自己织下的茧！它多高兴啊——阳光、空气！它陶醉了，它简直要跳起来了！它简直要飞起来了！然后它享受到了生活的乐趣，于是它感悟到一个什么道理呢？于是它就把这个道理告诉它的子孙——（生思考）

　　　　师：现在你们就是蚕了，你有什么感悟？

　　　　生1：黑暗给了我们一双眼睛，而我们用它去寻找光明！

　　　　师：哦！真聪明！它咬破茧出来了，茧里面是黑暗的，黑暗给了我们一双眼睛，而我们用它茧成蝶！

　　　　生2：经过艰苦挣扎后所获得的阳光会更加夺目！弱者只会作茧自缚，而真正的强者终会破茧成蝶！

　　　　师：好一个破茧成蝶！……

　　余老师的点评渗透着生命体验和激情，既率性又智性，把自己健康有价值的生活观念放进点评中，对人生意义进行"价值推送"。点评形式自由,语言或长或短,全在于余老师个人独特的体味。

语文教育家钱梦龙先生对快乐作文之父杨克顺的评价中指出:"杨克顺老师站在关照作文主体生命特征的高度,以顺应儿童天性为前提,以情感激励、调控为手段,以无痕教育为支点,以贴近儿童生活、遵循作文教学的规律为基础,构建一种内容与形式高度和谐统一的愉快教学情境,激发学生不吐不快的表达欲望,自然生成真、实、新、活的个性化、原生态作文。"①如果我们每位教师都能让学生快乐作文,那么让学生爱上作文、提高学生的作文能力就指日可待了。

总之,语文味是语文课堂的灵魂,也是语文教师所追求的最美的境界。不论是作文教学、阅读教学,语文味教学是有温度的教学,有语言的温度、情感的温度,是强调把生命体验渗透进去,而非冷冰冰地教课文教写作知识。散发着醇香的语文味课堂,能在长期的濡染中培养学生的语感,涵养学生的美感,触发学生的灵感,滋养学生的精神世界,化育学生优美的气质和优雅的风度。久而久之,学生的身上自然会洋溢浓郁的文化味,学生的语文能力、语文素养、文化品位和健全人格也会得到提升,同时也就意味着,学生具有了获取人生幸福生活的能力和素养。

---

① 杨克顺.真快乐作文教学论[M].长春:东北师范大学出版社,2017.

第四章

实践:醇味语文课堂的实施

醇味语文课堂如何操作实施?基于初中语文教学课堂现状的调查研究,经过长时间的摸索实践,我发现,在充分解读的前提下,设计一个课堂主问题,在课堂上通过朗读、品读,在解决这个主问题的过程中突破教学难点,实现教学目标,这种方法是可行的、有效的。它既可以激发学生的学习兴趣,让学生在 45 分钟的课堂里拥有持续性的学习热情,又能使语文课堂不显得割裂、碎片化、枯燥化。

我将这样的教学模式称为"三读一主线"课堂模式。以下,我将与大家一起反思当前初中语文阅读教学的现状,探讨语文味课堂的特征,提出语文课堂的教学策略,希望能有抛砖引玉的效果。

第一节　解读是前提

近年来,随着教育改革和课程改革的稳步推进,教学效率越来越受到学校和教师的关注,但根据长时间的教研观察,我发现目前初中语文课堂教学存在大量的"少慢差费"现象,很多老师感觉到语文课"教得辛苦",但学生似乎"并不领情",成绩"提高很慢"不说,语文课堂没有了"语文味",变成思政课、建筑课、生物课或其他的什么课,学生学习毫无兴趣可言,教学的实效性不高。原因何在?

据我观察,很多时候,语文老师拿到教材,首先想到的是"怎么教"的问题,他们花费大量精力研究运用什么样的教学组织形式,采用哪一种教学方法,使用哪一些教学媒体,选择哪种教学策略等,而对于"教什么"则考虑得少之又少。因此,我们在很多教研活动中经常会看到老师的课上得热闹非凡,课后也会收获不少"形式新颖""互动热烈""多媒体手段运用娴熟"之类的"好评"。殊不知,这样的课例,表面上看着热闹,实则离"语文"越来越远。

那么,备课"备"什么? 很多语文老师会有这样的疑问:教材不就是现成的教学内容吗? 教材不是很明确地规定了教学内容吗? 一篇课文不就是教字、词、句、段、篇,不就是教文章的内容、主题与写法,不就是听、说、读、写吗? 诚然,我们熟悉的语文课堂——从小学、初中、高中——一直以来似乎都教这些,也都是这么教,大家都习以为常了,甚至,我曾经从一位教研员那里听说一件事,说小学、初中、高中教材里选入了某篇相同的文章,而他听到的课居然没有任何差别! 这是多么奇特的一件事啊! 无怪乎,连语文老师都看不起自己所教的学科;无怪乎,学生们宁可多刷两道数学题,也不愿意多读一点语文书——因为,语文可学可不学嘛!

关于这种现象的根源,王荣生博士曾经一针见血地指出:

> 长期以来,"教材就是教什么""语文教学就是教教材"这种说法甚为流行,语文教材(语文教科书),成了"语文教学(课程)内容"的代名词。①

也就是说,语文不是教教材,语文教材内容不是语文课程内容,不是语文教学内容,"语文课程内容是课程层面的概念,回答的是语文课程'教什么'这一问题;从学生学的角度,它是学习的对象,因而也是对'学什么'的规定"。因此,对于语文老师来说,备课,首先应该明确"教什么",而"课文教学解读"正是为了讨论语文课程内容的问题,为了解决"教什么"的问题。只有确定了"教什么",弄清楚了"为什么教","怎么教"才不至于沦为形式、舍本求末。如此一来,解读——对教材的教学解读就显得尤为重要。

众所周知,文本解读问题是语文阅读教学绕不开的话题,又是让语文教师备感困惑的问题。在现实中,语文老师们常常不知道文本解读应该解读到什么程度,才不至于太深或者太浅。但语文教师的文本解读又不等同于一般意义的文本解读,因为教学中的文本承载着更多的功能,它是把学

---

① 王荣生.辨析"语文教材内容"[J].上海师范大学学报(哲学社会科学·教育版),2003,32(9):79-83.

生引向既定目标的凭借。所以教学中的文本解读是在一般性的文本解读基础上再加工而产生的。语文教师要成为教学中的文本解读高手，就必须以两种身份来解读文本，即作为纯粹读者的身份，以及作为语文教师的特定身份。

首先，以纯读者的身份来解读文本。面对文本，语文教师首先要能以一个普通读者的角度感知文本，不要依赖任何参考资料，只依据自己的阅读经验和阅读能力，把课文当作文艺作品来品读。我们将这种纯天然的解读方法称为"素读"。在素读过程中，用心灵和文本对话，和作者对话，领悟作品的内涵与情感，读出自己真切的感受，形成具有教师本人鲜明个性的解读。教师先对文本解读出属于自己的感受，才能更有的放矢地引导学生解读文本。

其次，要以语文教师的身份来解读文本。我们将这个过程称为"语文教材教学解读"。文本之所以被选用为教材，是为了"教学"服务，为了体现语文的"工具性"作用，它不同于一般文本，可以任由读者做出自己独特的理解和感受。研究、解读"课文"的是语文教师，这就要求语文教师在对教材进行解读之前，应先了解课标精神，领会编者意图，结合学生的实际，做出"教学内容"的选择。也就是说，"教学解读"是对"语文课文"进行"教学"上的解读，它既不等同于上面所说的"文本解读"，也不单纯是教师常常要做的"教学设计"；既不是对文本本身做一个有理有据、感性理性兼备的解读分析——或说是"读后感"，也不是对某篇课文进行说课演示。也就是说，在这个过程中，我们作为解读者的身份是语文教师（而非一般读者），解读的对象是"课文"（而非普通文本），解读成果服务的对象是"教学"（课堂、课堂的学生，而非读者自己）。简单说来，"教学解读"要解决的问题是：教什么？为什么？怎么教？

要做好教学解读，必须做到"四读"。

一、读文本的文体特征

文体意识缺失是当前语文课丧失"语文味"的一大重要原因。王荣生博士主张分文体教学，他认为教学内容的选择应根据文体而定。但事实上，缺乏文体意识的语文阅读教学课堂随处可见：《阿长与〈山海经〉》作为散文，教者却大花时间分析阿长形象，《猫》作为小说却着重分析作者对三只猫的情感（当然，如果你将其作为散文阅读的话未尝不可），《苏州园林》

作为序言却大规模训练学生对说明方法的掌握,把《富贵不能淫》作为思政课作为教育学生树立"大丈夫"意识的范本……

　　语文课堂"语文味"的缺失,很大程度上就是由文体意识缺乏造成的。文学作品和新闻、议论性、说明性、实用性文本混为一谈,小说和散文无区别化对待,更有甚者,将说明文、议论文上成图片展示课、生物课、思想品德课。究其原因,便是不对文体和文本进行研究,无法对各种不同的文体应该"教什么"进行宏观的界定,再对每一篇文本进行深入细致的解读,从而选择一个恰当的、准确的教学内容,使之符合"语文课"的特点,体现"语文课"的美,散发浓厚的"语文味"。

　　以《阿长与〈山海经〉》为例。从教以来,无论是公开课,还是普通的"推门课",我听过不少关于这篇课文的课例,执教者或教学手段不同,或课堂模式有异,但从教学内容上看,无一例外地围绕着"阿长是一个怎样的人"这个问题而进行。于是,课堂气氛或活跃、或沉闷,学生总是在老师的引导下,找到"迷信""愚昧""粗鲁""善良"等性格特点,并能在文中找出相应的事例加以佐证,进而得出"作者对阿长的思念"这样一个情感主题。这样的设计,即使到了今天,在网上还是比比皆是。执教者没有自己的独立思考和判断,下载了事,再摇身一变,变成了课堂教学,就形成了"千篇一律"的局面。且不说从"阿长的迷信愚昧"如何演变为"作者的思念",这中间的逻辑多么有悖常理,仅从"阿长是个怎样的人"这个教学内容的选择,就足以令人反思。

　　《阿长与〈山海经〉》究竟属于何种文体?我们知道,《阿长与〈山海经〉》选自鲁迅回忆性散文集《朝花夕拾》,本身就是一篇回忆性叙事散文。散文教什么?王荣生博士说:"学习散文,应把重点放在通过对象的描述所抒发的作者的情感,而不是放在散文所描写的对象上。"换言之,散文的教学重点应该是体会作者是如何描述表达什么情感的,而不是去分析作者笔下的这个人、事、物具有什么样的特征。《阿长与〈山海经〉》的文体不同于鲁迅的《孔乙己》《故乡》这些小说,阿长也不是孔乙己、杨二嫂、闰土这类已经被赋予一定意义的小说人物,我们不能用解读小说的方法去解读阿长,更不能用教学小说的方法去教学《阿长与〈山海经〉》。只有弄清文本的文体特征,我们才能把目光转移至鲁迅的语言运用上——那些诸如"我的保姆,长妈妈即阿长""她的经历,仅知道有一个过继的儿子""仁厚黑暗的地母啊,愿在你怀里永安她的魂灵"这样陌生化的表达上,才能去触摸鲁迅隐藏在思念之下更为深沉的感激、愧疚和热爱的情感温度。

而《背影》呢？《社戏》呢？《藤野先生》呢？《猫》呢？还有那些仅仅是被语文老师视为文"言"文的《富贵不能淫》《桃花源记》《马说》呢？

只有明确文本的文体特征，我们才能明确教学的重点应该放在"体会作者的情感"还是"通过人物形象的分析理解主题"，还是"感受古人的论辩智慧之美"。因为散文或者诗歌教学，重在通过对象的描述所抒发的作者的情感，而不是放在散文所描写的对象上；小说，重在通过人物形象、环境、情节的分析，理解小说所要表现的主题；议论性文本，重在理清作者所要表达的观点和材料之间的关系；说明性文本，重在分析说明对象的主要特征，以及作者所选择的说明顺序、说明方法；而文言文，除了落实重点文言字词的积累，更应重视"文"和"意"之间密不可分的关系。

二、读教材的编写意图

文章成为课文之后已不是普通意义上的文章，他们是教材编者根据课程标准及课程理论，经过精挑细选所得到的成果，每篇课文的背后都站着编者。作为语文教师，在解读文本时，必须要考虑编者的意图，要思考编者把这篇文章安排在这册书及这个专题的意图是什么。语文教材以单元编排，每个单元都设定了一定的单元主题和单元目标。因此，在解读的过程中，要充分考虑教材的编写意图，尤其不能忽视单元目标的重要性，应该顾及单元系统对课文的制约和影响，做出"契合单元教学目标"的解读。

以统编版七年级下册为例。编者安排了两个"人物"单元，如果不对单元目标进行解读，我们很容易对它们无区别对待。实际上是，第一单元的人物，"有叱咤风云的政治家，有决胜千里的军事家，有博学睿智的科学家，还有为人类奉献宝贵精神食粮的文学艺术家"，而第三单元则"都是关于'小人物'的故事"，这些小人物"虽然平凡，且有弱点，但在他们身上又常常闪现优秀品格的光辉"。所选文章的文体不同、主题不同，要求的学习方法也各不相同：第一单元"学习精读的方法"，"在通览全篇、了解大意的基础上，把握关键语句或段落，字斟句酌，揣摩品味其含义和表达的妙处"，"结合人物生平及其所处时代，透过细节描写，把握人物特征，理解人物的思想感情"；第三单元则要求"注重熟读精思"，"从标题、详略安排、角度选择等方面把握文章重点"，"从开头、结尾、文中的反复及特别之处发现关键语句，感受文章的意蕴"。因此，读懂教材的编写意图，读透单元设定目标，才能更好地选择教学内容。

曾看到过不少将统编版八年级上册《生于忧患,死于安乐》作为议论文范本的教学设计,教者从论点到论据到论证,从举例论证到对比论证,分析得头头是道、井井有条。诚然,在统编版教材之前,的确是将《生于忧患,死于安乐》一文纳入九年级议论文单元,如果是那样的话,不考虑该篇课文的其他文学价值,这样的设计兴许还尚可理解,但统编教材推行以后,《生于忧患,死于安乐》作为八年级上册第六单元的一篇课文,该单元的目标定位是"阅读这些经典作品,要用心去感受古人的智慧与胸襟"。对该单元的方法指导建议是"要借助注释和工具书,整体感知课文内容大意;还要多读熟读,积累常见文言词语和名言警句,不断提高自己的文言文阅读能力"。通读整个"单元说明",对"议论文"的文体知识只字未提,可见,将《生于忧患,死于安乐》作为议论文来教学是不可取的。

同样,梁启超的《最苦与最乐》曾被选编进语文版教材八年级议论文单元,不少教师在统编版七年级下学期教学本文时漠视本单元重点学习略读的教学要求,依然按照语文版议论文的要求进行教学,背离了统编版七年级第四单元教学目标以及本课的教学要求——把握本文严谨的思路,领会那种平实而又略带书卷气的语言风格。更有甚者,某地区在期末统考中,将其作为议论文阅读语料大力考查论点、论证方法等议论文的相关知识,这种教学导向不能不说是严重的失误。

如果将某篇课文比喻为一棵树的话,一个单元便是"一片森林"。解读课文时,我们不能将课文孤立地看成"一棵树",而应该关注它是作为"一片森林中的一棵树"而存在,关注这片森林是它的土壤,对它产生着重要的影响和制约作用。

三、读学生的学力学情

语文教师的解读最终目的是引导学生更好地解读文本,所以教师必须掌握自己任教班级学生的实际学情,他们的思维能力、文本解读能力都是语文教师必须了然于胸的一项重要内容。学生在不同年龄段所呈现的心理特征是不同的,在同一年龄阶段存在的心理发展水平也是有差异的,正视这种差异,遵循这样的客观规律,在此基础上实现的解读转化成教学设计和教学实施才能是有益的、高效的。

在实际工作中,我们很多语文教师迷信教参,迷信各种专家名家的解读,热衷于从网上搜索教案,然后不管三七二十一,把教案一股脑儿全部照搬到课堂上,发现教学效果不好之后,不反思自己的设计,不考量学情的差异,反而将原因归咎于学生"内向沉闷""不配合",着实令人遗憾。

以统编版七年级上册课文《秋天的怀念》为例。课后有一道习题让学生思考文章"为何取题为'秋天的怀念'",《教师教学用书》这样解释：

> 题目的表层意义是,文章回忆的往事发生在秋天,文章表达的是对母亲的怀念。深层意义是,"秋天"常常隐喻着生命的成熟、思想感情的沉淀;"秋天的怀念",暗示着作者经受过命运残酷的打击,经历过暴躁绝望的心理过程,在母亲去世后,在风轻云淡的秋天,在菊花绽放的世界,才真正体会到母爱的坚忍和伟大,懂得了母亲的期望,悟出了生命存在的意义。如果说,题目中的"怀念"直接指向母亲,那么"秋天"则蕴含着"生命"的意味。

这样的解释,如果语文教师不加以理解转化,让刚刚从小学毕业、踏入初中校园没多少天的七年级学生很难理解和消化。显然,对于教师而言,凭借知识水平和人生阅历,我们很容易理解教师用书里的"参考答案",但对于涉世不深的七年级学生而言,却无异于艰深的"天书",如果只是照搬全抄这样的"标准答案",我们恐怕只会让学生望而却步,更遑论开口实现"师生对话""生生对话""生本对话"了。

令人欣慰的是,我在一位初登讲台的年轻教师那里听到了这样的答案,他和学生们一起和文本对话、和作者对话,和学生们一起得出结论："秋天点明了故事的时间,是母亲去世的季节,是菊花盛开、万物灿烂的时节。而我也是在这个时间里理解了伟大的母爱,更明白了生命存在的意义,因此我怀念秋天,想念去世的母亲。"显然,这是真实课堂的真实呈现,这样的结论比之"教参"更"接地气",更符合七年级学生的认知水平,更易于他们接受。

再如前几年曾轰动整个语文界的关于《背影》的"韩李之争",我不敢对二位老师的解读妄加点评,但我对钱梦龙先生的关于《背影》"是一篇初中的课文,教学对象是初中的孩子"的提醒深深折服。《背影》为八年级教材,对于八年级的学生,课标要求"有自己的情感体验","对作品中感人的情境和形象,能说出自己的体验",而给教师的教学建议是"不应以教师的分析来代替学生的阅读体验"。那么,八年级的学生,他们的知识水平如何,对人生、哲学的认知达到怎样的程度,都需要执教者有事先的调查和研究。

钱先生也早早洞察了初中学生的学力学情,他说:"对文本挖掘得深一些,当然是十分必要的。但如果脱离文本实际,一味求'深',甚至变成刻意求'异'、求'怪',那就会把语文教育引向邪路。"①世界著名教育家杜威指出:"教师从事教学活动,需要精通教材;但注意力应该集中在学生的态度和学生的反应上;教师的任务,在于了解学生和教材的相互影响,不应注意教材本身,而应注意教材和学生当前的需要和能力之间的相互作用。"②语文教师对文本的解读再独到再高妙,终究是要落到课堂,落到培养、提高学生阅读鉴赏能力上来,揠苗助长只会适得其反。

王荣生教授一再强调"教学内容"选择的重要性,他认为教师应当根据学生的具体情况,将课程专家提供的"一般应该教什么"转化为"实际上需要教什么",教师关注与学生实际的契合,才是"语文教学内容"的本来含义。因此,读学生的学力学情,就是要对学生的状况进行分析,分析他们已学过的知识、已掌握的技能,从生活中获得的经验和能力,以及相关学科的知识和能力等,分析他们进入学习过程前和在学习过程中所具有的一般特征,如他们的生理和心理特征、认知结构的特点、学习风格等。基于学生学力学情设计出来的教学目标才符合学生的需要,教师在教学过程中才能更好地因材施教和因人施教。

四、读文本的关键语段

"问渠那得清如许? 为有源头活水来",大凡情理性的文学作品都有发人深思的语句,对这些语句的品味、深思,就是我们进行文本解读的核心。"惊喜总在细微处",在解读文本的过程中,我们应多关注不那么显眼的语段,因为它们往往暗藏着文本密码。

曾听过《走一步,再走一步》的公开教学:某教师在对文本进行了一番讲解分析后,为了体现新课程理念,请同学们阅读课文,小组合作,自主探究学习。一同学提出了问题:

> "老师,这篇课文前后出现了两个'啜泣',一个是第14段'我听见有人啜泣',另一处是倒数第2段'我先是啜泣了一会儿',这两处'啜

---

① 钱梦龙.《小学语文文本解读》序[J].语文建设,2012(7):142-144.

② 杜威.民主主义与教育[M].北京:人民教育出版社,1990:195.

泣'作者要表达的情感一致吗?"

于是,同学们激烈地探讨,课堂气氛活跃。

"我认为是相同的,他们的意思都是'抽抽搭搭地哭',很伤心。"

"不对!这两处的情感是不同的,两处虽然都有小声哭的意思,但第一处是因恐慌、害怕而哭泣,第二处是战胜了困难,心里激动而抑制不住哭泣。"

……

场面十分热烈。

"我认为第二位同学的看法十分正确……"教师肯定了学生的积极性,最后简短总结,结束讨论。

是表达这样的情感吗?我思索。第一处"啜泣"着重突出"我"的恐慌是没问题的,那第二处呢?难道仅仅因为激动而哭泣吗?设身处地为"我"着想,"我"当时只是一个孩子,被朋友抛弃在半悬崖困了老半天,在上不去下不来长时间等待救援无果又在天色渐暗的境况下,必然陷入巨大的恐慌中,一旦在父亲指引帮助下脱离险境,这时涌上心头的首先是什么感觉呢?我以为应该是"委屈",是父亲没及时搭救"我"而委屈哭泣,其次才应该是因战胜了困难内心无比激动而哭泣。

在此,我无意评论这位老师启发学生自主探究的方法,但我想,如果她在备课的时候就发现了这两处"啜泣"的秘密,对它进行更深层次的解读,总不至于在课上给予学生如此轻率的评价。毕竟,解读它们,会将课堂引向更深、更高级处,毕竟,文本中的语言反复,看似是作者的无心设计,实际则是作者的有意为之,作者正是通过这样的方式引起读者的关注,引发读者的思考,而语文教师更应该有这样的敏锐度,才能带着学生发现更多的文本的奥妙。

在文中反复出现的词,往往是作者特意强调的词,必包含作者的深意,所以教师应抓住这类关键词进行文本细读,探寻作者的写作意图,揭开文章主题。以统编版八年级下册韩愈的《马说》为例,大多数教师一般采用文言文的字、词、句翻译,在懂得文本意思的基础上分析文章的写作意图,对于文中连续出现了十一个"不"字却视而不见,那么分析这个高频率出现的词有什么意义呢?我把这些词一一罗列出来,用"词不离句"的方法对"不"字进行解读:

千里马常有,而伯乐不常有。(一个"不"字,揭示当时伯乐极少这种普

遍的社会现象,为下文写千里马的悲惨遭遇铺垫)

　　祗辱于奴隶人之手,骈死于槽枥之间,不以千里称也。(再一个"不"字,突出千里马因其辱没在马夫手里,和普通的马一起老死在马厩里的遭遇而名不副实,隐含作者对千里马的深深同情)

　　食马者不知其能千里而食也。(又一个"不"字,写千里马被埋没的根本原因,揭示"食马者"的愚蠢无知,隐隐透露作者内心的愤慨)

　　食不饱,力不足,才美不外见,且欲与常马等不可得,安求其能千里也?(连用四个"不"字,构成一组排比句,承上交代千里马被埋没的根本原因,从反面阐述"世有伯乐,然后有千里马"的道理。在表达上,增强语气,逐层蓄势,有如滔滔江河滚滚向前,给人以不可阻挡之力量,表现食马者的无知,抒写怀才不遇的愤懑之情)

　　策之不以其道,食之不能尽其材,鸣之而不能通其意。(再次连用三个"不"字,再次构成一组排比句式,强调"食马者"的愚妄无知,表达强烈的愤慨之情)

　　其真不知马也!(结尾再一个"不"字,刚劲利落收尾,揭示中心,表达对统治者强烈的讽刺和批判之情)

　　《马说》全文不过107个字,却足足用了十一个"不"字。这些"不"字,伴随着作者鲜明的思想感情,将其对昏庸的统治阶级的嘲讽和鞭挞表达得淋漓尽致。作者从痛斥食马者的愚蠢,到勾画执策者的愚妄无知,直至厉声诘问统治者,感情逐渐加深,语气逐渐加强,充溢全文的丰富的思想情感如潮水一般,和文章的哲理交融一体,增强表达的气势。

　　同样,如何把握作者在《背影》中表达的情感,相信不少教师把目光锁定在望父买橘的背影的描写上,对父亲的着装、体态、动作的刻画,甚至是对父亲衣着的颜色、质料的描写确实可以窥见父亲对儿子的爱,但如果教师们能够引导学生关注文中屡屡出现的否定词"不"相关的句子,如开头、结尾段落中的抒情议论性句子,辨析、品味反复出现的"不见",领会"大去之期不远矣""总觉得他说话不大漂亮""我再三劝他不必去"等"不"字的深沉含义,那么对理解作者在文中表达的自责、忏悔以及蕴含在字里行间的对父亲的思念等,就感性而直观,而且更容易触发读者的共鸣。

　　关于"言意兼得",王崧舟教授曾说:"语文学习必须同时睁大两只眼睛,一只眼睛注视思想内容,一只眼睛聚焦语言形式得意又得言。"在文本解读时要特别留心一个词语、一个句子、一个片段,深挖细嚼,慢慢体味。的确,文本解读的"密码",往往就藏在文章标题、开头结尾、提纲挈领处、起承转合处、议论抒情的语段以及重复出现或者有悖表达规律的细微之处。前文提及的"我的保姆，长妈妈即阿长"（《阿长与〈山海经〉》），是鲁迅的啰唆之语吗？"大约孔乙己的确死了"（《孔乙己》）是个病句吗？"太守即遣人随其往"之"即"为何还是"遂迷，不复得路"的诡异（《桃花源记》）难道不值得一问吗？……

如此种种，都需要语文老师去细读、去深挖、去发现、去转化，才能让语文课堂更生动更具魅力。

总而言之，课文的解读不同于一般的文本解读，语文教师的身份和教学的目的性决定了解读必须是作为教材的解读、服务于教学的解读、符合学生学情并有助于学生语文能力提升的解读，在这种解读的前提下，"醇味语文课堂"才有构建的可能。

第二节　朗读为抓手

汉语言文字是有节奏、声调、韵律的，我们提倡语文课要上出醇味语文，语文课要突出语文教学自身的特点，致力于学生语文素养的形成与发展。要让学生通过语文实践，在把握语文这一最为重要的交际工具的同时，不断丰富自己的人文精神，提升文化品位。它是语文教学应该具有的一种特色，一种整体美，也是语文教学应该追求的一种境界。《义务教育语文课程标准（2011版）》更是明确指出："阅读教学要注重学生的个性化的独特的感受、体验和理解；注重熏陶感染，潜移默化。"要做到这些，必须注重读书。读是根本，没有读，就没有感悟和理解，没有语感的生成、情感的熏陶、语言的积累和运用，而朗读"是阅读教学中最经常，最重要的训练"。朗读是帮助学生理解词句、段落、篇章情感的一个重要手段，是语文教学的一种重要途径。良好的、有针对性的、高效的朗读可以帮助学生感知文章风格，理解课文内容，体会作者情感，了解课文主题。在语文课堂中，我们应该以朗读为抓手，唤醒学生的语言感知能力，唤起学生与作品、作者的情感共鸣。

一、朗读应有明确的目的

随着"语文课要有朗朗书声"的呼声越来越高,广大语文教师们越来越重视"朗读"在阅读教学中的作用,于是乎,课前读,下课前读;"整体感知"(环节)读,"品味欣赏"(环节)也读;优美的古诗文读,超长的小说也读;三人读,五人读,分小组读,全班齐读,大声读,高声读,富有气势地读……读的花样层出不穷,读的声音响彻云霄,语文课仿佛一夜之间变成了朗读课,朗朗书声倒是有了,但是语文课该有的理解、品味、鉴赏哪去了呢?

我曾听过一节课,教师上的是《与朱元思书》,这样一篇文质俱佳,富有音韵之美的经典作品拿来朗读再合适不过了,大概授课老师也感觉到了这一点,但不知如何操作,于是,一堂课下来,读了七八遍课文,反复朗读,读完还不忘问一声"同学们,这是我们第几遍朗读课文啦"。漫无目的地反反复复读了课文还"意犹未尽":继续读,读翻译出来的现代文。这一堂课下来,不知学生的感受如何,我是听得一头雾水,又感觉颇有些"矫枉过正"的味道。我认为,朗读应是为某个既定目标而设,比如,为了体会情感,为了模仿作品人物的语气,进而揣摩其心理,理解其性格;又或者,为了感受语言之美,气势之与众不同……总之,生硬地读,随意地读,功利地读,漫无目的地读,还不如不读。

众所周知,余映潮老师的朗读教学角度新颖,层次清晰,手法细腻,效果显著。在他的课堂上,朗读不是语文教学的一种点缀,而是具有切实的训练力度的语文实践活动。他设计的每一次朗读都带有强烈的指向性,体现鲜明的层次感。他的经典课例《散步》就是以朗读为教学的线索:

> 一读:朗读全文,用诗一样的语言概括地表述自己从课文中感受到的"情味"。(师具体要求:各自朗读文章,全文朗读,注意"速度感",注意你自己好像是作者一样)
>
> 再读:朗读美句,体味传神的词语、优美的句式所表达出来的"韵味"。(师具体要求:注意"角色"两个字,注意朗读的重音,注意文中的波澜在6、7两段)
>
> 三读:朗读精段,感受课文的情感倾向,体悟评析文中透露出来的"意味"。(师具体要求:朗读课文最后一段,好像你是带着深深的体会给人家作示范朗读一样)

余老师对范读的学生进行中肯评价：

> 三位同学水平相当，都很流畅，都很注重情感表达，重音也咬得准。弱点是：(1)语速太慢。(2)语速无变化。(3)几个重要的字音没有读好：我蹲下来，妻子也蹲下来，这两个"蹲"字要读出味道；还有，"慢慢地""稳稳地"要读得稍慢点；"整个世界"四个字，读起来很轻又好像很重，要读出一种意味感。①

余老师说："朗读，也是教材处理的一种精妙角度。将朗读指导或训练设计成若干步骤，穿插在课文阅读分析的几个步骤之中，此时的朗读就成为一条教学线索。或者说，在每一步的阅读品析之中，都有朗读的身影出现，使朗读成为连贯课堂教学的一条线索。"这样的高见着实令人钦佩。

无独有偶，在一次参加市名师工作室送培送教下乡活动中，一位年轻的教师执教的《陈太丘与友期行》也是以朗读作为课堂教学的线索，她设计的几个朗读环节分别是：

> 一读：你能读出（无标点）文章的停顿吗？
> 教师出示无标点的选文，学生由默读，到个别读，再到齐读。
> 二读：你能读出人物的语气、节奏的变化吗？
> 抓住关键句子体会语气、节奏的变化："尊君在不？"读出友人询问、彬彬有礼的语气，语速缓慢，普通的音量。"非人哉！与人期行，相委而去。"读出友人震怒、傲慢的语气，语速快，音量高。"君与家君期日中。"读出元方听到父亲遭到羞辱后在反驳之前成竹在胸、不慌不忙的语气，语速缓慢，音量适中。"日中不至，则是无信；对子骂父，则是无礼。"读出元方振振有词、理在我方的语气，节奏快，音量高，语音短促。
> 三读：分角色朗读，你能读出人物的性格特点吗？

由两人的对话到组与组的对话、教师的叙述性语言朗读，读出友人言而无信、不讲礼貌，后知错就改，也读出了元方义正词严、勇敢、有修养、明辨是非。读出抑扬顿挫，读出高低起伏，读出情感变化。

在朗读之中，逐层解决了"字词句意""整体感知""人物分析""艺术特

---

① 余映潮,周丽.《散步》课堂教学实录及评点[J].中学语文,2007(05):33-35.

色"等教学重点,又给予初入中学的七年级学生以学习文言文的方法指导,这种看似轻松巧妙的设计背后是执教老师教学智慧的体现,应该也是受了余映潮老师朗读教学法的不少启发。

因此,在语文教学中,教师要有明确的目的,能正确全面地理解朗读的要求,注意将朗读要求与教学目标紧密结合,让学生充分地读,读出感受,读出理解,教学目的也就基本达到了。

二、朗读应有有效的指导

在语文教学中,老师是引导者,在朗读教学中应凸显老师的指导作用。老师可以结合教学的需要,指导学生有针对性地朗读,使学生掌握朗读方法及技巧。朗读时轻重如何处理,语速怎么把握,节奏如何安排,老师都应适当引导,朗读的情感和语气、语调要让学生准确掌握,朗读教学效果提到新的高度之后,学生对作品便会拥有更多的体会和感受。

全国知名的特级教师肖培东老师就是这样一位重视朗读、重视朗读指导的语文老师。他的朗读教学无处不在,无处不美,无读不成析,无读不成课。钱梦龙老先生曾说:"如果把他的每一堂课比喻为一幢幢精心设计的建筑物的话,那么朗读就是这些建筑物赖以支撑起来的骨架。"[①]肖老师精选文本中的重要字词句段,不厌其烦地指导朗读的方法,包括关键词、关键句的重读,替换关键词的朗读效果,朗读的语速,甚至是一个标点符号的朗读韵味等等,不一而足:

> 师:喝酒的人在说他的最后一句话的时候,用了一个什么标点符号?
> 生:(齐)句号。
> 师:掌柜的第一句是感叹号,让他也以感叹号结束可以吗? 读读看。
> 生:(读)许是死了! (感叹号语气,强烈)
> 师:你再来以句号结束。
> 生:(读)许是死了。(句号语气,平淡)
> 师:为什么用句号?
> 生:用句号表示一种不太肯定的语气。
> 生:用句号表示对孔乙己漠不关心。

---

① 肖培东.我就想浅浅地教语文[M].武汉:长江文艺出版社,2016:3.

生：不轻不重的，随意说说。

生：故事讲完了，就没有什么可说的了，冷冷的。

师：生死无所谓了，没有人会在意他的生死。这里的句号更能显示冷漠与生命的无足轻重。我们再一起来读读喝酒人的最后一句话。

肖老师执教《孔乙己》时，用标点替换法引导学生在读中体验，在读中品析，在读中思考，读出两种标点体现出来的完全不同的情感，在读中感受这个冰冷、冷漠的世道，这种有效指导的朗读对理解小说文本的主题、培养学生的思维习惯尤为重要。

我也曾借鉴音乐歌谱的方式教学诗歌《再别康桥》。那是一堂观摩课，我进行了大胆的尝试，在朗读环节设计上，除了强调节奏、强弱、轻重、快慢等朗读中需注意的一般事项外，采用了二重朗读诗歌的方法，对首段和末段的朗读采用了如下处理方式：

舒缓、轻柔、低沉、含蓄

首段：

分：
```
  × × × | ×  × × | × × × | × × × | × × × | × —|
  轻轻的  我 走了，正如我  轻轻的  轻轻的  来；
  0 0 0 | ×  × × | × × × | × × × | × × × | × —|
          轻轻的  我 走了， 正如我 轻轻的  来；
```

分：
```
  × —| ×  × × | × × × | × | × | × × × | × —| × —|
  我   轻轻的  轻轻的 招手，作别 西天的 云  彩。
  0 00| ×  — | × × × | × × × | × × × | × —| × —|
       我   轻轻的 招手，作别 西天的  云   彩。
```

末段：

分：
```
  × × × | ×  × × | × × × | × × × | × × × | × —|
  悄悄的  我 走了，正如我  悄悄的  悄悄的  来；
  0 0 0 | ×  × × | × × × | × × × | × × × | × —|
          悄悄的  我 走了， 正如我 悄悄的  来；
```

mf   *f*   *ff*   *mp*

```
     ⎧  ×  -  | × × ×| × × ×| × × ×| × -|× -|
     ⎪  我     挥 一 挥 挥 一 挥 挥 一 挥 衣  袖,
分: ⎨
     ⎪  000  | ×  -  | × × ×| × × ×| × -|× -|
     ⎩           我     挥 一 挥 挥 一 挥 衣  袖,

        mp                p      pp

        × ×  ×  | ×  ×  | ×  -  | ×  -  |
齐: 不 带  走  一  片  云     彩。
```

这种把文学与艺术紧密结合起来的朗读法,不仅极大地调动了学生积极参与的热情,使学生对《再别康桥》内容情感的把握更加准确深入,而且也更为形象地诠释了徐志摩诗歌的音乐美特点。特别是对诗句"我挥一挥衣袖"的处理,"挥一挥"连续三次反复,感情由弱而强,从犹豫到坚定,以至于最后潇洒地抖落满腔的离愁别绪,旋律似乎于"不带走一片云彩"戛然而止,留下无穷想象空间和无限回味余地。在那样有效的指导下,学生们和我一起融入诗歌的情境,受到强烈的感染,课后更是得到了师生们的一致肯定。

在教师有效的朗读指导下,学生满怀感情地读,读出文句中的情感、意境以及"弦外之音",读出精彩、读出味道,如果能读到感觉"其言若出吾之口,其意若出吾之心",那么提高阅读能力、提升语文素养就不再是一句空话。

三、朗读应有准确的选择

初中阶段有不少非常精美的教材适合学生进行朗读,除了所有的古诗文文本提出了朗读的具体要求,更有一部分现代文在单元教学目标中也明确布置了朗读教学的任务,比如统编版七年级上册第一、二单元在单元目标中明确提出的"要重视朗读课文……把握好重音和停连""注意语气、节奏的变化"的朗读的具体要求。对此教师可以大胆地引导学生朗读全文,在朗读中或想象文中描写的情景,领略四季之美;或把握文章感情基调,体会作者的情思……而更多的文章由于篇幅长,或者语言、语体风格所限,教师应当根据课堂组织教学的需要,针对那些能体现文本教学重点、能领会文本内涵的需要学生充分意会的适合朗读教学的精美的或有哲理的语段,安排一定的时间带领学生朗读。

比如人教版七年级上册《盲孩子和他的影子》，我在整体教学中做出了如下朗读处理：

师：盲孩子的生活态度有什么变化？为什么会发生这样的变化？请同学们默读课文，认真思考。（学生读10分钟）

师：哪位同学来回答刚才的问题？

生：刚开始盲孩子生活在黑暗中，内心是孤独、伤心、郁闷的。后来，他热爱生活，内心无比喜悦、快乐。

师：请你在课文中找出你的依据。

生：（朗读开头几段）从"永远""无法""只能"这些词语中，我读出了盲孩子深深的寂寞。

师：请你把这几个句子读一下，注意语调、音量。

生：（读相关句子，音调低沉）

师：嗯！很有表现力！可以想象盲孩子内心无比的寂寞了。还有吗？

生："没有光亮，没有色彩"也可以看出盲孩子的孤独，他生活在自己的世界里，但是他渴望有朋友。

生：课文还直接写出盲孩子"很寂寞"！

师：是的！他真是一个不幸的孩子，孤独、寂寞、渴望友情。课文开头反复强调盲孩子只能靠听觉感受外界，内心无比孤独。

生：从"他还喜欢听鸟儿黎明时的叫声，春风从耳边吹过的声音，连蜜蜂扇动翅膀的声音他也很喜欢"，我还读出了盲孩子对美好生活的向往。

师：太棒了！尽管生活是不幸的，但是盲孩子没有终止对美好的追求。下面我们一起将开头这几段有感情地朗读一遍。（教师出示PPT）

师：从哪里我们可以看出盲孩子内心无比的快乐和喜悦？

生："他看见了周围的一切！"从"一切"和这里一个感叹号，我读出盲孩子的快乐。

师：很好！朗读这句话要突出"一切"这个关键词！也不能忽略这里的感叹号。请再读一遍。

生：（再读）

生："他用惊奇的目光张望着这陌生而美丽的世界"，在盲孩子的视野里，世界是"美丽"的，这也是盲孩子快乐的表现。

品读语言

他是一个盲孩子。

在他的世界里,没有光亮,没有色彩

他是一个永远生活在黑夜里的孩子。

他无法亲近别的小伙伴,只能静静地坐在一旁,听他们说笑嬉戏。

他还喜欢听鸟儿黎明时的叫声,春风从耳边吹过的声音,连蜜蜂扇动翅膀的声音他也很喜欢。

他的日子过得很—寂—寞。

他常常自言自语:谁跟我玩儿呢?

生:文章连用了五个"看见了",作者采用反复的修辞手法,强调盲孩子见到光明后内心无比的惊喜、惊奇。

生:还用了多个"还"字,让人感到盲孩子目不暇接,内心的快乐无以言喻。

师:同学们语言感受力很强！哪位同学把这几个自然段读一遍,分享盲孩子的快乐?(师出示 PPT)

品读语言

他看见了周围的一切!

他用惊奇的目光张望着这陌生而美丽的世界。他不但看见了太阳、月亮,还看见了那么多萤火虫组合的灯。

他还看见了天上出现了弯弯的彩虹。

他还看见了各种颜色的花朵。

还有绿草。还有草叶上明亮的露珠。

他的影子就站在他身边,和他手拉着手。

他转过脸,亲切地望着他这位朋友,它也微笑着望着他。

生：（读，速度比较慢）

师：你们看到盲孩子的快乐了吗？

生：感受不出来！我觉得读的时候语速要快一点，因为盲孩子内心很激动，抑制不住，所以要快一点。

师：这位同学注意到语速了，语速和人的情感也是紧密相连的。好！再一位同学来读。

生：（语速快，感情饱满）

师：确实，这位同学用惊喜、赞叹的语调读出了盲孩子见到光明那一瞬的激动和喜悦之情。那么，盲孩子生活态度为什么会有这样的变化？

生：因为有影子的帮助。

生：因为有萤火虫的帮助。

……

师：终于，盲孩子有了一个好朋友，就是他的影子，影子对他说，我会永远和你在一起。请同学们用愉悦、快乐的语气齐读课文18、19、25、28自然段。（师出示PPT）

> **品读"牵"的妙处**
>
> 从此，影子常常牵着盲孩子的手，带着他去牧场听牛儿哞哞地叫，羊儿咩咩地叫，还攀上山坡去采摘野花野果，走过小木桥去听潺潺的流水声
>
> 人们常常看到他俩在阳光下、月光下，像好朋友似的说说笑笑；在没有阳光，没有月光的夜晚，盲孩子就点起一盏灯。有了光明，影子就来了，它陪着他唱歌，讲故事。

如此，一篇比较长的童话故事，教师根据教学的重点，在主问题"盲孩子的生活态度发生怎样的变化？为什么会有这种变化？"的牵引下，精心选择朗读的语段，品析句子，体味情感，在美文美读中走进了童话的世界，领

会了童话的内涵。

不同体裁的作品,具有不同的美质:诗歌有音韵的美,议论文有逻辑的美,散文或有修辞的或有哲理的美,说明文或有精确的或有趣味的美……不同作家的作品,具有不同的语言风格,《中国人失掉自信了吗》的犀利冷峻、《白杨礼赞》的凝练优美、《孟子》类比的形象及排比的气势……只有在不同体裁作品中准确选择朗读的语段,运用恰当的朗读方法,才能达到良好的教学效果。

"惟有不忽略讨究,也不忽略吟诵,那才全而不偏。"①我们提倡语文课要上出醇味语文,致力于学生语文素养的形成与发展,就不能忽略语文课堂中多种形式的读,以诵读为核心,咀嚼语言文字,在读中品、品中读,引导学生通过朗读品味词语之美、感受思想之美、领略语文之美,营造醇味语文氛围,更引导学生在读中培养语感,建构语言,促进思维,提升素养。一句话,醇味语文课堂须有琅琅书声。

第三节　品读是钥匙

如果说"教学解读"是教师的备课行为的话,朗读和品读就是教学解读在课堂教学过程中的呈现。有了"解读"这一前提,"朗读"和"品读"才能有的放矢。

宋代大学士苏轼曾说"旧书不厌百回读,熟读深思子自知",意思是说写得好的诗文或书籍经得起千百遍的阅读,书多读几遍再加上认真地思考,自然就能明白其中所蕴含的道理。在语文教学中,要真正让学生体味出作者遣词造句的精妙处,在教学中便要教给学生一根学会欣赏的"拐杖",而这根"拐杖",就是牢牢地抓住文章的关键词、句、段,甚至一个微不足道的标点去层层体会、细细品味。可以说,品读是学生与文本进行对话的金钥匙,语文教师更应让学生在具体的语言环境中品词品句,在反复的品读中引导学生深入理解文本的语言、意境和情感,养成学习语言、理解语言、品味语言的良好习惯,从而实现与文本的高效对话。

---

①　叶圣陶.叶圣陶语文教育论集[M].北京:教育科学出版社,2015:9.

一、关键处品读——体验文本情感之真切

如何打造好品读这把"金钥匙"，是对语文教师功底的考验，语文教师能不能在解读文章的时候敏锐地捕捉到文字背后蕴含的深意和情感，引导学生体验语言文字所描绘的情境，揣摩词句、感悟意蕴，与文本进行思维碰撞和情感交流，从而培养语感，提升表达能力，将是语文课堂能不能适时、高效地开展品读环节的重要决定因素。

在阅读教学中，《土地的誓言》是笔者个人很喜欢的文章，作者端木蕻良的情感充沛而又深沉，一次一次地阅读，一次一次地胸怀激荡，认真备课之后，有了如下的课堂对话：

师：文字的背后是情感的密码，短短的一句话，同学们就读出了作者丰富的感情。这是直接倾诉对土地的热爱与怀想，对土地的深切眷念之情。（板书：对土地的深切眷念和热爱——直抒胸臆）同学们还可以从哪些地方读出这样的情感？（学生思考）

生："我的心还在喷涌着血液吧，因为我常常感到它在泛滥着一种热情"，这句也可以读出内心很激动。

师：想起土地，作者内心抑制不住地激动。怎么理解"喷涌""泛滥"这两个词？

生：（思考）"喷涌"指血液沸腾；"泛滥"指血液四处流淌。

生："泛滥"原来的意思是水流出来，淹没了土地。这里是指作者的感情肆意地流淌，没办法止住。

师：两位同学理解都很到位，作者感觉到自己的血液像水一样迅速地往外冒，思想的情感在肆无忌惮地流露，这是一种对关东原野不可遏制的强烈的思念之情。

"喷涌"和"泛滥"便是我在反复阅读中触摸到的情感温度，于是我在课堂上引导学生品读，便与作者有了情感上的共鸣。在这样有意识地引导学生品味关键词之后，学生很快就拥有了自己的"语感"，找到了属于自己的新发现：

师：刚才同学们说描写的部分既可以读出作者对故乡的热爱和赞

美以及对侵略者的无比痛恨。（板书：对侵略者的痛恨）你还可以从哪些句子中感受到作者对敌人的恨？

生：在那田垄里埋葬过我的欢笑，在那稻棵上我捉过蚱蜢，在那沉重的镐头上留着我的手印。

师：这句话不是写我童年在故乡无忧无虑的快乐生活吗？

生：这里用了"埋葬"，这个词让我感受到快乐已经没了，因为它埋在土里了，已经不存在了。

生："埋葬"的意思是笑声已经荡然无存，是侵略者占领了我的故乡，让我失去了欢声笑语，是表达对侵略者的痛恨。

师：同学们抓住"埋葬"一词，看出同学们的目光特别敏锐，语言感悟力特强！作者的欢笑确实"死了"，它永远消失在故乡的田垄间。用"埋葬"这一词更多了一层沉重的感觉和悲愤的心绪。

从创作年代来看，《土地的誓言》与当代学生存在较大的时空距离，作品本身的意义、作者深沉的感情，学生未必能理解。这时候需要老师领着学生一起反复朗读、细细品味，从文字出发，去感知、感受、感动，这样的语文课才不至于上成说教的思想品德课，不至于"强制"学生去"理解"作品的主题。

回到前文一再提及的《阿长与〈山海经〉》，这篇文章深深震撼我的，除了那些反复被提及的语句之外，还有文章倒数第二段的这句话："我终于不知道她的姓名，她的经历；仅知道有一个过继的儿子，他大约是青年守寡的孤孀。"我反复品读这个句子，心一次次地被绞得生疼。课上，我带着学生品读"终于""仅"和"大约"。"终于"是终究、最终之意，阿长是我的保姆，是长妈妈，是给予了"我"全部母爱的人，她教"我"说"恭喜"，教"我"不该说"死"，教"我"远离不吉利的事情，在"我"对《山海经》念念不忘又求助无果的时候，是阿长给了我前所未有的惊喜，于是"我"可以原谅她睡觉的"大"姿势，可以原谅她的迷信、无知、愚昧，甚至还可以原谅她"谋害"了隐鼠的事实。事实上，鲁迅对阿长的感情，比自己的母亲还依恋。可就是这样一个让"我"几乎敬若神明的阿长，直到她死去，"我"竟然不知道她的姓名、她的经历，"仅"知道她是一个青年寡妇，有一个过继的儿子！这种感情是合乎常理的吗？是对等的吗？这让我想起了杨绛之于老王的"愧怍"——是那种后知后觉的自责和愧疚！于是再读"仁厚黑暗的地母呵，愿在你怀里永安她的魂灵"，你就能读出无神论者鲁迅先生把对阿长的深切思念寄予地母的全部深情。

二、个性化品读——感受文本语言之魅力

语文教学的根本内容是言语形式的教学，情感也好，思想也罢，必须通过言语教学加以落实。入选语文教材中的大多数文章，语言优美、精练，是对学生进行语言文字训练的有效材料。在阅读教学中，教师要善于引导学生发现言语形式，关注言语形式，深入言语形式，通过个性化的品读，触摸文本语言的本真。

以统编版八年级上册汪曾祺的《昆明的雨》为例。众人皆知，汪老散文的语言是"淡而有味"，对于学生而言，"淡"是真的，"有味"却未必体会得到，如果老师不教会学生赏析、品读，"淡而有味"就永远只能成为教参上冷冰冰的文字。看文本中这一个经典片段：

> 昆明菌子极多。雨季逛菜市场，随时可以看到各种菌子。最多，也最便宜的是牛肝菌。牛肝菌下来的时候，家家饭馆卖炒牛肝菌，连西南联大食堂的桌子上都可以有一碗。牛肝菌色如牛肝，滑，嫩，鲜，香，很好吃。炒牛肝菌须多放蒜，否则容易使人晕倒。青头菌比牛肝菌略贵。这种菌子炒熟了也还是浅绿色的，格调比牛肝菌高。菌中之王是鸡㙡，味道鲜浓，无可方比。鸡㙡是名贵的山珍，但并不真的贵得惊人。一盘红烧鸡㙡的价钱和一碗黄焖鸡不相上下，因为这东西在云南并不难得。有一个笑话：有人从昆明坐火车到呈贡，在车上看到地上有一棵鸡㙡，他跳下去把鸡㙡捡了，紧赶两步，还能爬上火车。这笑话用意在说明昆明到呈贡的火车之慢，但也说明鸡㙡随处可见。有一种菌子，中吃不中看，叫做干巴菌。乍一看那样子，真叫人怀疑：这种东西也能吃？！颜色深褐带绿，有点像一堆半干的牛粪或一个被踩破了的马蜂窝。里头还有许多草茎、松毛，乱七八糟！可是下点功夫，把草茎松毛择净，撕成蟹腿肉粗细的丝，和青辣椒同炒，入口便会使你张目结舌：这东西这么好吃？！还有一种菌子，中看不中吃，叫鸡油菌。都是一般大小，有一块银圆那样大的溜圆，颜色浅黄，恰似鸡油一样。这种菌子只能做菜时配色用，没甚味道。

这一段是教授《昆明的雨》时绕不开的，但经典在何处？

我听过很多老师的课，也看到过很多教案，他们都试图对这一段做出更有深度的解读，然而结果都只能停留在这样的结论："作者调动感官写各种菌子，从味觉、视觉写了牛肝菌的味道、青头菌的颜色；特别是干巴菌，从外形、烹饪方法到味道，再到食客的反应都写得惟妙惟肖，如在眼前，让人看到了一个热爱生活的作者。"但是如何"惟妙惟肖"，怎样"如在眼前"，却不能有更多的解析。

其实，我们仔细读一读这个段落，汪老果然是"如话家常"，而他不厌其烦地罗列各种菌子，更是"如数家珍"，不信且看："最多，也最便宜的是牛肝菌。""炒牛肝菌须多放蒜，否则容易使人晕倒。""青头菌比牛肝菌略贵。""这种菌子炒熟了也还是浅绿色的，格调比牛肝菌高。""鸡㙡是名贵的山珍，但并不真的贵得惊人。一盘红烧鸡㙡的价钱和一碗黄焖鸡不相上下。""最多""也最""须""否则""略""也还是""不相上下"，用词准确而又信手拈来，试问，若不是对这些菌子了如指掌，怎能如此行云流水？若不是深深热爱，又怎能如此念念不忘？

而下面的反转更能叫人忍俊不禁了："乍一看那样子，真叫人怀疑"，"入口便会使你张目结舌：这东西这么好吃?!"放在今天，就是学生们运用得炉火纯青又乐此不疲的"真香定律"（网络流行用语，意指前后语句不符，出现了完全相反或者差距非常大的结果）了。而"牛肝菌色如牛肝，滑，嫩，鲜，香，很好吃"这个句子，从来被我视为"金句"，若把逗号全部替换成顿号，那一字一顿、一顿一叹、一叹一回味的情调就消失殆尽了，这活脱脱就是一个 20 世纪 80 年代的"舌尖上的昆明"啊！

品读至此，一个对昆明深深眷念的、可爱而又幽默的"老吃货"形象可不就立在我们眼前？也只有细品、深品、反复品，那些独特的"情味儿"才能从平淡的文字背后被我们发掘出来、咀嚼出来。

由上，大到段落，小到标点，都有值得品读之处，值得深挖之处。师生共同品读，破解文字密码，便能领略汪曾祺语言的风格，触摸文本语言的本真，打开通往主题的大门，向"更深处漫溯"。

语文教材中的课文，语言总是丰富、精湛，引人入胜、耐人寻味。丰富、精湛、耐人寻味的语言怎样才能走进学生的心田？语文课堂因为有了个性化的品词赏句，文章才能真正被理解、感悟和鉴赏，课堂才不会显得浮华、浅薄。如果说朗读是从宏观上感知课文之美，那么品读就是在细微处见真知。只有在课堂中个性化品读，才能真正感受文本语言的独特魅力。

三、空白点品读——领会文本意蕴之丰富

留白是中国画的一种手法，在整幅画中留下空白给人以想象的余地，这种以无胜有的留白艺术，具有很高的审美价值。在语文教材中，有许多文本都存在着很大的张力空间，存在着很多的"空白点"。在教学中，教师抓住文本留白，能拓展丰富文本的内涵与意蕴，帮助学生更好地感悟文本，启发思维，演绎更多的课堂精彩。

比如统编版九年级下册《孔乙己》的课堂教学对话：

师："大约孔乙己的确死了"，文章到这句话戛然而止，此处留白给读者留下了很多思考的空间，同学们认为孔乙己死了吗？你们能否根据课文内容推测一下？

生：从前面孔乙己的遭遇可以想象他已经死了，他最后一次离开读者视线的状态是"坐着用这手慢慢走去了"，他没有劳动的能力。

生：孔乙己最后一次出现在咸亨酒店，那时的健康状况就已经很糟糕了，他"声音极低"，"他脸上黑而且瘦，已经不成样子"，给人一种日薄西山、气息奄奄的感觉，暗示孔乙己已经走到了他人生的尽头。

生：长期遭人讽刺耻笑，又被打折了腿，生计毫无着落的他再也没有在咸亨酒店这个各色人等的汇聚地出现，甚至没被提及过，那死亡是肯定的。

……

师：你们觉得以这样留白的方式结尾好不好？请说说你的理由。

生：以这样的方式结尾，可以让读者想象孔乙己悲剧性的命运，思索造成悲剧命运的根源，言虽尽而意无穷。

生：这样的结尾更能够揭示文章的主旨。一个曾经给人带来笑声的孔乙己到最后死活都得不到确认，足见这个社会的冷漠，是冷漠的社会造就了孔乙己的悲剧性格，也导致了孔乙己的悲剧命运！

孔乙己的命运如何？这样的结尾有什么好处？教师抓住文末最后一句"大约孔乙己的确已经死了"品读，思考，探讨，虽没有一致的意见，但是学生能够透过这句话体会文本含蓄的意蕴，思考造成孔乙己悲剧命运的社会根源。甚至教师可以利用这个空白点，拓展学生想象思维的空间，作为

学生小练笔的天地,提升学生的表达能力。

品读语句的留白,可以发掘文本潜藏的厚重底蕴,而一个看似普通的标点,往往也包含着或丰富或深刻的内涵。谭永祥在《修辞新格(增订本)》中把这种类似而又有别于"急收"的辞格,叫作"留白","留出艺术空白让听者、读者自己去填补"。① 文学作品里面,这样的标点留白形式也随处可见,教师应充分挖掘并加以品读。

比如对鲁迅先生《故乡》一文省略号的品读:

【少年闰土】

我们沙地上,下了雪,我扫出一块空地来,用短棒支起一个大竹匾,撒下秕谷,看鸟雀来吃时,我远远地将缚在棒上的绳子只一拉,那鸟雀就罩在竹匾下了。什么都有:稻鸡,角鸡,鹁鸪,蓝背……

月亮底下,你听,啦啦的响了,猹在咬瓜了。你便捏了胡叉,轻轻地走去……

这畜生很伶俐,倒向你奔来,反从胯下窜了。他的皮毛是油一般的滑……

我们沙地里,潮汛要来的时候,就有许多跳鱼儿只是跳,都有青蛙似的两个脚……

【中年闰土】

老爷!……

这是第五个孩子,没有见过世面,躲躲闪闪……

老太太。信是早收到了。我实在喜欢的不得了,知道老爷回来……

阿呀,老太太真是……这成什么规矩。那时是孩子,不懂事……

冬天没有什么东西了。这一点干青豆倒是自家晒在那里的,请老爷……

第六个孩子也会帮忙了,却总是吃不够……又不太平……什么地方都要钱,没有规定……收成又坏。种出东西来,挑去卖,总要捐几回钱,折了本;不去卖,又只能烂掉……

少年闰土把"我"当作朋友,和我交谈无拘无束,讲的是雪地捕鸟、月亮

----

① 谭永祥.修辞新格(增订本)[M].广州:暨南大学出版社,1996:10.

下刺猬、海边抓跳鱼儿……少年闰土说起话来滔滔不绝，有说不尽的童真、讲不完的童趣，说的每一句话都以省略号作为结尾，给人意犹未尽之感觉和无尽的想象空间，足见少年闰土和"我"的地位之平等，亦可见其聪明、机智，跳动着鲜活生动、无拘无束的生命。而中年闰土将"我"视为老爷，和"我"交谈欲言又止，或无话可以说起，或有话无从说起，或有话不敢说起。寥寥的言语中，说的是艰辛的生活、残酷的世道、尊卑的礼法，每一句话同样以省略号作为结尾，吞吞吐吐，断断续续，足见心中有着无尽的酸涩与愁苦，读者触摸到的是麻木迟钝、拘谨谦卑、木讷呆板的灵魂以及森严的尊卑观念。通过对文中省略号一品读，人物纵线一对比，人物形象即呼之欲出，揭示了深刻的社会主题。

再比如对法国批判现实主义作家莫泊桑《我的叔叔于勒》一文感叹号的品读：

①唉！如果于勒竟在这只船上，那会叫人多么惊喜呀！

②啊！啊！原来如此……如此……我早就看出来了！……谢谢您，船长。

③出大乱子了！

④已经够倒霉的了，要是被那个讨饭的认出来，这船上可就热闹了！咱们到那头去，别叫那人挨近我们！

⑤你简直疯了！拿十个铜子给这个人，给这个流氓！

结合具体的语言环境，各处的感叹号传达着不同的意蕴。第①句连用两个感叹号，有菲利普内心深深的苦恼、深深的叹息，还有菲利普一家对于勒的热切盼望；第②③句是菲利普得知于勒又老又穷而又近在咫尺怕被人发现的束手无策的沮丧、紧张、恐慌，甚至绝望的心理，加以省略号，更见其张皇狼狈，不知所措；第④⑤句感叹号包含了母亲发财梦破碎后对于勒的深切痛恨，读出了母亲对"我"送十个铜子给亲叔叔的举动的不解、惊讶之情，读出母亲如避瘟神躲之不及的冷酷和势利。在对上述五句感叹号的品读中，菲利普夫妇利欲熏心、冷酷无情、见利忘义、贪婪自私的丑恶嘴脸就跃然纸上。

在语文教学中，如果我们能对省略号、感叹号等特殊标点有敏锐的发现，重视并且巧妙地运用这些标点符号进行品读，以此为教学突破口，将会挖掘出更丰富的意蕴，引发学生更多的联想和想象，给语文阅读教学带来意外的惊喜。

在语文课堂里，师生共同品读就是一把走进文本核心的钥匙，是构建醇味课堂一个必不可少的环节。无论是关键处品读、个性化品读、留白处品读，或者还有其他的对比品读，只有通过师生的互动、教学课堂的对话，才能碰撞出火花，拥有出人意料的新发现。我们提倡师生共品，就是遵循"教学相长"的教学规律，在反复品读、共同品读中，品味作品中富于表现力的语言，以实现"欣赏文学作品，能有自己的情感体验，初步领悟作品的内涵，从中获得对自然、社会、人生的有益启示"。

第四节　主问题是途径

在语文教师对教材有了充分的解读之后，教学设计就成了决定语文课堂质量的一个关键性因素。要让语文课堂避免碎片化、表面化、形式化，主问题的设置是一条极其重要的途径。"主问题"的概念最早由特级教师余映潮老师提出，他说，"主问题"是阅读教学中立意高远的有质量的课堂教学问题，是深层次课堂活动的引爆点、牵引机和黏合剂，在教学中显现着"以一当十"的力量。何谓"主问题"？所谓"主问题"，是指对阅读教学过程能起主导作用，能从整体参与性上引发学生思考、讨论、理解、品析、创造的重要的问题。其目的是用少量具有牵引力的、立意高远的"主问题"代替数量众多的琐碎问题，避免肢解课文、零敲碎打，从而提高学生品读课文的质量，凝集学生的阅读注意力，加深学生思考的层次。我个人的长期教学实践证明，在主问题的牵引下，包括朗读、品读、对话等环节的进行总是显得特别自然而又环环相扣，设计好一个主问题，往往就能成就一堂好课。

一、主问题使教学重点更突出

设置起主导和支撑作用的主问题能有效地引领学生阅读文本，居高临下俯视文本，深入探究和解读文本的内涵，真正起到"一石激起千层浪"的作用。

以《孔乙己》为例，这是一篇太经典的课文了，以至于每次上这篇课文，我们总会不假思索地分析人物形象，分析自然和社会环境，探讨小说的主题。但如果按部就班，教学过程的整体感被破坏不说，学生的积极性也难以得到保证。那么，如何切入？我想课文最后一句可以给我们灵感："我到现在终于没有见——大约孔乙己的确死了。"那么，孔乙己究竟死了吗？如果死了，是怎么死的？谁杀死的孔乙己？或许我们应该到他经常去的咸亨酒店找找线索。

所以，请让我们将目光聚焦到描写孔乙己最详细的第 4 段（第一次出场）和第 11 段（最后一次出场）。

比读孔乙己两次出场的前后变化，我们会发现：

他的衣着变了：

孔乙己是站着喝酒而穿长衫的唯一的人。（第 4 段）

穿的虽然是长衫，可是又脏又破，似乎十多年没有补，也没有洗。（第 4 段）

穿一件破夹袄……（第 11 段）

他的容貌变了：

他身材很高大；清白脸色，皱纹间时常夹些伤痕；一部乱蓬蓬的花白的胡子。（第 4 段）

他脸上黑而且瘦，已经不成样子。（第 11 段）

满手是泥……（第 11 段）

他的言语变了：

他对人说话，总是满口之乎者也，教人半懂不懂的。（第 4 段）

他不回答，对柜里说："温两碗酒，要一碟茴香豆。"（第 4 段）

忽然间听得一个声音，"温一碗酒。"这声音虽然极低，却很耳熟。（第 11 段）

见了我，又说道，"温一碗酒。"（第 11 段）

孔乙己很颓唐的仰面答道，"这……下回还清罢。这一回是现钱，酒要好。"（第 11 段）

他回应别人嘲笑时的态度变了：

孔乙己睁大眼睛说，"你怎么这样凭空污人清白……"（第 4 段）

孔乙己便涨红了脸，额上的青筋条条绽出，争辩道，"窃书不能算偷……窃书！……读书人的事，能算偷么？"接着便是难懂的话……（第 4 段）

但他这回却不十分分辩,单说了一句"不要取笑!"(第 11 段)

孔乙己低声说道,"跌断,跌,跌……"他的眼色,很像恳求掌柜,不要再提。(第 11 段)

他拿钱的动作变了:

便排出九文大钱。(第 4 段)

他从破衣袋里摸出四文大钱,放在我手里。(第 11 段)

他"走"路的方式变了:

原来他便用这手走来的。不一会,他喝完酒,便又在旁人的说笑声中,坐着用这手慢慢走去了。(第 11 段)

事实的真相慢慢浮出水面,当我们同情于只能用手走路的孔乙己在"秋风是一天凉比一天"的环境中出场时,当我们同情于"破夹袄"终于替代"长衫"的无奈时,当我们同情于他只能用无力得不像话的"不要取笑"作无谓争辩时,当我们同情于他"摸"出四文大钱的凄惨时,我们也不该忘记这曾是一个有手有脚、"身材高大"、懂得"茴"字有四样写法的读书人。然而,他邋遢的形象正向世人诉说着他不务正业的怠惰,他"站着喝酒而穿长衫"的固执正在标示着他尴尬的身份,于是他不可避免地陷入"偷——被吊打——折腿——争辩"的恶性循环中。如果说"睁大眼睛"的抗议是为了维护残存的尊严,那么"恳求""不要再提"的"眼色"已经宣告了他自尊的全然崩塌!可怜之人必有可恨之处,正是清高、懒惰、迂腐,把可笑、可悲、可怜、可恨的孔乙己一步步推向死亡深渊。

于是我好像听到有人高呼:孔乙己自杀了!

但,果真如此吗？别忘了,咸亨酒店里经常出没的,可远远不止孔乙己一人。

所以我们有必要再重新捋一捋掌柜、看客们——包括"我"以及孔乙己的表现,把他们的语言按照顺序罗列下来,看看会有怎样的发现。

掌柜:

1."孔乙己长久没有来了,还欠十九个钱呢!"

2."孔乙己么？你还欠十九个钱呢!"

3."孔乙己还欠十九个钱呢!"

4."孔乙己还欠十九个钱呢!"

看客们，包括"我"：

1. 有的叫道："孔乙己，你脸上又添上新伤痕了！"

他们又故意的高声嚷道："你一定又偷了人家的东西了！"

2. 我想，"讨饭一样的人，也配考我么？"

又好笑，又不耐烦，懒懒的答他道，"谁要你教，不是草头底下一个来回的回字么？"

3. 掌柜也伸出头去，一面说："孔乙己，你还欠十九个钱呢！"

掌柜仍然同平常一样，笑着对他说："孔乙己，你又偷了东西了！"

孔乙己：

1. "你怎么这样凭空污人清白……"

"窃书不能算偷……窃书……读书人的事，能算偷么？"

2. "你读过书吗？"

"读过书，……我便考你一考。茴香豆的茴字怎么写的？"

"不能写吧？……我教给你，记着！这些字应该记着。将来做掌柜的时候，写账要用。"

3. "不多了，我已经不多了。"

"不多不多！多乎哉？不多也。"

4. "温一碗酒。"

"这……下回还清罢。这一回是现钱，酒要好。"

"不要取笑！"

"跌断，跌、跌……"

还欠十九个钱呢！欠十九个钱呢！十九个钱呢！钱呢！掌柜魔性凄厉的回声，让我们看清了一个商人无情的嘴脸：那个心心念念惦记着孔乙己的掌柜，不过是惦记着欠他的十九个钱。小伙计说他"大约""的确"已经死了的时候，也不过是因为一年没见孔乙己。"大约"也好，"的确"也罢，谁会在乎一个可有可无的人的生死，少了一个孔乙己，掌柜不过损失了十九个钱，孔乙己存在的价值，也无非是众人消遣的对象而已，毕竟"没有他，别人也便这么过"，哪怕他"是这样的使人快活"（第 9 段）。"读书人"曾是孔乙己最骄傲的资本，"长衫"是他身份的象征，他试图用窃书不算偷挽回自己的清白，更希望能通过"茴"字的四种写法来证明自己的学识，但当一切只能换来别人的嘲笑的时候，"之乎者也"没了，"君子固穷"也见鬼了，我们最后看到的只是一个底气渐失的孔乙己、一个毫无尊严的孔乙己。这样的孔乙己，如何能"活"在这世上？

掌柜催命式的讨债、众人无所顾忌的哄笑，声声如刀，刀刀不见血，却又刀刀致人命！

到此为止，真相也该大白于天下了——社会的凉薄、人心的冷漠、孔乙己的迂腐堕落，都是置孔乙己于死地的致命要素。

鲁迅先生自己也说，写《孔乙己》，"意在描写社会对苦人的凉薄"。的确如此，鲁迅先生以极俭省的笔墨和典型的生活细节，塑造了孔乙己这位被残酷地抛弃于社会底层，生活穷困潦倒，最终被吞没的"苦人"形象，孔乙己那可怜而可笑的个性特征及悲惨结局，揭示了封建社会的世态炎凉、人们冷漠麻木的精神状态以及社会对不幸者的冷酷。

小说主题便在"谁杀死了孔乙己"这一主问题的牵引下层层揭示，足以刻骨铭心。

二、主问题使教学流程更顺畅

多年之前，我曾在一次市里举行的教研活动中听到两节公开课，两位老师就同一篇课文——《云南的歌会》展开同课异构教学，应该说，两位老师的教学设计都很用心。一位老师从作家简介导入，以合作探究"歌会背后的原因"为主要问题，让学生欣赏视频、聆听范读、阅读文本、赏析语言，给学生提供了一场视听盛宴，得出"优美的自然环境、民风淳朴、人人真善美的社会与质朴、真挚、美妙感人的歌声是相辅相成的"之结论，进而拓展延伸，引导学生关注漳州民俗文化，在动情地"与大家共勉"中结束教学。另一位老师从关于文章的总体评价——"本文是一篇极富情趣的散文"引入，先在优美的音乐背景下带领学生直观感受云南的旖旎风光，交流云南"印象"，对比分析三种场合的不同"特色"，品读赏析"山路漫歌"，总结"描写的作用"，最后让学生回家"注意运用环境描写"，"用妙笔写一写我们美丽浓郁的民俗"。在对教学内容的取舍上，二位老师都做了个性化的选择，一位关注了单元目标，一位侧重于应试训练，学生在课堂上应是各有所获。

这里，我不想再探讨优美的音乐背景、生动的视频盛宴等一些艺术化的方式融入我们的语文课堂是否还有必要，是否能体现语文学科的特点。纵观两节课，总觉得课堂教学的条理性均不够流畅明晰，以至于听完课后，我总在不停地问自己：在这些碎片化的教学环节中，学生能理清"歌会背后的原因"吗？又或者，能从教师对文本的解读中体会到沈从文文章的"趣味性"吗？如果是我，我会作何处理？

当时，我就想到了余映潮老师提倡的"主问题设计"。余老师曾说，"主问题"最大的教改意义就是能用精、少、实、活的提问或问题将学生深深地引进课文，激发学生研讨的热情，从而有效地开展课堂活动。

我尝试把第一位老师的导入变成一个主问题：

> 沈从文是这样一位奇人，他的前40年是文学家，他的后40年是考古学家，我们今天就来鉴赏一下，《云南的歌会》哪里有"文学家"沈从文的影子？又是如何体现一位"考古学家"的情怀？

然后，教师引导开始阅读，开始讨论，开始赏析，开始交流。文章大段大段精彩的描写自然就在热烈的氛围中得以呈现，对"文学家"沈从文对云南歌会的热爱、赞美的理解和感悟便顺理成章、水到渠成；然后是三个场面描写背后的逻辑关系：有优美的自然环境，有独特的传承方式，才让"歌会"普遍存在、长盛不衰。于是，我们知道，沈从文作为一名"历史文物研究家"，比起常人来，更注重考察歌会形成的原因，才能更有意识地引导人们保护和传承民俗文化，那么，同学们知道漳州有哪些传统的民俗文化呢？你了解多少？该如何保护呢？如此一来，在一个大问题下组织教学、讨论，是不是更能"无缝衔接"，让教学环节更流畅一些？

而第二位老师的课，只要抓住"本文是一篇极富情趣的散文"，领着孩子们在三个场面中发现作者"富有情趣"的描写，就能收到奇效：

> 一个年轻妇女一连唱败了三个对手，逼得对方哑口无言，于是轻轻地打了个吆喝……从荆条丛中站起身子，理理发，拍拍绣花围裙上的灰土……
>
> ……去打秋千……蹬个十来下就可平梁，还悠游自在，若无其事。
>
> 忽然出现个花茸茸的戴胜鸟，矗起头顶花冠，瞪着个油亮亮的眼睛，好像对于唱歌也发生了兴趣……才扑着翅膀掠地飞去"的俏皮可爱。
>
> ……

如此体会第一句战胜对手的轻松愉悦，感受第二句姑娘的活泼率性，理解第三句从戴胜鸟的外貌、动作表现出的俏皮可爱……学生对"富有情趣"的理解是否更具有感性而深刻的认识？课文里这样的段落太多太多了,比喻、排比、拟人,外貌、动作、神态,可谓"凡所应有无所不有"。学生在反复朗读、品味、赏析之后,便会很自然地发现众多人物、动物、植物、景物,在作者的笔下情态毕现,妙趣横生,便会很自然地感受到作者字里行间所洋溢的喜爱和赞美。简单集中的教学重点是不是让课堂显得更行云流水?比之老师辛苦地提示:"此处景物描写有什么作用?""抓住富有表现力的动词进行赏析",是不是显得更灵活更人性化更有语文味?毕竟,对学生的应试训练有的是机会,大可不必急于一堂课,一篇文章,更何况是一篇"极富情趣"的文章。

可见,设计一个漂亮的主问题,可以帮助我们打通课堂教学的"任督二脉",可以将课堂教学"导"向有序,"导"向深入,让内容集中,让环节流畅。

那么,如何设计一个"主问题"呢?我认为文章的标题、关键词句、过渡语段都可以成为主问题设计的切入点,而设计的主问题最好能够激发学生的兴趣,引发讨论的热情。比如:

> 是谁再塑了"我"的生命?她是如何"再塑"了"我"的生命?(《再塑生命的人》)
>
> 全文提到最多的字是哪一个?作者为何而"乐"?(《醉翁亭记》)
>
> "我知道,作为一滴水,我终于以水的方式走过了丽江。"作者为何用"终于"一词?这滴水经历了什么?(《一滴水经过丽江》)
>
> "Ade,我的蟋蟀们!Ade,我的覆盆子们和木莲们!"是什么让鲁迅口不择言大声疾呼?(《从百草园到三味书屋》)
>
> 故乡之变,"变"在何处?(《故乡》)
>
> 明明是水煮的罗汉豆,让人打瞌睡的社戏,为何"我"却说"我实在再没有吃到那夜似的好豆","也不再看到那夜似的好戏了"?(《社戏》)
>
> ……

可以列举的例子太多了,只要我们对文本有深入的解读,总能找到一个切入点和突破口,引导学生走进文本,走向作品的情感和主题。

三、主问题使素养落实更有效

语文学科核心素养最重要的两方面,一是语言建构运用,二是思维发展与提升。思维能力是内在的表现，外在的是语言表达能力，在进行文本阅读教学时，应着重培养、发展学生这两方面的能力，为此，教师离不开用主问题引导学生探索、思考、体悟。

请看以下漳州三中分校赵陈丹老师关于统编版七年级上册《猫》的课堂教学实录片段：

> 师：老师有一个疑问，"我"家谁最爱猫？
>
> 生：三妹！
>
> 生：我！
>
> 生：我们全家都爱！
>
> 师：同学们很激动啊。"我"家谁最爱猫，这个问题口说无凭，请大家出示证据。
>
> 生：课文里说"三妹是最喜欢猫的，她常在课后回家时，逗着猫玩"，非常直白啊，三妹最爱猫。
>
> 生："三妹常常地，取了一条红带，或一根绳子，在它面前来回地拖摇着。""三妹想着种种方法逗它。""三妹特地买了一个很小很小的铜铃，用红绫带穿了，挂在它颈下。"课文里这些句子都表明，三妹非常爱猫，她喜欢猫，喜欢逗猫玩。
>
> 生：是啊，我也同意。第一只猫病死的时候，三妹很难过，从这里就可以看出三妹很爱猫。
>
> 生：第一只猫病死以后，三妹鼓动二妹又去要了一只猫回来，等猫要回来了，三妹"又被这只黄色小猫吸引去了"，看它的活泼样儿，"还常指它笑着骂道"，三妹是真的喜欢猫。
>
> 生：第二只猫不见了，三妹"慌忙地跑下楼来"，"慌忙"这个词就足以看出三妹有多爱猫，之所以爱猫，才会紧张，才会担心，才会着急。而当听说猫是被路人抱走以后，"三妹很不高兴的，咕噜"着埋怨路人和邻居。因爱生恨，就是如此。
>
> 生：可是我有疑问啊，对于第三只猫，课文里说"连三妹那样爱猫的，对于它，也不加注意"，既然三妹爱猫，为何对这第三只猫爱理不理？
>
> 生：因为第三只猫长得太丑啊！
>
> 生：所以怎么说三妹最爱猫呢？
>
> 师：这是一个多么有意义的发现啊！我们来看看三妹的爱猫，她

爱的是什么样的猫?

生:爱第一只猫第二只猫那样漂亮的、活泼的猫,最好还能捉老鼠的猫。

师:那么第三只猫呢?

生:来历不明,长相丑陋,又懒又不活泼,毛被烧脱了以后更丑,一点都不惹人喜爱。三妹就不大喜欢它。

生:所以说三妹不是真爱猫!她要是真爱猫,就不该以貌取"猫"!

师:说得真好。三妹的爱猫,是爱猫的可爱活泼,爱猫给人带来的"生命的新鲜与快乐",爱猫的"有趣",爱猫给予的"饭后的娱乐"。而"不好看""很瘦""肥胖""忧郁""不活泼"的猫,"三妹有时也逗着它玩,但没有对于前几只小猫那样感兴趣"。三妹真爱猫吗?三妹爱的是猫给她带来的愉悦罢了!

生:而且,当大家都怀疑是第三只猫咬死了芙蓉鸟的时候,三妹也帮忙找"真凶",好给它一个惩戒。

师:可见,三妹的爱猫,不是真爱,而是"偏爱"。

生:我早说不是三妹了,是"我",文章里的"我"!"我"最爱猫!

师:那你来说说你的发现?

生:课文里这样写——"我坐在藤椅上看着他们,可以微笑着消耗一两个小时的光阴"。这个"他们"是指妹妹们和猫,"微笑"表明"我"很享受这样的美好时光。这样的轻松和惬意是猫带来的。而当猫病死以后,"我心里也感着一缕的酸辛,可怜这两个月来相伴的小侣!"对猫的感情极深。发现第二只猫丢失时,"我心里还有一线希望,以为它偶然跑到远处去,也是会认得归途的"。这是一种自我安慰,正表明"我"内心的在乎和担忧,以至于当"我"得知猫丢失的真相后,"我也怅然地,愤恨地,在诅骂着那个不知名的夺去我们所爱的东西的人"。这些都还不算什么,最感人的是"我"在明白了冤枉了第三只猫时的忏悔:"我心里十分难过,真的,我的良心受伤了,我没有判断明白,便妄下断语,冤枉了一只不能说话辩诉的动物。想到它的无抵抗的逃避,益使我感到我的暴怒、我的虐待,都是针,刺我的良心的针!"多么感人肺腑,多么令人动容,不爱猫的人,怎么有如此深刻的反省?(学生热烈鼓掌)

生:我反对!

师:你为何反对?

生：第三只猫是怎么被冤枉的？看看课文里是怎么写的吧！课文22段写道："我很愤怒，叫道：'一定是猫，一定是猫！'""我"没有调查清楚，就一口咬定是猫。两个"一定"，态度何其肯定！

师：老师已经感受到你强烈的不平了。那么你知道第三只猫为什么会被冤枉吗？

生：就是因为它丑、懒，不讨人喜欢，每天直直地盯着芙蓉鸟。

师：是啊。"我"爱猫，其实也跟三妹一样。对于美丽活泼的猫，当然喜爱有加，对于丑得一无是处的猫，"我"可以看不顺眼，可以偏听偏信，可以妄下断语，可以肆意惩戒……最后的自责，也不过是自我的忏悔罢了。这样的"我"，是真正的爱猫者吗？

生：不是！也是偏爱！"我"偏爱猫！

课堂被"谁最爱猫"这一主问题激起千层浪，学生仁者见仁，智者见智，从"三妹非常爱猫"到"三妹不是真爱猫"，从"'我'最爱猫"到其实是"'我'偏爱猫"，学生既有鲜明的观点，又有明确的文本依据，讨论热烈而又精彩。在这个论辩的过程中，创设了语言实践的氛围，学生的言语能力得到最有效、最充分的调动和激发。

当学生找到的答案一个一个被其他的学生否定的时候，一个不起眼的人物马上要浮出水面了。《猫》是福建作家郑振铎先生的一篇作品，教学这篇课文，绝大多数会让学生"从来历、外形、性情和在家中的地位几个方面，说说第三只猫与前两只猫的区别"，然后问：为什么"我"对于第三只猫的死比前两只猫的亡失"更难过得多"？倘若《猫》是一篇叙事散文，那么这样的问法兴许无可厚非，但事实上，《猫》是郑振铎先生创作的一篇带有隐喻色彩的小说。如何才能带领学生揭开这层面纱？这个"谁最爱猫"的主问题就是一个绝佳之问。

生：老师，我发现了一个人——张妈！

师：你来说说看。

生：张妈是"我"家的下人，第三只猫就是她捡回来养的。大家看第15段，"张妈把它拾了进来，每天给它饭吃"，要不是张妈，这只猫早就饿死冻死了，而且，张妈还把它养成了一只肥猫，可见张妈对它的照顾。

生：我觉得第9段这句话很有深意，"连向来不大喜爱它的张妈也说"，这里为什么要特别强调张妈"不大喜欢它"呢？

生:我觉得,第二只猫受到全家人的喜欢,张妈却不为所动,可见张妈跟家里其他人不一样,她不以貌取人。而这样写,正为下文写她收养了第三只猫做铺垫。张妈就是纯粹地同情第三只猫,无论它是不是长得好看,是不是性格活泼。

师:说得太好了! 张妈跟家里人不一样的地方,还在于她对于猫是不是咬死了芙蓉鸟这件事的态度。

生:对! 芙蓉鸟死了,是张妈最先发现的。"一天,我下楼时,听见张妈在叫道:'鸟死了一只,一条腿被咬了去,笼板上都是血。是什么东西把它咬死的?'"张妈小心谨慎的发问就和"我"与妻子的一口断定形成了鲜明的对比。张妈是善良的。

当学生发现了"张妈"这个不起眼的小说人物,主题的揭示就近在咫尺了。张妈是"我"家的一个佣人,在文中似乎是一个可有可无的人物,大家围着可爱活泼的猫转的时候,张婶并不出场。是啊,关爱它们的人已经够多了,张婶只需做好自己分内之事就好了。第二只猫丢了的时候,张妈以"向来不大喜欢它"的身份出场,叹息猫丢失得可惜。直到第三只猫的出现。这是一只"大家都不大喜欢"的猫,"它不活泼,也不像别的小猫之喜欢顽游,好像是具着天生的忧郁性似的",幸而"张妈把它拾了进来,每天给它饭吃",终于把它养得"渐渐地肥胖了"。相对于只爱"颜值高"、能给自己带来"娱乐"体验的猫的"三妹"们,张妈对第三只猫的眷顾,是一种自发的无私,是一种来自骨子里的同情和怜悯,是对生命的一种怜惜之爱,是一种不忍心,这种爱没有附加条件,是张妈的同情心与善良的全部体现。

的确,张妈与猫,在某种程度上有着共同之处:出身卑贱(张妈是下人,第三只猫来历不明),地位低下,以至于在冤案发生之时,二者所受的委屈也惊人的一致:

我很愤怒,叫道:"一定是猫,一定是猫!"于是立刻便去找它。
妻听见了,也匆匆地跑下来,看了死鸟,很难过,便道:"不是这猫咬死的还有谁? 它常常对鸟笼望着,我早就叫张妈要小心了。张妈! 你为什么不小心?"

"我"对猫的怀疑乃至定罪,全是因为它的丑、它的懒、它的胖、它的忧郁、它的不受人喜欢;妻对张妈的责怪,也仅是因为她是个下人,是这个家里唯一关爱这只猫的人，是不愿意怀疑猫咬死了鸟而谨慎发问"是什么东西把它咬死"的人。而对于这一切，猫是不会开口的动物，张妈也只能"默默无言，不能有什么话来辩护"。他们同受冤苦，一样有口难辩，只能默默承受着这一份冤屈，直至"真凶"突然出现，直至猫惨死在邻家的屋脊。

然而，令我们遗憾的是，包括"我"在内的家人，对三只猫的态度各不相同，他们之爱猫，完全是从个人利益出发。"我"更是凭感情用事，终于造成了极严重的后果。而张妈，在这个家中，与猫一样，同处于低贱地位，同属于"弱者"群体，同样得不到公正对待。所以，只有张妈，只有与丑猫"同病相怜"的张妈，在这个家中更怀同理之心，更具悲悯情怀。显然，设计张妈这样的小人物，作者是大有深意的。

正如"我"在文末的忏悔和自责："我没有判断明白，便妄下断语，冤苦了一只不能说话辩诉的动物。"其实，"我"冤苦的又岂止"一只不能说话辩诉的动物"？"我"冤苦的还有一个只能"默默无言，不能有什么话来辩护"的张妈！是的，强者（人）可以高高在上地给予，弱者（猫、张妈）却得不到平等之上的对待；人可以随自己的好恶而分分钟对别的生命生杀予夺，却从未给予生命真正的"尊重"。这便是"我"的自省，更是作者的自省——作者在追求"科学、民主、博爱"，要求自由平等、个性解放的时代背景下，关于"关爱弱小""尊重生命""自由平等"的自省！

通过主问题引导，层层剖析，找到了文章真正爱猫的人，揭示文章的主旨，培养了学生良好的思维习惯，我想，这样的主问题设置，学生想必对这篇课文的主题拥有更深刻的理解吧！余映潮教授说："以'主问题'来带动整篇课文阅读教学的方式……让学生在课堂上活跃起来，让他们充分体会到语文学习中的求索感、创造感、成功感，语文与人的教育、语文与人的气质培养于是有了一片美丽的良田沃土。"[1]

相对于碎问、假问、满堂问，主问题具有优化整合、提纲挈领、突出重点、训练思维、培养能力的鲜明特点。好的教学设计往往能提高教学效率。在语文阅读教学课堂中，如果能从课文整体的角度或学生的整体参与性上，设计一个能够引发思考、讨论、理解、品味、探究、创编、欣赏的重要提问或问题，那将有利于学生整体把握课文，避免肢解课文；有利于培养学生深入思考探究的能力和习惯，改进学习方式；有利于凸显教学重点，戒除蜻蜓点水；有利于处理好教师主导和学生主体的关系，消除满堂灌、满堂问、满

---

① 余映潮.论初中语文教学提问设计的创新[J].语文教学通讯：初中（b），2003：4-7.

堂练——简而言之,就是能够激发学生的学习兴趣,避免高耗低效甚至无效。

醇味语文课堂的构建,需要教师通过文本解读、教学设计,最后通过一个主问题呈现于课堂实施。它还要求语文教师用富有感染力的课堂教学语言,激发学生的学习兴趣和热情,引导学生走进课文,去读、去品,使之在激荡的情感中受到感染、熏陶和激励,让他们在高昂的情绪中产生想象和顿悟,在思维和情感的强烈震撼中领悟人物独特的个性和美好的情操,最终贴近作者,与作品所表现的深邃思想产生共鸣。

第五节　真实情境须渗透

语文学习是为了更好地生活,在生活中引导学生学语文是语文教学的使命。语文课标中提及"生活"一词多达三十二处,足见语文学习与生活的关联之紧密。在教学中,教师应设计真实情境,立足日常生活,回归醇朴之境。生活是学生学习语文的源泉,又是课堂教学生活化的延伸。美国教育家华特指出:"语文学习的外延与生活的外延相等。"以作文为例,当下学生作文普遍存在的描写不具体、说理缺条理、立意肤浅、思想苍白的问题,归根结底都是不会思维的问题。如果教师在写作教学中创设真实情境,将语文学习与生活相联系,学生必然有话可说,有情可抒,有利于培养学生写作思维,因为学生是生活的亲历者。那么,如何设置真实情境?

一、创设拟真情境,培养形象思维

荣维东认为,当今学生作文存在三大问题:一是"不愿写",二是"没的写",三是"不会写"。而这些问题是由学生"现有的写作经验"与"这次写作任务所需经验"之间的矛盾造成的。[①] 在统编教材对作文教学做了系统布局的条件下,"不愿写"和"没的写"的现状得到一定程度的缓解,相较之下,

---

① 荣维东.我国写作教学的主要问题及其解决路径[J].课程·教材·教法,2012,32(11):62-67.

"不会写"的问题日益突出。

　　描写，是中学写作教学重要目标之一，描写欠缺、不够细腻，是当下学生写作过程中常见的问题之一。如何解决"记叙平淡、详略不当、缺少描写、语言乏味"等"不会写"的问题？教师应当在写作教学中正视并解决学生存在的矛盾和问题，创设写作的具体情境，帮助学生填补缺失的生活经验，激发写作动机，培养学生的形象思维，从而训练学生的语言表达技能。

　　以统编教材语文八年级下册第六单元"学写故事"为例：

　　　　在你的身边或社会上，每天都在发生着各种各样有趣的或有意义的事。以某一件事为素材，展开合理的想象，自拟题目，写一篇故事。

　　一学生根据写作提示，以三次流泪为叙事线索，讲述了主人公（其实是作者本人）的学习"奋斗史"。故事讲得很详尽，主题鲜明，立意深刻，整篇文章充满了正能量。但细细读来，却感觉稍显平淡，没有故事该有的悬念和波澜，少了生动的效果：

　　　　小奋在小学里是一个只爱玩耍不爱学习的男孩子，每次回到家，他的第一个举动是拿手机玩，从六点到八点，从八点半到十点半，然后睡觉。生活赛似活神仙！但这一切的转折在六年级下学期。他去考了每一所初中，都失败了！都没被录取！那个晚上，父母拿着手机，焦急在客厅踱步，"怎么还不来啊！"最后，伴随一声叹息和 12 点的钟声，客厅的灯灭了。但他没睡着，他在被褥里哭了，悄无声息地哭了一晚上，最后在泪水中入睡！他感到耻辱，他使父母失望，使父母丢脸，别人都上一流初中，而他只能上片区（学校），最令他无法接受的是父母那失望透顶的眼神。

　　显然，这位学生叙写的场景是自己亲身经历过的具体生活，我们常说的"写真事、抒真情"，为何到学生笔下却变得生硬、苍白了？在写作教学中，教师对学生写作技巧的指导也从未缺席过，为何在检验写作成果的时候总是感觉收效甚微？这是因为，学生经历过的事情，常常沉睡于他们的记忆库中，有待教师的激发和唤醒。其次，教师教给的写作策略、写作技法，常常因为脱离了具体的写作情境，而失去了其应有的效力，学生反而很容易陷入僵化的模式套路之中，从而导致写起文章仍然心有余而力不足，最终呈现出来的仍是空泛干瘪的内容。简而言之，学生所欠缺的，是对其接触或者熟悉的表象进行高度的分析、综合、抽象、概括，形成典型性形象加工的思维，即形象思维。形象思维，是文学艺术创作过程中主要的思维方式，借助于形象反映生活，运用典型化和联想想象的方法，塑造艺术形象，表达作者的思想感情。

上述学生习作"奋斗史"片段暴露出来的问题，正是众多学生普遍存在的共性问题，写他们熟悉的事件或者场景，往往急于表现自己经历的一切，误以为事无巨细、和盘托出就能展示故事的完整性，却忽略了充分的描写才是文章生动的关键。那么，该如何唤醒学生讲故事的意识，培养学生的形象思维，让学生在写作时有意识地增加场面描写，让故事更具画面感？我们不妨尝试创设以下拟真情境：

假设你是一名导演，打算给本故事拍摄一部电影，你将呈现给观众的是哪个镜头？你想重点拍出哪个细节？请用文字描述你要展示的故事，与大家交流讨论。

这个拟真情境包含了以下信息：

①写作的身份：导演；
②写作的任务：通过电影镜头讲故事；
③写作的对象：观众（同学）。

学生虽然没有当过"导演"的真实经历，却都有过当"观众"的切身体验，他们从"观众"这一身份反推，知道什么样的镜头才能打动观众，给观众留下深刻印象。于是学生在此情境的推动下，模拟"导演"用镜头讲故事的经验，讨论出如下结论：

①应有特写（重点呈现）的镜头；
②可以添加内心独白；
③可用其他人物衬托主要人物的形象；
④适当的环境展示有助于氛围的营造；
⑤设计动作、语言可以提高观赏性；
……

在讨论过程中,包括心理、语言、动作、神态、环境在内的描写方法以及对比、衬托等写作手法在内的写作策略和技法被"唤醒",艺术创作中常用的形象思维被激发,学生在原有片段的基础上很快完成如下升格:

> 那一个夜晚,有着暴风雨来临前的宁静,但一切都没有发生……
>
> 爸爸倚着椅背,手放在扶手上,眼睛直盯着紧握在手里的手机。随着时间的流逝,爸爸的眉头锁得越来越紧。这注定是一个让人煎熬的夜晚,小奋蜷缩在一旁久久不动,仿佛怕自己会把电话铃声从空气中挤走似的。但12点的钟声已过,偌大的客厅里留下的只有一声叹息。小奋回到房间,躺在床上,眼泪忍不住沾湿了整个枕头。耳边是隔壁房间父母的低声谈论,心里是无尽的懊悔:倘若之前不要那么沉迷手机和游戏,今夜该是怎样的另外一番景象?!

从学生升格之后的片段来看,故事中的人物比之原文,血肉更加丰富,形象更加丰满,情节也更加曲折,更富有波澜。通过拟真情境的设置,学生适当地发挥联想和想象的能力,尽力还原现场,营造故事的画面感,使其更生动、更耐读。

"任何一个学生已有的生活经验、情感经历、心理活动、学习活动,都是极其丰富并足够学生写作文时运用的。学生之所以没东西写,不是因为大脑中没有信息,而是因为这些信息没有在写作活动中被及时有效地唤起",①作为语文教师,我们可以运用情境活动、回忆、联想、叙说、交流等手段帮助学生激活关于写作话题的生活储备,创生写作内容;又通过巧妙的活动设计、暗示、渲染,通过聚焦、放大、回忆、情境体验,把这些记忆具象化、细节化、条理化、情绪化,从而进入一种"准写作者"的亢奋状态,挖掘自己的生活经验,培养学生写作思维,并将其转化成丰富动人的故事、细节和情感,写成精彩的篇章。

二、调用生活情境,培养逻辑思维

学科素养反映核心价值,是以情境为载体对必备知识和关键能力的综

---

① 荣维东.我国写作教学的主要问题及其解决路径[J].课程·教材·教法,2012,32(11):62-67.

合运用。写作情境与学生实际生活需要相吻合是提高学生写作学习兴趣的关键。指向交际功能的写作教学中,教师需要提供能触动学生心灵的材料,创设真实、开放、综合的任务情境。"只有在真实情境中进行的学习才能真正使学生理解和掌握知识并应用知识去解决复杂的实际问题。"①教师应从教学需要出发,有意识创设一个具体的场合、景象或境地,让学生置身其中,观察、思考、想象,引起学生的情感体验,由此及彼,进行写作训练,将写作变成与己、与真实生活、与表达真实的心灵世界有关的事情,凸显语文的应用性功能。

以统编版九年级上学期写作重点"议论文写作"为例。为了将课内所学的写作知识运用到实际生活中,教师应当以敏锐的目光挖掘日常生活现象,引导学生对这一现象发表自己的看法,锻炼学生"说"的能力,培养学生的逻辑。为了更清楚地说明这个问题,下面具体展示本次作文训练运用情境创设写议论文的步骤与方法。

首先,提供材料,用看得见、摸得着、闻得到的身边事物创设生活情境,引导学生关注生活,激发学生作文兴趣:

> 记者发现,快开学了,杭州大批钟点工被家长叫去学校,给孩子教室搞卫生。因为新学期的班级打扫和布置开始了,老师征集家长志愿者,可家长们大多也要上班,只好约了钟点工,团购价 3 小时 175元。擦地板、擦桌子、整理桌椅之外,擦玻璃需要另外加钱,一般 256元起步。钟点工阿姨到学校一看,发现隔壁打扫教室的也是自己的同行,然后大家呼朋唤友地干起活来了。(《都市快报》2019-02-20,有删改)

其次,提炼观点。根据本学期第一次议论文的写作要求——观点要明确(统编版 p.38),教师根据此情境提出具体的写作任务:"多角度思考,从这则消息中可以提炼出什么观点?"教师预设以下观点:

> ①家长要从小培养孩子的自理自立能力;
> ②学校、家庭、社会需形成合力,重视孩子的劳动教育;

---

① 赵蒙成.情境学习理论视野中的考试:原理与策略[J].教育科学研究,2011(07):49-54.

③家长的包办溺爱不是真爱，而是伤害；

④孩子只有养成自立习惯，才能成才。

再次，明确提出观点的写作思路。教师在学生提出观点的基础上，进一步提出具体要求：

> 你要如何提出这个观点？请写 150 字左右的片段作文。

如果说上一个环节仅需要口头表达的话，那么本环节就需要深入思考，训练学生的逻辑思维能力。

第四，师生交流、评议课堂习作。鼓励学生创新表达，师生共同讨论，最后形成怎样提出观点的小秘钥，比如下面一学生采用"概述事件内容—分析评价事件—精确提炼观点"的常见的步骤方法：

> 开学初，杭州大批钟点工被家长叫去学校，帮孩子到教室搞卫生。消息曝光之后很多人吐槽这事，家长竟然请钟点工替孩子打扫卫生，学习再好有什么用？都没有生活自理能力了，这样培养出来的学生长大后能自立吗？太让人担忧了。其实，家长要从小培养孩子的自理自立能力，孩子才能茁壮成长。

学生在片段训练中掌握了从材料概述到观点提炼的写作要领，为下一步观点的论证选择论据做好必要的准备。

最后，利用完整一课时写一篇作文。议论文写作对九年级学生来说是初步的尝试，是初中写作教学的难点。前面四个步骤的写作教学都是为了更好地完成本节课的写作任务而必需的铺垫，第二节课的重点是教师给出具体的写作任务：

> 阅读了这则消息，你有什么看法？请给文中的家长（或老师、班级学生）写一封信。
>
> 要求：①书信体格式；②字数 600 字以上；③不得出现真实姓名，若出现写信对象，以"家长：刘女士；老师：陈老师；学生：二年级（1）班"替代。

因此学生必须完成以下任务:

①提炼观点;

②选择说理的方式;

③围绕观点选择合适的论据;

④理清说理的思路,从而让读者信服。

学生完成以上任务,实际上就完成了一次逻辑思维的训练。这样的写作就建立在真实、开放情境的基础上,经历了由句到段再到篇章的一次由易而难的议论文写作过程,突出了学生在写作中的主体地位。将写作置于生活情境之中,写作变成了一件有用的事情,学生的写作热情被激发起来。写作任务的设置,为学生提供了逻辑思维的前提,使学生的习作从观点的提炼到阐释到举证,实现议论文"有理有据,使人信服"的写作目标。

三、借助社会情境,培养发散思维

缺乏素材,是学生在写作过程中面临的另一个主要问题。从 20 世纪起,诸如"雨中送伞""半夜就医"等俗套至极的作文素材屡见不鲜,一边是语文教师批判连连,一边是学生执迷不改,问其原因,答曰:没的写。"没的写",即没有写作素材。荣维东博士对"缺乏素材"的托辞不以为然,他认为:在写作过程中,学生面临的主要困难不是缺乏素材,而是不会思维,以及缺少激活并整理信息的策略。[1] 学生缺乏写作素材的原因有很多,其中最重要的一个原因,是无法调动记忆中储存的生活记忆,并将之转化为符合写作需要的主题。简单说来,就是思维视野狭窄,思维单一,不会运用发散思维从众多生活经验中选材和立意。因此,在特定情境之下,唤醒学生生活记忆,教会学生细化素材,启发学生立意筛选,可以有效解决写作素材缺乏这一问题。

以 2020 年初全球爆发新冠肺炎疫情为背景,设置作文情境如下:

这个春节,一场疫情打乱了许多人的许多假期计划。我们被迫宅在

---

[1] 荣维东.解决学生写作素材缺乏的路径[J].中学语文教学,2017(07):32-38.

家里,因不断增加的确诊人数感到恐惧,为在一线抗争的医护人员牵肠挂肚,为饱受病毒侵扰的武汉人民忧心不已。但在关注疫情的同时,人们也在试着苦中作乐。许多网友用幽默诙谐的方式调侃自己宅在家中的无聊生活。被迫变"宅"之后,你和家人发生了哪些有趣的事情? 你们的相处有了怎样的变化? 你有哪些打发时间的秘诀? 请自拟题目写一篇文章,为几个月不见的老师或同学描述你的"宅家"生活。

在这样的情境之下,学生的写作目的更加清晰:

①写作视角:自身;

②写作对象:老师、同学;

③写作任务:讲述"宅家"生活。

真实的情境、亲切的话题,成为学生打开记忆的触点;明确的任务、特定的对象,让学生的"描述"有的放矢。这就避免了学生从报纸、电视、网络等媒体报道中借鉴(实为抄袭)抗疫人士的感人事迹、评价言论,而陷入千篇一律、言而无物的"假大空"的作文套路里。学生的发散思维得到激发,生活记忆得到触发和激活,很容易就能在自己的数月居家生活中,搜索出经历的生活片段:

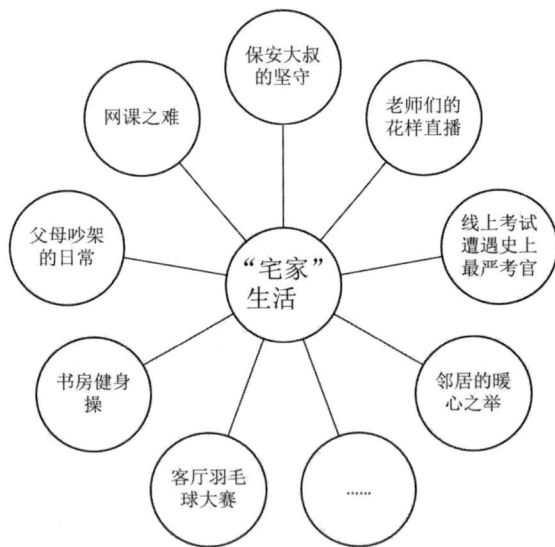

"宅家"生活片段

如此,解决了素材从"无"到"有"的问题,接下来要解决的是"选"的问题。素材的选择应符合文章中心、立意的需要。立意,是文章的灵魂,而素材则是构成文章的骨肉,二者是灵魂与骨肉的关系,相互依存,密不可分。因此,在现有材料的基础上,启发引导学生实现中心的确立,并依据文章立意对素材进行筛选、加工、处理同样重要。

再以上述材料中的"客厅羽毛球大赛"为例,我们可以继续追问:

> ①参加比赛的对象是谁?
> ②他们在比赛中有什么有趣的表现?
> ③这种比赛与正常的比赛相比,有何特殊性?
> ④在疫情之下,这样的生活给你带来了什么?
> ⑤它给你带来了怎样的思考?

上述追问,实际上是在启发学生,从简单的"描述"故事,到"主题"的确立,只要善于思考,就能让原本平平无奇的材料具有深刻的意义,完成主题的升华:

> 我想,多年以后,我一定会记得疫情带来的这样一个特殊的春节,记得这样一场让人无奈而又欢乐的客厅羽毛球赛,一边对被禁足的生活心怀不甘,一边又揪心地关心着有关武汉的一切,而每个人,都成了参与战斗的勇士。
> 望着窗外的阳光,我知道雾会散开,黎明会来,我只需宅在家里,静待春暖花开。

写作即思维,只要思维打开了,写作素材就会源源不断地创生出来。学生的记忆一旦被触发,在发散思维的作用下,经过盘活和转化,都能成为与众不同的写作素材。此时,如果教师能及时引导学生归纳整理,让学生用表格记录下来(表 4-1),就能帮助其积累写作素材,以备往后写作时调用。

表 4-1 "宅家"生活

话题	事件	详写场面	主题
"宅家"生活	客厅羽毛球大赛	"比赛"选手比赛场面	疫情之下人人都是战士，乐观面对，战胜疫情
	保安大叔的坚守	进入小区前的仔细"盘查"	小人物的大担当
	老师们的花样直播	某老师直播"事故现场"	亲见老师的不易，敬业的老师让人感动
	线上考试遭遇史上最严考官	父母监考时的表现	关于"自律"的思考
	邻居的暖心之举	垃圾"不翼而飞"	真情无处不在
	书房健身操	爸爸的减肥之路	大人也在意我的评价，大人也有大人的小骄傲
	父母吵架的日常	一个馒头引发的"战争"	藏在细处的父母之爱

　　"真实、富有意义的语文实践活动情境是学生语文学科核心素养形成、发展和表现的载体。"①创设真实情境，能够激发学生的写作思维，解决现实问题，唤醒写作动机，促进学生在真实的语言运用情境中培育自己的言语经验和言语品质，提升核心素养。当然，如何丰富创设情境的方式，培养学生解决复杂问题和高阶写作思维的能力，还有待于进一步探讨。

---

　　①　中华人民共和国教育部.普通高中语文课程标准（2017 年版）[S].北京：人民教育出版社，2018：48.

第五章

思考:教学课例反思与评价

回望教学生涯经历过的教学比武、公开课、研讨课、示范课,"深受好评"的有之,"颇为自得"的有之,"悔之晚矣"的有之,"无心之过"的亦有之。但无论哪一种课例,都是我在实现自我成长路上不可磨灭的独特印记。如今,我将它们整理出来,以供自己思效、思得、思失、思改。更重要的是,我希望能与广大一线语文教师一起探讨构建醇味语文课堂的方法和策略,一起为实现"课前精心解读、课堂书声琅琅、品读人人参与、主问题大家探讨"的美好构想而孜孜追求,为让学生在醇味语文中感受语文之美,在醇味语文中提升语文素养而不懈努力。

第一节　教学实录及点评

土地的誓言
端木蕻良

一、借助歌词,提问导入

(课前播放《松花江上》,PPT 呈现歌词)

师:"哪年,哪月,才能够回到我那可爱的故乡？哪年,哪月,才能够收回那无尽的宝藏？……什么时候,才能欢聚一堂?!"歌词的最后,你读出了什么？

生:读出了老百姓流离失所,渴望回乡。

生：读出了内心的凄凉。

生：读出了反抗的情绪。

生：读出了人民要求收复失地的强烈愿望。

师：有道理！词作者在结尾处连用三个问句，蕴含着要求起来反抗斗争的力量，表达人民渴望收复失地的强烈愿望。《土地的誓言》是"九一八"事变十周年之际写的散文，面对故土，作者发出了怎样的誓言？表达出作者怎样的情感？请同学们借助文后的阅读提示和旁批，认真阅读课文，做好批注。（10分钟）

二、分层解读，体会情感

（一）体会誓言的不屈、信念的坚定

生：你必须被解放！你必须站立！在课文倒数第九行。

师：直接用第二人称，似乎在面对面交流，请再读一遍。

生：你必须被解放！你必须站立！（加强了"必须"一词的语气）

师：很有感觉，语气很强烈！不容置疑，还有吗？文中有没有更为直接的句子？

生："我要回到她的身边，我答应过我一定会回去"，这是作者的誓言，我体会到了作者对收复土地的信心。

生："为了它，我愿意付出一切，甚至是生命"，这也是作者的誓言，我体会到了作者内心的坚定信念，不收复土地誓不罢休！

师：是的，为了土地，作者一定要战斗到底；为了土地，作者愿意付出一切，以至于以生命为代价。作者向土地发出铿锵有力的誓言，这誓言掷地有声，这誓言显示作者无谓的精神。请同学们一起把省略号后的句子有感情地读出来。

生：（学生激情澎湃朗读）没有人能够忘记她……洗去她一切的污秽和耻辱。

师：好，同学们很投入！在文章的结尾中，我们体会了作者对收复失地的强烈愿望和坚定信念。（板书：收复失地的强烈愿望和坚定信念）那么，从课文中还读出了作者什么情感？

（二）感悟倾诉的热切、抒情的直接

生："我心里怀着炽痛的热爱。我无时无刻不听见她呼唤我的名字，无时无刻不听见她召唤我回去。"直接抒发了对辽阔的关东原野的热爱之情。

生：作者连用两个"无时无刻"，强调每时每刻都这样，这是深挚的爱和强烈的思念。

生：作者用表示人物的"她"，而不是东西的"它"，这是作者把土地当作女性的形象来写，我也读出了作者对土地的热爱之情。

师：文字的背后是情感的密码，短短的一句话，同学们就读出了作者丰富的感情。这里是直接倾诉对土地的热爱与怀想，对土地深切的眷念之情。（板书：对土地的深切眷念和热爱——直抒胸臆）同学们还可以从哪些地方读出这样的情感？（学生思考）

生："我的心还在喷涌着血液吧，因为我常常感到它在泛滥着一种热情"，这句也可以读出内心很激动。

师：想起土地，作者内心抑制不住地激动。怎么理解"喷涌""泛滥"这两个词？

生：（思考）"喷涌"指血液沸腾；"泛滥"指血液四处流淌。

生："泛滥"原来的意思是水流出来，淹没了土地。这里是指作者的感情肆意地流淌，没办法止住。

师：两位同学理解都很到位，作者感觉到自己的血液像水一样迅速地往外冒，思想的情感在肆无忌惮地流露，这是一种对关东原野不可遏制的强烈的思念之情。

生：第二段也有一句"土地是我的母亲"，作者把土地比作自己的母亲，也可以看出对土地的热爱之情。

师：不错，直接用比喻的修辞。土地是母亲，谁不爱自己的母亲呢？请几位同学将开头四句话有感情地读一遍。

生：（声情并茂朗读）对于广大的关东原野……因为我常常感到它在泛滥着一种热情。

师：第一位同学语速处理得恰到好处，第二位同学重音、强弱把握得准确，两位同学从心灵深处读出了对土地的思念、热爱。全班齐读一遍。（出示PPT）

> 对于广大的关东原野，我心里怀着炽痛的热爱。我无时无刻不听见她呼唤我的名字，我无时无刻不听见她召唤我回去。我有时把手放在我的胸膛上，我知道我的心还是跳动的，我的心还在喷涌着热血，因为我常常感到它在泛滥着一种热情。

生：（学生激情澎湃朗读）

（三）品读景物的铺陈、抒情的含蓄

师：抒情的方式有直接的，也有间接的。你还可以从哪些句子读出作者对土地的眷念和热爱？

生：文章还通过描写东北特有的物产，侧面表达对土地的热爱。

师：这位同学说出了侧面来表达，非常好，侧面表达也叫作间接抒情！开头是直接抒情，描写东北的物产是间接抒情。能不能具体说说怎么表达这种挚爱的感情？

生：文章连用了一组排比句"当我……当我……当我……"（生读），情感很急促，表现我时时刻刻眷念着关东的原野。

生：还有这组也是排比句，（生读）"我想起……我看见……我想起……我想起……"，借用排比句式描写东北丰富的物产以及特有的景色，写东北的富饶美丽，从而表现挚爱之情。

生：我感觉作者给我们呈现了一幅幅画，就好像电影镜头一样在我们面前闪现。

生：对东北物产及特有景色的描写给人留下了深刻的印象，这里有碧绿的白桦林、奔流的马群、深夜嗥鸣的蒙古狗，还有高粱、豆粒、山雕、鹿群，很有东北地域的特色，我感受到作者是把整个东北装在脑子里。

生：作者用了很多的修饰语，参天碧绿的白桦林、标直漂亮的白桦树、奔流似的马群，奔驰的鹿群、带着松香气味的煤块、红布似的高粱、金黄的豆粒、黑色的土地、红玉的脸庞、黑玉的眼睛、斑斓的山雕，作者用上的这些修饰语都带有鲜明的情感色彩。

师：同学们都很有语言的感觉。整齐的句式、各式的修辞、丰富的修饰语、铺陈的手法给读者带来了强烈的视觉冲击力，这些富有特征、有意味的景物组成一个又一个画面，像电影镜头一样闪现，展现东北大地的丰饶美丽，写这些景物的目的是什么？

生：融情于景（还有部分声音：借景抒情）。

师：是的。融情于景，属于间接抒情的方式，在景物描写中抒发作者对这片土地的热爱之情。（板书：融情于景）那么，如果要朗读，语音、语速、语调怎么处理？

生：语速由慢带快，前面三个"当我"慢一点，后面描写东北特有的景物可以快一些。

师：你的依据是什么？

生:前面慢一点是悠悠遐想,后面快速是因为作者的情感是急切的,他急于告诉读者家乡的美丽富饶,要有些许的自豪表现出来。(学生读)

生:我觉得除了读出自豪之情,还应当有沉痛之感。

师:说说理由。

生:虽然作者通过很多修饰语让人感受到东北的美好,但是我还看到了听到了"深夜嗥鸣的蒙古狗""狐仙姑深夜的谰语""原野上怪诞的狂风",这些都能使人想到我这片富饶的土地正在饱受日军的摧残。让人不由自主感到凄凉、沉痛。(沉静一会儿,响起掌声)

师:所以,同学们在音色的处理方面,声音不能太亮,音量适当控制一些。听老师读这个部分。(老师示范朗读,先缓后急,特别是连续几个名词性的短语速度要快,最后再放慢语速收尾)(学生鼓掌)请同学们齐声朗读。

生:(老师出示PPT,进入角色齐读)

> (舒缓的)当我躺在土地上的时候,当我仰望天上的星星,手里握着一把泥土的时候,或者当我回想起儿时的往事的时候,我想起那参天碧绿的白桦林,标直漂亮的白桦树在原野上呻吟;我看见奔流似的马群,深夜嗥鸣的蒙古狗,我听见皮鞭滚落在山涧里的脆响;(慢慢加速,越来越急促)我想起红布似的高粱,金黄的豆粒,黑色的土地,红玉的脸庞,黑玉的眼睛,斑斓的山雕,奔驰的鹿群,带着松香气味的煤块,带着赤色的足金;(渐缓)我想起幽远的车铃,晴天里马儿戴着串铃在溜直的大道上跑着,狐仙姑深夜的谰语,原野上怪诞的狂风……

师:作者所眷恋的关东原野,当时却已被日本侵略者强占十年之久,是作者时时刻刻想回去的美好家园。作者这时听到了"故乡在召唤""在召唤着""低低地呼唤"的声音,这声音犹如一曲深情呼唤的旋律,时时在耳边响起。同学们,老师突然也想起了几句熟悉的歌词:

天边飘过故乡的云,它不停地向我召唤。

当身边的微风轻轻吹起,有个声音在对我呼唤:

归来吧！归来哟！浪迹天涯的游子。

归来吧！归来哟！别再四处漂泊。

踏着沉重的脚步,归乡路是那么的漫长。

当身边的微风轻轻吹起,吹来故乡泥土的芬芳。

（教者不由地轻轻哼着旋律,学生和着旋律沉浸其中,旋即掌声）旋律中有天边飘过的故乡的云,有轻轻的微风,有故乡泥土的芬芳,又渴望回归故土的心。而在《土地的誓言》中,这种情感表现得更为浓烈。文中作者是否感受到故乡泥土的芬芳?

生:"在春天,东风吹起的时候,土壤的香气便在田野里飘扬",这是故乡春天的美好气息。

生:故乡的春天像一幅水彩画,"河流浅浅地流过,柳条像一阵烟雨似的窜出来,空气里都有一种欢喜的声音。原野到处有一种鸣叫,天空清亮透明,劳动的声音从这头响到那头"。

师:画面很清新,让我们想起了贺知章的诗歌。

生:碧玉妆成一树高,万条垂下绿丝绦。不知细叶谁裁出,二月春风似剪刀。

生:秋天,故乡是一派丰收的景象。"银线似的蛛丝在牛角上挂着,粮车拉粮回来,麻雀吃厌了,这里那里到处飞。稻禾的香气是强烈的,碾着新谷的场院辘辘地响着。"

师:是的,故乡是美丽的、丰饶的,作者再通过描绘故乡春天、秋天独具特色的景物,除了表现对故乡的热爱和赞美,还有什么用意?

生:对侵略者的痛恨!

生:把故乡写得越美丽丰饶,就越能表现对侵略者的无比痛恨!

师:好的,请同学们把这两幅画面齐读一遍,女生读春天部分,男生读秋天部分,进一步体会作者的情感。

生:（分角色朗读）

师:刚才同学们说描写的部分可以读出作者对故乡的热爱和赞美以及对侵略者的无比痛恨。（板书:对侵略者的痛恨）你还从哪些句子可以感受到作者对敌人的恨?

生:在那田垄里埋葬过我的欢笑,在那稻棵上我捉过蚱蜢,在那沉重的镐头上留着我的手印。

师:这句话不是写我童年在故乡无忧无虑的快乐生活吗?

生:这里用了"埋葬",这个词让我感受到快乐已经没了。

生:"埋葬"的意思是笑声已经荡然无存,是侵略者占领了我的故乡,让我失去了欢声笑语,是表达对侵略者的痛恨。

师:同学们抓住"埋葬"一词,看出同学们的目光特别敏锐,语言感悟力特强!作者的欢笑确实"死了",它永远消失在故乡的田垄间。用"埋葬"这一词更多了一层沉重的感觉和悲愤的心绪。

师:所以,在这篇文章里包含了作者丰富的感情,有——

生:对侵略者的痛恨,对土地的挚爱和眷念,对收复失地的坚定信念!

师:作者在文章中既直接抒发对土地的热爱和眷念,又通过描写特有的景物含蓄地表达对故乡的热爱和眷念。那么文章一、二段在描写景物方面有什么异同点?

(四)比较不同的情境,感受一样的情怀

生:两段描写景物都调动了视觉、嗅觉、听觉等各种感官来描写,白桦树的呻吟、皮鞭滚落山涧的脆响、原野里的鸣叫声、场院传出辘辘的响声都给我留下深刻的印象。

生:同样的,黑土地上有很多独有的气息,带着松香味的煤块、充满香气的土壤及稻禾,这是从嗅觉方面描写。

生:两段景物描写都运用了各种修辞手法,有排比,句式很整齐,读起来朗朗上口,也使用了比喻和拟人,这种形象化的描写让我们如临其境,如见其物,如闻其声。

师:刚才我们的同学探讨了两段景物描写的相同点,尤其可取的一点是,第一位同学不仅能说出相同点,而且还举例说明,第二位同学进行补充,第三位同学在指出修辞的同时,还指出了这些修辞的效果。所以平时同学们在写作中要学会从不同的角度、采用不同的修辞来描写景物,融情于景,作文就有感人的力量。那么,两段景物描写有什么不同点?

生:第一段描写景物的面很广,选取了偏重于东北特色的景物描写,比如高粱、鹿群、煤块、白桦林等,有农作物,有动物,有矿产……第二段描写的景物侧重于我个人的体验,都带有我的痕迹,我的脚印、我的欢笑、我的手印,还有我生活过的故乡的土壤和场院。

师:(赞许的目光)没错!第一段侧重写整个大东北平原,大气,有气魄;第二段写我生活过的故乡,亲切,有烟火气息。

生:如果说第一段描写景物就像油画一样,那么第二段就像山水画。

师:为什么?你能解释一下吗?

生：第一段的景物描写是浓墨重彩：碧绿的白桦林、红布似的高粱、金黄的豆粒、黑色的土地、红玉的脸庞、赤色的足金等都涂抹上了浓重的色彩，品色繁多；第二段没有绚烂的色彩，但是它清秀明快、清新淡雅。（学生鼓掌）

三、再读誓言，加深体验

师：这位同学具有画家的潜质啊！确实像这位同学说的，作家端木蕻良在东北沦丧十周年之际，用饱含深情的笔墨，为读者描画了两幅风格迥异的故乡风物图。一字一句皆为意，一笔一画总关情。王国维说："有我之境，以我观物，故物皆著我之色彩。"作者融情于景，表达对故土深深的眷念和挚爱。但是，今天这片神奇、美丽、富饶的土地正在日寇的铁蹄之下，被肆意践踏，饱受蹂躏，激起作家内心无比的悲愤和痛恨，于是面对着土地母亲发出了铮铮誓言。请同学们一起再把作者的誓言响亮地齐读一遍，进一步领会作者，也是所有热切爱恋着这片土地的所有中国人的心声——

> （感情激越）没有人能够忘记她。我必定为她而战斗到底。土地，原野，我的家乡，你必须被解放！你必须站立！（语速渐缓）夜夜我听见马蹄奔驰的声音，草原的儿子在黎明的天边呼唤。这时我起来，找寻天空中北方的大熊，在它金色的光芒之下，是我的家乡。我向那边注视着，注视着，直到天边破晓。（渐渐加强语气、语速）我永不能忘记，因为我答应过她，我要回到她的身边，我答应过我一定会回去。为了她，我愿付出一切。我必须看见一个更美丽的故乡出现在我的面前——或者我的坟前，而我将用我的泪水，洗去她一切的污秽和耻辱。

生：没有人能够忘记她……洗去她一切的污秽和耻辱。

四、布置作业，巩固练习

师：布置今天的作业：（1）阅读诗歌《我爱这土地》（艾青），进一步领会作家对土地母亲的深情；（2）仿写：当我……的时候，当我……的时候，当我……的时候，我想起了……我看见……我听到……（字数：150左右），借鉴文中铺陈的手法。

师:下课。同学们再见!

生:老师再见!

板书设计:

土地的誓言

端木蕻良

对收复失地的强烈愿望和坚定信念　　抒情的方式

对土地的深切眷念和热爱　　　　　　直抒胸臆

对侵略者的痛恨　　　　　　　　　　融情于景

刘菊春点评(正高级教师,福建省首届初中语文名师工作室领衔人)

统编版七年级下册第二单元学习的目标是:"把握课文的抒情方式,体会作品的情境,感受作者的情怀,还要学习做批注。"陈老师的这堂课,用自己的努力回答了怎样将这些目标落在实处。具体而言:

1.眼中有人

《土地的誓言》是篇自读课文,陈老师先安排约 10 分钟让学生自读、批注,为后续的教学奠定了良好的基础——这种安排看起来很不起眼,可好多教师是绝对舍不得花这个时间的,相形之下,陈老师是"心中有人"的。交流环节,学生的参与至少 20 人次,师生互动、生生互动,贯穿始终。

2.课堂有声

《土地的誓言》抒情性强,适合朗读。课堂安排了 4 次朗读,不是简单下任务,而是指导跟进。第 1 段写景部分的文字"如果要朗读,语音、语速、语调怎么处理?"处理好诵读,意味着准确把握文字的情感。出声读,应当是课堂不可或缺的,尤其是这一篇。学生也贡献了很好的建议,如"虽然作者通过很多修饰语让人感受东北的美好,但是我还看到了听到了'深夜嗥鸣的蒙古狗''狐仙姑深夜的谰语''原野上怪诞的狂风',这些都能使人想到我这片富饶的土地正在饱受日军的摧残。让人不由自主感到凄凉、沉痛"。同伴的掌声说明了朗读处理交流的有效。

3.推进有序

"面对故土,作者发出了怎样的誓言? 表达了作者怎样的情感?""从课文中还读出了作者什么情感?""你还可以从哪些句子读出作者对土地的眷念和热爱?"三问,将"把握课文的抒情方式,体会作品的情境,感受作者的情怀"的目标轻巧地、有序地落实了。当然，这个过程，陈老师注重咬文嚼字，如咀嚼"喷涌""泛滥""埋葬"等词语，如品味结尾部分"我必定为她而战斗到底……洗去她一切的污秽与耻辱"。

总之，陈老师致力于打造"醇味"的课文课堂，有情味又不失训练。

细察，"读懂作者情感"似乎是陈老师的首要任务。"懂得怎么读"是不是更应"用力处"？

这样设计问题串：面对怎样的"土地"？发出什么"誓言"？为何发出这样的誓言？表达什么情感？会不会更指向"言""意"兼得的目标？也能消除"比较不同的情境"环节的突兀感？围绕标题展开思考，是阅读的重要方法，这种方法的运用，需要反复练习，前可承第一单元《闻一多先生的说和做》（抓住"说""做"二字研读），后可启诸多课文的学习。其次，对"直接抒情"与"间接抒情"的判断及赏析，如果让学生"自主"完成，是不是更能检测本单元《黄河颂》《老山界》关于"抒情方式"这一知识的学习效果？"把握课文的抒情方式，体会作品的情境，感受作者的情怀，还要学习做批注"的单元学习目标，学生会不会因此更易操作？

（2020.3.28）

【附】刘菊春老师教学建议：

1. 怎样的"土地"？

(1)她景美物丰，气息神秘。

(2)这土地上的人的生活，美丽，丰饶。

2. 发出什么誓言？

我必须回去，为她而战……

3. 为何发出这样的誓言？

她美，物美人美生活美。

她是我的"母亲"，她召唤我。

我热爱她，眷恋她，要保卫她。

痛恨敌人的入侵。

4. 表达什么情感？

通过以上三步，顺理成章。

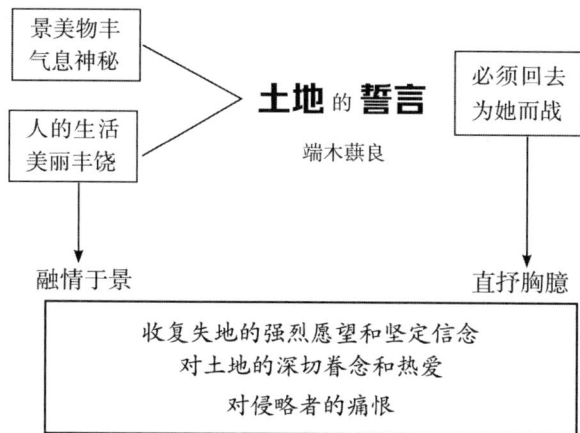

土地 的 **誓言**

端木蕻良

景美物丰
气息神秘

人的生活
美丽丰饶

融情于景

必须回去
为她而战

直抒胸臆

收复失地的强烈愿望和坚定信念
对土地的深切眷念和热爱
对侵略者的痛恨

观 沧 海
——立足意象，给古诗阅读一把钥匙

一、京剧导入，感受英雄气概

师：上课前，请大家先欣赏一段歌曲。

（播放《说唱脸谱》片段）

蓝脸的窦尔敦/盗御马/红脸的关公/战长沙
黄脸的典韦/白脸的曹操/黑脸的张飞/叫喳喳

师：这段歌词怎么形容的曹操？

生：（齐）白脸的曹操。

师：嗯，白脸。这是京剧舞台上的脸谱。脸谱是指中国戏曲——尤其是京剧演员面部化妆的一种特殊谱式图案。因为这些图案均有特定的规格，所以被称为脸谱。白色脸谱表现奸诈多疑，含贬义，代表凶诈。

生：世人认为曹操是奸诈的。

师：实际上真的是如此吗？

生：（崇拜的语气）不是！历史上的曹操可是一个叱咤风云的政治家、军事家、文学家！

师：这位同学知识面很广哦！的确如此，曹操能够"叱咤风云"，他的威力极大，大家一起来看：

> 曹操，东汉末年的政治家、军事家、文学家、书法家。三国中曹魏政权的主要缔造者，先为东汉大将军、丞相，后为魏王。一生以汉朝丞相的名义征讨四方，为统一中原做出重大贡献。

师：用曹操自己的话讲：设使国家无有孤，不知当几人称王，几人称帝！也就是说，如果没有曹操，这片热土将会陷入——

生：动乱之中。

师：咱接着往下看：

（出示PPT）

> 在中国的影视剧中，曹操多以"奸雄"的形象出现，但在历史上其实他是一个颇有作为的英雄。

师：人不可貌相。据说曹操个子不高，人也长得丑陋。一次匈奴使者来见他，他怕自己的模样不能威慑敌国，就特意选了一个仪表堂堂的部下装扮成自己，自己扮作侍卫模样，在一旁提刀站立。等那位使者离开，曹操派人去刺探使者的印象。使者说：魏王仪表不凡，的确很威风，可是他身旁那个捉刀人，才是真正的英雄哪！你发现曹操这个人怎样？

生：有英雄气概。

生：有气势。

师：是，我说他——天生霸气难以掩饰！曹操的诗歌跟他的人一样，有一种独特的气势。请看他的诗歌《观沧海》。

（出示PPT）

> 汉献帝建安十二年（207）曹操亲率大军北上，追歼袁绍残部，五月誓师北伐，七月出卢龙寨，临碣石山。他跃马扬鞭，登上当年秦皇、汉武也曾登过的碣石，又当秋风萧瑟之际，心潮像沧海一样难以平静，触景生情写下这首壮丽的诗篇。

二、捕捉意象，领会虚实手法

师：现在请大家自由朗读诗歌。

师：谁来说说自己的感受？

生:应该读得高昂。

生:语速应该缓慢。

生:"秋风萧瑟"这句要读得苍凉一些。

师:有道理吗?(学生点头)

师:是的,朗读要根据诗歌的内容有所变换,或缓慢而庄严,或苍劲有力度,或苍凉而雄浑。(教师示范朗读)

(学生经久不息的掌声)

师:同学们再来试试。

(学生标注拼音,轻声自读。后齐声朗读)

师:读得不错,把精气神都读出来啦。接下来,咱借助课下注释,来了解这首诗到底写了什么。

(生自读,借助注释,疏通诗意,在不明确处做记号,后交流)

生:"歌以咏志"的"咏"是什么意思?

师:咏,吟咏。用一首诗来吟咏自己的志向。

生:"秋风萧瑟"中的"萧瑟"。

生:秋风的声音。

生:"萧瑟"是拟声词,秋风声,秋风吹过树林的声音。

师:是的,这里作拟声词用,风吹树叶的声音。有些地方作形容词用,解释为"凄凉、冷清"。还有疑问吗? 好! 咱一起来梳理一下:这首诗歌围绕哪个词展开?

生:海,诗歌写大海的特征。

师:有不同意见吗?

生:我认为是"观",诗歌并不是写海的特征,而是写看到的沧海的景象,是围绕"观"展开的。

师:这位同学驳得有理有据。确实,诗歌由"观"字展开,写登山所见。诗人见到了哪些景物? 分别有什么特征? 大家找一找,我请一位同学上来写到黑板上。

(同学们七嘴八舌地说,教师指点学生板书)

水——澹澹　　山岛——竦峙

树木——丛生　　百草——丰茂

秋风——萧瑟　　洪波——涌起

日月——运行　　星汉——灿烂

师：好！请看黑板。按照黑板上的板书，哪位同学把诗人见到的景物串起来？

生：曹操登上碣石山，看到了澹澹的海水、耸峙的山岛、丛生的树木、丰茂的百草、萧瑟的秋风、涌起的洪波以及日月星辰。

生：（迟疑）不对。大海吞吐日月银河，这只是曹操自己认为的，不是他看到的。

生：我也认为不对，大海吞吐日月银河是曹操自己想象。曹操想象日月的运行、灿烂的银河都是出自沧海。

师：对，这是曹操的想象。诗人已经看到了水波浩瀚，看到辽阔无际的海面，看到巍然挺立的山岛，看到深林密草，看到萧瑟秋风卷起的洪波，看到惊涛拍岸。为什么还要想象？

生：更能表现大海的辽阔。

生：伟大。

生：还有吞吐日月星辰的气概。

师：是的，诗人张开想象的翅膀——运行不息的太阳月亮，星光灿烂的银河，竟都包蕴在这沧海之中！这是"虚景"。而前几句描写的是他真实看到的景物，叫"实景"。实写的画面已经能够表现大海的广阔与壮美，但是曹操觉得气势还是不够，他必须用想象来弥补。我们再来齐读一遍，尽量读出诗歌所要表现的气势。（学生齐读）

三、描绘意象，感受豪迈风格

师：有一句广告词说：心有多大，舞台就有多大！那么我们也可以这么说：思想有多远，海就有多远！心胸有多广，海就有多广阔！这样吧，我们也来想象曹操的这片大海，用自己的话将曹操站在碣石山上所看到的景象描述出来。

（生思考后交流）

生：曹操登上碣石山，看到水波荡漾，山岛耸立在海面上，树木高耸，花草也长满整个山岛，清风拂过海面，带起了巨大的波浪，这大海如此广阔，似乎可以吞吐日月，吞吐整个宇宙。

师：这位同学基本能再现诗歌中描绘的景象。同学们有什么要补充的？

生：我觉得他的描述不够准确。他说"秋风拂过海面，带起波浪"，"拂"和"带"没有气势。

师：确实！"拂"通常是和微风联系在一起的。再请个同学用更有气势的语言来再现这幅画卷。

生:曹操凯旋,踌躇满志,登上碣石山,看到水波荡漾,山岛高高在上,树木、百草茂盛生长,秋风猛烈地吹过,巨大的波浪涌起。他心想,大海大到吞吐日月星辰哪! 他也觉得很荣幸,能用自己的语言形容这片大海。

师:这位同学把诗歌的后两句也加入了,这是诗歌的附文,这句话其他章也有,和文章内容不一定有直接关系。但是这篇附文却和内容浑然一体,这是很难得的。和第一位复述的同学比较,这位同学的语言有没有更有力度?

生:有,比方说"秋风猛烈地……""山岛高高在上"。

师:嗯,这是升级版。还有哪位同学来试试?

生:曹操登上碣石山,举目远眺——烟波浩渺,碧海青天。那一座座山岛傲然挺立在海上。山岛上的树木高耸入云,野草肆意生长。秋风卷起惊涛骇浪,锐不可当、势如破竹。海浪拍击着礁石,那巨大的声响似千军万马如雷贯耳。日月的交替似乎是从沧海升起,又从沧海落下。看,璀璨的银河,好像也是从沧海渐渐出现,渐渐清晰,成为浩瀚无边的长河。(学生鼓掌)

师:同学们的掌声就是对这位同学最大的肯定! 好在哪儿?

生:我感受到了这首诗歌锐不可当的气势,而且想象非常丰富!

师:你记得她用了哪些词吗?

生:惊涛骇浪、裹挟风雷、势如破竹……

生:千军万马、锐不可当、如雷贯耳……

师:还有烟波浩渺、碧海青天等等。她尽其所能,描绘大海惊人的气势。我们再读读这首诗。看看是诗歌写得好呢,还是同学们描绘得好。来,挺胸收腹气沉丹田,起——

(全班齐声朗读)

四、借助意象,体会慷慨诗情

师:比起诗歌本身,咱们的描述还是稍逊一筹。海,还是那片海,观海的人难以计数,但是曹操只有一个。他的诗歌雄浑壮阔,只有心胸宽阔的人才能写出这样的气魄来。大家可见过海?

生:见过,碧蓝,一望无际。

师:你当时可有什么想法?

生:我想,如果人的心胸有这么宽广就好了。

师:嗯,老师祝福你成为一个心胸宽广的人。还有谁见过海,在大海面前涌起如曹操一般吞吐日月的雄心?

（生摇头）

师：我也见过海，不止一次。我每一次都深深地为它的博大壮阔而震撼，每一次我都真切地感受到自身的渺小。常人看到这种猛然间风起潮涌的奇观心生畏惧，这是正常的。但是，你们看诗人可有一点儿退缩和恐惧？

生：没有。

师：为什么？

生：曹操是有雄心壮志的！

生：曹操的心胸是宽阔的，他的精神是进取的、豪迈的、乐观的。这恰恰符合大海的性格。

师：符合大海的性格——大海也是壮阔的啊！可是有没有大到吞吐宇宙呢？是谁赋予它这样壮阔的气魄？

生：曹操。

师：他是个无所畏惧的人，积极的，进取的。他登上碣石山，胸中涌动的是怎样的情怀？

生：激动的心情。他想一统中原。

师：他胸怀天下。乱世英雄曹孟德，统率百万大军，南征北战，心中怀的是誓夺天下的雄心与壮志。在这里，沧海就是曹操，曹操就是沧海。大海广阔的格局和恢宏的气象，这与诗人曹操的开阔胸怀和豪迈胆魄，完全契合。大海吞吐宇宙，而曹操则——

生：誓取天下！

（板书）

> 沧海＝曹操
>
> 广阔恢宏　开朗豪迈

师：这不仅仅是大海的赞歌，更是英雄的交响曲！我找到一段话，也许可以作为《观沧海》的最佳注脚。出自《三国演义》中"煮酒论英雄"一节：

（出示 PPT）

> 夫英雄者，胸怀大志，腹有良谋，有包藏宇宙之机，吞吐天地之志者也。——《三国演义》

五、对比意象，提升思维能力

师：本课的四首诗歌，都是借景抒情的名作，各有各的风格。曹操作为大政治家大军事家,把这首诗写得慷慨激昂、大气磅礴。请同学们一起朗读这四首诗,思考诗中出现了哪些客观景物,这些景物有什么特点,作者借助这些景物表达怎样的性格、气质、志趣、情感或思想。

（生朗读《次北固山下》《钱塘湖春行》《天净沙·秋思》）

师:请同学们一起揣摩下面的诗句,把你们感受到的不同,尝试着用自己的语言表达出来。（出示PPT）

> 第一组对比:
> ①日月之行,若出其中;星汉灿烂,若出其里。
> ②海日生残夜,江春入旧年。

（生自读,思考）

师:这两句诗都选择了同样的景物——

生:日。海上红日。

师:有什么不同?

生:《观沧海》这句写"日"表现的是海的广袤无垠,而《次北固山下》用"海日生残夜"来说新事物必将代替旧事物,希望总是在前方。

生:第一句借大海吞吐日月的景象,表达诗人的雄心壮志。

师:第一句写大海吞吐日月,表现大海广袤无垠,借此表达诗人内心的雄心壮志。

生:第②句的意思是夜晚还没有过去,可是太阳已经升起来了;旧的一年还没有过去,可是春天已经来临了。给人感觉充满了希望。

师:这位同学有对内容的理解,又有情感的体验,非常准确! 喷薄的红日,早来的春天的气息,带着乐观的豁达的情怀。第一句好在大气魄,第二句妙在好心态、有哲理。

（出示PPT）

> 第二组对比:
> ①水何澹澹,山岛竦峙。树木丛生,百草丰茂。秋风萧瑟,洪波涌起。
> ②几处早莺争暖树,谁家新燕啄春泥。乱花渐欲迷人眼,浅草才能没马蹄。

师:这两句诗写景有什么不同?

生：一句写的是秋天，另一句是春天。

生：第一句表现大海的磅礴气势，第二句表现春天的勃勃生机。

师：我们先一起看第二位诗人选择的景物。

生：早莺、暖树、新燕、春泥、乱花、浅草。

师：你看，诗人的笔下是争暖树的早莺，是垒巢的可爱的小燕子，是美丽的春花，是娇嫩的浅草……这是一幅生机勃勃的画面。还有什么不同？

生：《观沧海》给人感觉非常的雄伟。

师：雄伟——海面，山岛，丛生的树木，丰茂的草，这些景物还能不能用其他的词来形容？

生：庞大，壮阔，磅礴。

师：还可以说粗犷。还有什么不同？

生：《观沧海》给人感觉是激昂的，《钱塘湖春行》中的景物则给人优雅、悠闲、很舒服的感觉。

生：同样都写到了"草"，第一句的草是茂盛的，长得不拘；第二句是娇嫩的，透露春天的气息。

师：很好，这位同学关注了"草"这个特定的景物。第①则所选之景粗犷、大气，所展现的画面广阔壮美。第②则所选之景小巧、娇嫩，所展现的画面是柔和清新雅致的，春意盎然，轻松愉悦。

（出示PPT）

> 第三组对比：
> ①秋风萧瑟，洪波涌起。
> ②枯藤老树昏鸦，小桥流水人家，古道西风瘦马。

生：这组都写到秋风。

生：第①句写萧瑟的秋风，表现豪迈、宏大的气势；第②句写苍凉的古道西风，展示凄凉的景象，表达思念家乡的情感。

师：凄凉？还有哪些景物可以看出来？

生：枯藤、老树、昏鸦、瘦马。

师：给你什么感觉？哪位同学补充一下？

生：孤苦的，寂寞的。

师：沧桑的，萧条的，悲凉的……表达的是一种断肠的情绪啊！

生：断肠人在天涯。

师：一句雄心激昂,踌躇满志;另一句乡思断肠,流露浪迹天涯的流离凄苦。每一首诗都是有个性的,我们可以触摸诗人所刻画的景物,从中感受诗人的个性、情感、思想、抱负、气质,或者体会诗作的风格。我也希望通过今天这堂课,大家对曹操这位诗人以及他雄浑的诗歌有初步的了解。让我们用一首诗来收束,大家齐声朗读:

(出示 PPT)

> 放眼观风波浩荡,心胸怀日月运行,
> 乱世英雄曹孟德,东临碣石有遗篇。

师：作业——背诵《观沧海》,自学《龟虽寿》。下课。

执教感言:

《观沧海》是统编版初中语文七年级上册第一单元《古代诗歌四首》中的第一首诗,也是初中阶段古诗词教学的第一首诗。袁行霈的《中国文学史》中认为,曹操的《观沧海》是中国诗歌史上第一首完整的山水诗,在此之前,没有谁能把诗写得这样气势宏大。将最早的、最大气的写景诗作为初中阶段古诗词教学的开篇之选,具有特殊的意义。

古诗词表情达意的方式有其独特性——以言造象,立象尽意,即用语言塑造意象,再借助意象传达诗情。这首诗也不例外,句句写景,句句抒情。"一切景语皆情语",乱世英雄曹孟德把自己远眺大海时涌上心头的豪情壮志寄寓在景物描写之中,情景交融,堪称中国山水诗的典范佳作。

如何才能不违背古诗词阅读教学的一般规律,不落入"背历史、讲知识"的窠臼之中,展现"醇味"语文的课堂魅力？我反复斟酌,最终确定这样的教学目标:让学生在反复诵读、细吟慢品中,习得理解诗歌意象和感悟意境的基本方法,从而体会作者所要抒发的情感。因此,我设计了几个环节:

1. 知人论世,感受英雄气概

从"白脸的曹操"导入,区分舞台上的曹操和历史上的曹操,第一符合学情,第二也正视听,第三力求解说通俗易懂、饶有趣味。可是对曹操这一人物的介绍,到哪一个"度"才能不把语文课上成历史课？考虑再三,决定只保留两个方面:一有过人的作为,二有独特的气势。这二点与本诗息息相关,既可让学生初步感知曹操的英雄气概,又能让他们设身处地想象诗人登临碣石山的磊落情怀和万丈豪情。特别是后面赏析环节,引用《三国演义》中"煮酒论英雄"一节中的资料加以强化。至此，沧海和诗人，景物的特点和人的性格，达到高度的统一，让学生获得了美的体验。

2. 捕捉意象，揣摩慷慨诗情

叶圣陶先生说："读诗不仅要睁开眼睛看文字，更要在想象中睁开眼睛看由文字触发而构成的画面。"本诗文字凝练，意象密集，意境开阔。沧海的浩瀚，山岛的巍峨，草木的苍翠，还有秋风的强劲、波涛的磅礴——这幅画卷富有动感、生机勃勃，蕴蓄着力量。诗人甚至不满足于眼前所见的实景，转而运用丰富的想象力继续描绘大海那包纳宇宙的景象，将大海塑造成一个吞吐日月、含孕群星的艺术形象。在教学中，只有通过朗读体味、点拨揣摩，引导学生捕捉这些意象，感受这些景物的特点，并引导学生发挥想象再现画面，才能更好地实现培养学生诗词鉴赏能力的目标。

3. 整合资源，对比感知意象

本课的四首诗歌，除了《观沧海》，还有《次北固山下》《钱塘湖春行》《天净沙·秋思》，都有丰富的意象，或壮阔高朗，或清新明媚，或苍凉凄苦，风格各异，诗人所抒发的情感也是或乐观豁达，或愉悦欢欣，或沧桑孤寂。因此，通过阅读、比较、分析，最终教会学生通过"意象"感知诗歌的情感和主题，让学生对解读诗歌有了一定的方法储备。

这一堂课的设计，得于对学情的尊重，得于对作品的解读，得于对重点的把握，得于对方法的指导，得于既有背景知识的补充，又不喧宾夺主、弱化"语文"课堂的特性。书声琅琅，师生共读，品评鉴赏，在"美"的意境、情境中获得"美"的情感体验，最终转化成鉴赏的能力、语文的素养。当然，百密一疏，对学生个体的朗读指导尤显不足，鉴赏方法的整理和归纳也因时间关系未加及时呈现，只能在下一堂课再做弥补。

精雕细琢，让人物鲜活起来

——统教版七年级下册第三单元写作教学课堂实录

一、猜人物，引细节

师：上课前来玩一个游戏，请同学们当一回侦探。比一比，哪位侦探能根据提示最快识别出人物的身份。（PPT 展示）提示一：他在大街上走着。（学生面面相觑，摇头）

师：有很多种可能是吧！请看提示二。（PPT 展示：身穿黑衣服、戴着墨镜的他慢慢地在大街上走着，不时地左右观看）

生1:小偷。

生2:间谍。

生3:杀手……

师:确实,同学们说的都有道理。但是,我们还是没法辨明他真实的身份。再看:

(PPT展示)身穿黑衣服、戴着墨镜的他慢慢地在大街上走着,贼眉鼠眼地向四周张望,目光始终瞄着行人的口袋和背包。突然一阵警笛声使他身子一颤,立刻又恢复了常态。

生:(纷纷答)小偷。

师:确定是小偷吗？我们的破案线索是什么？

生4:"身穿黑衣服""戴着墨镜""贼眉鼠眼地向四周张望""目光始终瞄着行人的口袋和背包"。

师:"身穿黑衣服、戴着墨镜"是小偷典型的特征吗？

生5:不是,普通人也可以这样穿戴。我觉得典型的特征是"贼眉鼠眼地向四周张望",这是小偷在物色下手的对象；"目光始终瞄着行人的口袋和背包"暴露了小偷时刻想下手的心理；"一阵警笛声使他身子一颤",这是小偷做贼心虚的表现。

师:嗯,这位同学真是个行家,标准的侦探！而且,他使用了一个成语"做贼心虚"！从没法确定他的身份到最后能准确地判断他的身份,怎么做到的？

生6:提示语给的条件比较具体了！

生7:因为有细节刻画。

师:哪些具体的细节呢？

生:(齐)外貌、动作、神态等等。

师:通过这些细节我们能比较容易地判断出这个人物的身份和性格。细节描写是有效地展现人物身份和性格特征的有效方法。有了外貌、动作、神态等细节刻画,要塑造的人物就栩栩如生了。今天,我们就来一起学习如何"精雕细琢,让人物活起来",也就是如何运用细节描写,使人物生动起来。(板书:精雕细琢,让人物鲜活起来)

【评析】作文难教,作文难写。这是语文教学中师生的普遍共识。对于初一学生来说,从"习作"到"写作",不仅是字数上对量的要求的增加,更是内容上对质的要求的提高。如何实现小学到初中的自然过渡？如何消除初中生对写作的畏难情绪？如何在教学中给予学生简单易学的写作指导？

这堂情境作文课堂或许具有学习和借鉴意义。这里导入环境的设置,将学生带入一个"侦探破案"的虚拟情境,吊足学生胃口,激发学习兴趣。学生在教师提供的语段中初步感受到了"细节描写"的魅力。

二、读经典,学细节

师:确实,很多记叙文写得好的,甚至成为经典的,无不得益于作者的细节刻画。我们不妨一起来回忆一下,在我们所学的课文里面,有哪些人物的细节描写让我们印象深刻。

生8:老王。

师:老王的哪个细节让你印象深刻呢?

生8:老王直僵僵地镶嵌在门框里。

师:这位同学好记性!为什么你对这个细节印象这么深?

生8:"镶嵌"是一个物体嵌入另一个物体中,让两者固定,本来就没有生命的一种状态又用"直僵僵"修饰,更可以看出老王就像一个死的东西。

师:对人物理解很到位!"直僵僵地镶嵌"这个细节形象地写出了老王当时已经病情严重、身体僵直的样子,说明了老王当时身体虚弱,病入膏肓,大去之日不远了。课文里这样的细节不胜枚举,我们一起品读以下片段,思考作者是怎么刻画细节,让笔下的人物活灵活现的。同学们可以自由朗读,然后围绕我们今天的课题来谈谈你们的感想。

> 1. 深蓝的天空中挂着一轮金黄的圆月,下面是海边的沙地,都种着一望无际的碧绿的西瓜,其间有一个十一二岁的少年,项带银圈,手捏一柄钢叉,向一匹猹尽力的刺去……
>
> 2. 母亲进来了,挡在窗前:"北海的菊花开了,我推着你去看看吧。"她憔悴的脸上现出央求般的神色。
>
> 3. 父亲坐在绿阴里,能看见别人家高高的台阶,那里栽着几棵柳树,柳树枝老是摇来摇去,却摇不散父亲那专注的目光。

(PPT展示)

(生自由朗读)

生9:母亲"挡"在窗前,是怕我自卑。

师:"自卑"?大家同意吗?

生9:"悲伤""悲观"。

师:是的! 母亲担心儿子看着飘零的落叶情绪低落,赶紧"挡"在窗前。"挡"这个动作细节,使母爱毕现,母亲的善解人意尽在"挡"字中。

生9:母亲的脸是"憔悴的",母亲的神色是"央求的",这是神态的细节。这个细节也可以看出母亲身体出了问题,但母亲心中只有儿子,渴求儿子能去看北海的菊花。

师:一位重病缠身的母亲,体贴入微地照顾双腿瘫痪的儿子,创造条件鼓励儿子。伟大而无私的母爱就包含在这处细节描写中。

生10:"深蓝的天空中挂着一轮金黄的圆月。"这是对自然景观的细节描写;"项带银圈"是外貌描写,"捏""刺"是动作描写,展现了一个勇敢的小闰土的形象。

师:鲁迅先生不愧是环境描写的高手。一景一物总关情,我们要学会从环境描写中欣赏人物性格和情趣、精神和气质。你看,"深蓝的天空""金黄的圆月""碧绿的西瓜",那高远的天空、明亮的色彩、一望无际的沙地,细描几笔就给读者勾勒了一幅美妙的风景画,为小英雄设置了一个绝美的背景,突出了人物的形象。一"捏"一"刺",动作娴熟,尽显机灵、机智而又勇敢的小英雄风采。还有吗?

生11:"项带银圈"也写得很好!

师:这不是普通的外貌描写吗?

生11:这处细节可以看出父亲是很爱他的,父亲希望儿子平平安安,而且也可以看出闰土少年时候生活是无忧的,和中年闰土的贫穷形成鲜明的对比。(学生鼓掌)

师:就这条简单的银项圈,也逃不过这位同学雪亮的眼睛,居然能读出这么丰富的内涵,这样的解读真是精彩! 太棒了! 看来这真不是闲来之笔,细节刻画真是太重要了! 再看最后一句。

生12:"摇不散父亲那专注的目光"是神态描写,表现了一种渴望、追求。

生13:体现了父亲意志坚定。

生14:神态描写表现了父亲是一个有志气的人,表现在他不甘人后,要造九级台阶,要自立于受人尊重的行列。

师:除了人物"专注"的神态,同学们还需要关注那"摇来摇去"的柳树枝,这里作者将景色描写和父亲专注的神态结合起来写,写出父亲羡慕、向往高台阶的心理,景色是可以烘托人物心理的。那么,大家根据刚才我们的回忆和品析,能不能明确地说一说,什么是细节描写?

（PPT展示）所谓细节描写是指文学作品中对人物动作、语言、神态、心理、外貌以及自然景观、场面气氛等细小环节或情节的描写。使读者如见其人，如睹其物，如临其境。细节描写在刻画人物性格、丰满人物形象等方面具有重要作用。

师：的确，正如同学们讨论的那样，细节描写包括各种各样的人物描写，但这种描写必须突出"细小"这一特点：它必须是细腻的，不能是粗线条的；它能使人物形象更丰满；还能够让读者如见其人，如睹其物，如临其境。

【评析】这一小环节里有大乾坤。福师大潘新和教授说："阅读指向言语表现、指向写作，这才是阅读的唯一目的。"教师"所学课文里有哪些人物让你印象深刻"的发问，既是启发、引导学生从教材中寻找写作范本、借鉴写作的成功经验，又能直观地让学生感受到细节描写对于刻画人物所具有的重要作用。这一环节的设计，实际上是让学生在回顾经典中获得范文支架，学习写作知识，这符合七年级学生的认知水平，还能高效地推进教学进程。

三、讲方法，明细节

师：课文里的经典细节充分展示了人物的性格特征，让人物跃然纸上，令人回味无穷。那么，大家知不知道如何通过细节刻画使我们笔下的人物在读者心中留下深刻印象？

（学生面露难色）

师：不用害怕！我们来做一个游戏。大家还记得上周运动会报名事件吗？为了动员男同学参加跳高比赛，我们的体育委员都动怒了！

生：（笑）记得记得。

师：行，那既然大家已经亲眼见过女生"发飙"了，那我们就来完善一下这个场景。请看这一个句子。

生：（不约而同读起PPT上的内容）她骂他懦夫。

师：我看到大家不屑的眼神了。老师跟你们一样，这样一句话，有什么看头？那你们想看"她"怎么骂？

生15：加一个修饰语——气愤地。她气愤地骂。

（板书"气愤地"）

生16：再加动作。她指着他的鼻子气愤地骂。

（板书"指着他的鼻子"）

生17：加语言，"你这个懦夫！"

（板书"你这个懦夫"）

师:果然有看头了,还有吗?除了动作、语言之外……

生 18:可以加点神态。她怒目圆睁。

(板书"怒目圆睁")

生 19:"骂"还可以用修饰语——破口大骂。

(板书"破口大骂")

师:好像想看"好戏"的同学越来越多了。(笑)果然,这个句子加上了语言、动作、神态等细节,一个忍无可忍、无比愤怒的"她"的形象就跃然纸上,效果完全不一样了!请同学们一起把黑板上这几个句子按顺序读下来。

> 她骂他懦夫。
>
> 她气愤地骂他懦夫。
>
> 她气愤地指着他的鼻子骂他懦夫。
>
> 她气愤地指着他的鼻子骂他:"你这个懦夫!"
>
> 她怒目圆睁,气愤地指着他的鼻子骂他:"你这个懦夫!"
>
> 她怒目圆睁,气愤地指着他的鼻子破口大骂他:"你这个懦夫!"

师:还有吗?联系刚才我们从课文里摘录出来的那些经典句子,或者回忆一下影视作品,山雨欲来——

生:风满楼。

生 20:还可以像"月下瓜地"那样,加点环境的烘托和渲染。

师:哇,记住刚才老师讲的知识了,你能试着加一下吗?

生 21:(略尴尬)我还没想好。

师:没关系。其实咱们算是英雄所见略同,我也觉得加一点环境描写挺好,老师是这么添加的。

> (PPT 展示)天边的乌云翻滚着,一道刺目的闪电劈开天际,远处突然传来一声惊天的响雷。教室里,她浑身颤抖,脸色惨白,怒目圆睁,气愤地用手指着他的鼻子,一字一顿,从嘴里挤出:"你这个懦夫!"

生 22:老师太厉害了,乌云和惊雷,和当时"她"生气的这种情境符合。

生 23:"一字一顿,从嘴里挤出",这个"她"比较文明,我更喜欢。我们提倡文明的语言。

师：谢谢你们的肯定。增加了环境描写，渲染了气氛，语言的表达就更有文学色彩了。可见，恰当地添加一些修饰语，或者人物、环境等细节的刻画，可以使人物性格、人物形象鲜活生动地展现出来。（板书：修饰语＋人物描写＋环境描写）没有细节，就没有活生生的人物形象。好的作品之所以让人印象深刻，往往是一些细节的作用。《儒林外史》中严监生临死前伸着两个指头不肯断气、《守财奴》中葛朗台临死前长时间盯着金币等典型细节，让他们成为世界文学史上经典的吝啬鬼形象。所以同学们写作要重视细节描写，善于运用细节描写。

【评析】作为写作学习者，学生在写作课堂上迫切需要得到强大的学习支援。什么样的支援才是"刚刚好"的支援？陈老师的这一环节设计得非常巧妙。"扩句"这一活动的开展，实是为摸清学生的学情做必要的调查，学生能做的，无非是在主语、谓语、宾语等成分之前直接添加修饰语，而诸如"环境描写""细节补充"等技巧，学生还不太掌握。教师的片段示范，给予了学生及时的、必要的支持，帮助学生有效地开展写作学习。学生在教师精心设计的活动情境中运用写作知识，并在教师的有效支援下不断习得写作能力，这一课堂活动显得活泼、灵动、高效。

四、巧练笔，评细节

师：下面用我们刚才学到的方法，现场写一段话，向同学描述昨天班上有人迟到的情形。时间 10 分钟。

（扩写：他迟到了，站在教室门口……学生开始写作）

师：时间到。请同学们小组分享自己的作品，各组选出一篇代表作品上台，要注意阐述推荐理由。

（学生小组交流）

师：哪一组同学率先来分享你们的作品呢？

生 24：用幻灯展示作文，朗读：

> 早读的铃声一阵紧似一阵，他急匆匆地跑到教室，他并没有马上进入教室，而是向教室内偷瞄了一眼。"不！完蛋了！我该怎么办？"他小声地念叨着。同学们都已经端端正正坐着，认真听着老师讲课。他有些迟疑，挪到教室门口，垂着头，似乎看见同学们齐刷刷地将目光转移到他身上。老师也随即看到了他，瞪了他一眼。他有点心虚，硬着头皮，"报告！"他喊道……

师:第一个同学,勇气可嘉!你们认为哪些细节写得比较成功?

生24:"挪到教室门口"中"挪"字,动作缓慢,折射出内心的惶恐,写得好!

生25:"瞪了他一眼"中"瞪"这个神态,是老师不满学生迟到,神态反映心理。

生26:"似乎看见同学们齐刷刷地将目光转移到他身上",写他的心理,想象同学们将目光投向自己,自己成为焦点人物,内心极度不安!

师:很多亮点啊!包括开头第一句"铃声一阵紧似一阵",这也是他内心的感觉,其实也是紧张的一种表现。

师:你们能通过这位同学的描写猜出哪位同学迟到了吗?

生:(异口同声)唐嘉阳。

师:看来这位同学的描写是成功的。当然了,有没有不足之处?(学生思考)

生27:"他有点心虚",你怎么知道他"心虚"呢?"心虚"应该通过神态或动作表现出来。比如:"他脸色发白",从神态看他的心理。

师:这是大胆的质疑!有道理吗?(学生点头)那么,我们又怎么理解刚才的这句"似乎看见同学们齐刷刷地将目光转移到他身上"?是不是也是不真实的?

生27:不是!这是合理的想象。

师:是的!写作文应当要力求真实,但也允许有合理的想象。(板书:真实,想象合理)哪一组来继续分享?

生28:用幻灯展示作文,并朗读:

> 他拼命地往前跑,看见教室如看见了救命稻草般。"铃铃铃""铃铃铃",催命似的铃声急促地响起。他飞一般直冲向教室,可是命运跟他开了个天大的玩笑,老师似乎早在教室门口恭候他了。仓促间他控制不了脚步,一头撞在老师身上。"对不起!对不起!"他上气不接下气,慌忙道歉。老师并没有发火,吃惊地看着他:"你迟到了?"他满脸通红,手使劲地抓着衣角,来回翻搅着。班级同学指指点点,他已经颜面无存。"进来吧!"他低着头,快步走到了座位上,心慢慢平静下来。哎!……

师：大家一起来谈谈本段有哪些优点。

生29："催命似的铃声急促地响起""飞一般直冲向教室"采用了夸张手法，极力写出他内心的着急。

生30：和刚才那段比较，我觉得人物性格很鲜明。从本段的细节描写中，可以看出这是位偶尔迟到的同学，比如"命运跟他开了个天大的玩笑"，比如他"对不起！对不起！"连声道歉，比如通过老师"吃惊"的神态描写，我们可以知道这是一位遵守纪律的同学迟到时老师特有的反应。

生31：这段文字生动是有了，可是为了表现什么呢……

生32：他"满脸通红"的神态，"使劲地抓着衣角，来回翻搅着"的动作，也可以看出他对自己的迟到感到紧张、抱歉。

师：说得真好。我们在使用细节描写手法时，还应该注意要突出人物形象，也就是要能突出中心（板书：突出中心），不是为了细节描写而细节描写。另外几组因为时间的关系，我们有时间再进一步探讨。请同学们把我们今天这堂课的要点理一理，细节描写应当注意：①真实；②想象合理；③突出中心。

师：同学们刚才的讨论非常热烈。老师将大家讨论的结果做一个补充：除了刚才大家掌握的那些方法，我们还应该注意细节描写必须真实、想象合理突出中心。老师希望能在往后的作文中，看到同学们更多精彩的细节描写。

【评析】学生写作，常常苦于不知如何下笔而抓耳挠腮，陈老师设置"向同学描述某同学迟到"交际语境进行语篇训练，让学生的写作有了诉说的对象，学生的写作兴趣得到激发，写作难度自然大大降低。学生交流、分享的过程，其实又是一次写作知识习得和巩固的过程。从课堂习作片段看，摆脱了"教授灌输式"的传统模式，让学生在活动中完成了知识的"学习—运用—巩固"，这一堂课是高效、成功的。

五、布置作业

师：今天的作业是描写一段场景：考砸了，刚回到家，爸爸妈妈问成绩……字数要求：200字左右。今天的课就上到这里，同学们再见！

生：老师再见！

【板书设计】

精雕细琢，让人物鲜活起来

细节描写	注意点
饰语	真实
人物描写	想象合理
环境描写	突出中心

【总评】《义务教育语文课程标准（2011版）》明确要求："写记叙性文章，表达意图明确，内容具体充实。"如何做到"内容具体充实"是初中阶段作文教学实践中的一大重难点，七年级学生更容易以"简要陈述"取代"生动描写"，使得作文常常误入"不具体""不生动"歧途。因此，教师就必须给予写作技巧的指导。但，所有的写作策略、方法、技巧，脱离了具体的情境，只会变成一堆僵化的规则，无益于学生写作能力的提高。难能可贵的是，陈稻惠老师的课堂，处处设情境，处处显用心。从导入部分的虚拟情境开始，搭建写作支架，在师生互动中学习写作知识、运用写作知识，并在规定的"交际语境"中让学生描述"真实情境"中发生的事件，不动声色、不露痕迹地教给学生写作策略。课堂的每个环节，都能贴近学生生活实际，让学生"有话可说"，乐于表达，让学生在实践中体验到"跳一跳摘桃子"的成就和快乐。当学生不再对写作"望而生畏"，他们很快就会走出写作的困境，获得写作的进步。

当然，作为一堂写作指导实践课，过程性指导稍显不足，如何在更充分的写作活动中提升学生的写作能力，恐怕还得在课堂环节上做更优化的时间安排。

（评析：黄志勇　赵陈丹）

落日的幻觉
黄天祥

一、设置情境，激趣导入

师：上课前我们一起看一组图片。PPT展示图片（水中似乎断成两截的铅笔,几个身高一般的运动员和姚明合影,正中午的太阳和早上的太阳),铅笔断了吗?姚明身边站着三个小朋友吗?早上的太阳要比中午的太阳大吗?请同学们说说这些是什么现象。

生1:铅笔并没有断成两截,这是物理中的折射现象。

师:这位同学物理学得不错啊!

生2:因为姚明身高两米多,所以其他运动员显得特别矮。

生3:这是一种背景衬托,也叫作参照物。

师:还是物理学的知识,看来学科和学科是相互联系的。

生4:不管在什么时候,太阳的大小是一样的,只是早上看起来比较大,中午看起来小。

师:嗯!太阳的大小相同。这张图片同学们是不是很熟悉?

生5:《两小儿辩日》,小学学过的。

师:文中怎么说?记得吗?

生6:一个小孩子认为"日初出大如车盖,及日中则如盘盂,此不为远者小而近者大乎",他认为早上的太阳大,中午的太阳小。

生7:还有一个小孩认为"日初出沧沧凉凉,及其日中如探汤,此不为近者热而远者凉乎",这个小孩认为早上的太阳离人远,中午的太阳离人近。

师:两千多年前人们对太阳的远近和大小就进行了探索,今天我们都知道宇宙这一能发光发热的天体大小是一样的,但不同的时间看起来并不一样,到底是什么原因?

生8:因为背景或参照物不同。早上太阳的背景是山和房屋,相比之下太阳就大;而中午天空为背景,太阳就小。

师:确实如此!清晨远方的山脉、地面的房屋是太阳的背景,因而太阳显得巨大,就像一个巨大无比的圆盘;而中午太阳是以浩瀚的天空作为背景,与天空相比,自然看起来就特别小。如果从心理学上来说,刚才那些我们看到的与实际情况不相符合的几组图片,就叫作——

生:(齐)幻觉。

师:对!幻觉。今天这堂课我们要学习的内容和幻觉有关系。题目叫作"落日的幻觉"。

(师板书:落日的幻觉)

二、阅读文本,整体感知

师:文中写了哪几种落日的幻觉?产生这些幻觉的原因是什么?你能

用一句话概括本文说明的主要内容吗？请同学们自己默读课文,思考这几个问题。(教师投出 PPT)

> 1. 文中写了哪几种落日的幻觉？
> 2. 产生这些幻觉的原因是什么？
> 3. 用一句话概括本文说明的主要内容。

师:同学们阅读习惯非常好！好几位同学都拿出笔来自觉地圈点勾画,做到了不动笔墨不读书。(不少学生听到后拿笔勾画)

师:都读完了吧？我们来一起解决这几个问题。

生 9:第 2 段,一种幻觉是,落日的太阳会变得比在高空时大。

生 9:颜色还变为深黄、殷红。

师:大小、色彩会发生变化,色彩绚丽,变化多端。还有吗？

生 10:会变扁。日落时的太阳看上去要比高挂天空时大到两倍半到三倍半。

师:这是形状的变化。

生 10:会现出神秘的蓝灰色暗弧,暗弧外面还镶有明显的亮弧,还有迷人的紫光。

师:文中具体怎么写的？我们一起把表明颜色、光彩的相关句子齐读一遍。

生:(齐)颜色是那样深黄、殷红;背后的天空中现出神秘的蓝灰色暗弧,暗弧外面还镶有明显的亮弧。而在暗弧和亮弧上升的同时,西方天空还会出现迷人的紫光,随着太阳的坠落,紫光下移,接近地平线时才消失。

师:太美了！刚才几位同学把落日的各种幻觉都从文段中找出来了。简单说,这些句子从落日的大小、色彩、光彩、形状方面描写了落日带给人的幻觉。(教师出示 PPT)这是作者写的落日的五种幻觉。请同学们把第二段齐读一遍。(生齐读)

日落时的幻觉	产生幻觉的原因
颜色深黄、殷红	光线散射和光波长短原理
蓝灰色的暗弧，暗弧外面有亮弧	地球表面和大气层的弯曲，光线散射，大气层密度不同
西方天空出现迷人的紫光	人眼的叠合效应
接近地平线时太阳变扁了	光线折射的原理
太阳变大了	未说明原因，各种仪器观察证明其实并没有真的变大

师：那么产生幻觉的原因是什么呢？（学生七嘴八舌）这个问题在哪一段当中找呢？

生：（齐）第四自然段。

师：几个原因？

生 11：两个原因。地球大气会使光线散射。短波光的散射比长波光要强得多，所以，阳光中的短波光——紫色光被大气层中微小尘埃和空气分子散射要比长波光——红色光强 10 倍以上（这首先可以解释为什么天空总是蔚蓝色的）。由于日落日出的时候，阳光所穿透的大气层增厚，而黄、红色光穿透能力最大，所以此时太阳看起来深黄、殷红。

师：简单概括，这是什么原理？能否找到关键词？

生：（想）波光散射问题。

师：很好！请同学们把关键词圈画出来。光线散射由于涉及物理问题，我们这里不展开。那为什么西方的天空会出现蓝灰色的暗弧，暗弧外面有亮弧呢？

生 12：由于地球表面和大气层都是弯曲的，接近地平线的太阳的光线穿过大气层时，其距离远大于高层，所以进入底层的光线迅速衰减，再加上太阳沉入地平线后所造成的地球影子，就呈现出天空中蓝灰色的暗弧。

师：同学们找中心句。

生 12：第 1 句中地球表面和大气层都是弯曲的。

师：好，这是一个原因。还有吗？

生 13：光线的散射。这一句光线先迅速地减弱，大气层密度小，光散射弱，就产生了暗弧上的亮弧。

师：这位同学思路很清晰。那么，其他幻觉产生的原因是什么？

生 14：产生迷人的紫光的原因是眼的叠合效应。

生 15：傍晚的时候太阳变扁了，原因是光的折射。

师：刚才提到散射，现在又提到折射的原理，看来学好物理很重要哦！最后太阳变大了。文章有没有具体的解释？

生：（齐）没有。

师：好，这点文章有没有具体的解释？文中只提到，但实际上，在大气层外，天文学家用各种仪器，包括用照相机拍照，已经证明黄昏的太阳与中午的太阳大小是一样的。你们知道是什么原理吗？

生 16：这是因为参照物不同。

师：为什么？

生 16：这和早上太阳比较大中午太阳比较小的原理是一样的。

师：确实，这是一个很重要的原理，如果同学们还想进一步了解太阳大小的原因，今后可以继续探索。好，大家来看一下。（PPT 展示表格）这篇文章先写幻觉，再解说原因。如果用一句话概括本文的主要内容，你要怎么说？

生 17：这篇课文主要说明了落日的种种幻觉及产生幻觉的原因。

师：为什么你要用"说明"一词？

生 17：因为这是一篇说明文，说明文一般是说明事物的特征或者事物的原理。

师：你觉得是事物说明文还是事理说明文？

生 17：事理说明文，着重说明了产生幻觉的原因。

师：这位同学对说明文的分类非常清楚。（示意学生坐下）第三单元和第四单元都是说明文，从说明的内容来说，第三单元叫——（学生答：事物说明文），第四单元——（学生答：事理说明文），同学们在概括的时候要注意用词，从你的用词可以反映你对知识的掌握情况。好！文章先说明幻觉，再写原因，这是按照什么说明顺序？

生 18：逻辑顺序。

师：能不能具体点回答？

生 18：第 2 段写落日各种各样的幻觉景象，第 3 段是承上启下的过渡段，第 4 段对产生这些幻觉的原因进行了解说，按照由现象到本质的逻辑顺序。（学生鼓掌）

三、细读文本，品析语言

师：刚才我们主要了解了这篇说明文的主要内容及说明的顺序。请同学们再思考下：如果老师把刚才讨论的"说明"一词改成"描绘"，变成"这篇课文描绘了落日的种种幻觉及其产生幻觉的原因"，可以吗？

生19：不行，因为这篇文章是说明文，用"说明"比较好。

生20：我觉得用"描绘"也可以，第2段确实是描写落日的种种幻觉啊。

生21：我也觉得可以用"描绘"，因为前半部分语言比较生动，和《生物入侵者》一样，从语言上看，是生动的说明文。

生22：我觉得如果要改成"描绘"，主要内容应该这么概括：这篇课文描绘了落日的种种幻觉并说明了产生幻觉的原因。（学生思考，进而鼓掌）

师：问题越辩越明晰了！说明文的语言可以是生动的，也可以是平实的，本文前半部分语言比较生动，后半部分语言平实。当然，前提必须是准确、科学，请同学们说说看，作者说明幻觉产生的原因的时候，是怎么做到语言的准确的？能不能举个例子？

生23：课文第4段。"一般来说，黄昏时空气中的烟尘要比清晨多。"这里使用了"一般"这个词，就体现了准确性。"一般来说"指通常情况下是这样的，但是并不排除偶然的情况。讲得很有分寸，能够体现说明文语言的准确性，还有严密性。

师：这位同学指向性非常明确。还有吗？还有哪一种说明方法也体现了说明文语言的准确性？

生24：词语能够体现语言的准确性，我觉得列数字也能体现语言的准确科学，比如：第4段，"紫色光被大气层中微小尘埃和空气分子散射要比长波光——红色光强10倍以上（这首先可以解释为什么天空总是蔚蓝色的）"。

师：这个句子除了列数字10倍外，还有哪一个词语体现了语言的准确性？

生25：以上。

师："以上"这个词用得好不好？

生25：非常好。因为10倍以上是个约数。

师：大概的数字不就体现语言不准确了吗？

生25：不是。因为这符合客观实际。

师：嗯！只要符合客观实际，就能体现说明文语言的准确性。（板书：说明准确　列数字）这篇文章语言的生动性表现在哪些地方？

生26：第1段最后一句，"我们的古人不也留下'夕阳无限好，只是近黄昏'的诗句吗?"引用了古人的诗句,体现了语言非常生动。

师:这种能体现语言生动的说明方法在第三单元一篇课文中也学过。哪一篇?

生 27:《说屏》。《说屏》的第一自然段,就引用了诗句"银烛秋光冷画屏"。

师:第三单元学过了,语言生动的其中一种方式就是引用诗歌。请同学们将这两句诗读出来。

生:(齐读)日薄西山,气息奄奄。夕阳无限好,只是近黄昏。

师:我们觉得这两句诗应该读得亮一些,还是应该暗一些呢?

生:(齐)暗一些。

师:为什么?

生 28:因为引用的这两句写的是美好的将要失去,情绪比较低落。

师:很好! 同样写景,我们学过的《答谢中书书》中的山水美景就应该读得亮一些,用非常亮的音色。我们一起把第一句读一下。

生:(齐读)山川之美,古来共谈。(中气十足,语气上扬)

师:"日薄西山,气息奄奄""夕阳无限好,只是近黄昏",再读一遍。

生:(齐读)日薄西山,气息奄奄。夕阳无限好,只是近黄昏。(声音暗下来)

师:对,就应该读出比较哀伤的语气。引用诗句体现语言更加生动有趣,仅仅是为了生动吗?

生 29:不是。(迟疑)

师:原因呢?

生 30:引用"夕阳无限好,只是近黄昏""日薄西山,气息奄奄",除了让人觉得有诗意、有文采、很生动,还说明"对日落,却很少有人去流连观赏、吟咏描绘"。

师:写文章我们追求语言的美感,但更重要的要为内容服务,两处引用是为了说明我们的古人为什么不喜欢黄昏日落,为什么少有人去流连观赏、吟咏描绘。引用诗句可以看出语言的生动。还有吗?

生 31:文章用了打比方的说明方法。

师:哪一句?

生 31:最后一段,"最令人迷惑的幻觉,是日落时的太阳看上去要比高挂天空时大两倍半到三倍半,就像一个巨大的玉盘远挂天边",日落时的太阳比作"一个巨大的玉盘",形象地写出了落日又大又圆的形状。

师：很好！打比方可以体现语言的生动形象。还有哪一种说明方法也可以体现语言的生动？

生：（思考）

师：刚刚我们说了，第2段描绘了落日的种种幻觉。这种描写的表达方式在说明文里就叫作——

生32：摹状貌。

师：课文学过吗？

生32：《桥之美》，文中描写了各式各样的桥。

师：是啊！《桥之美》中各种具有极高艺术价值的桥因为有吴冠中神笔的描摹，给我们留下了深刻的印象。下面我们一起看第2段，请一位同学朗读。

生33：（朗读）

师：读的效果如何？

生34：我觉得应该要暗一些，语速慢一些。比如："它缓缓坠落，接近地平线时竟缩身变扁。"（速度很慢）

师：很好！我们似乎看到了夕阳一点一点坠落。哪一些地方也可以读慢一点呢？请同学们听老师怎么读。（师范读，语速慢）

如果有机会看日落，它会使你神往，太阳静静地躺在西方地平线上，变得如此之大，颜色是那样深黄、殷红。

生：（静静地）

师：有没有看过《人与自然》？谁做解说呢？

生35：赵忠祥。

师：赵忠祥当时就用这样的语气做解说。声音暗一点，语气稍微慢一点。还要突出这几个词语，比如神往。一齐读一遍！

生：（齐）如果有机会观日落，它会使你神往：太阳静静地躺在西方地平线上，变得如此之大，颜色是那样深黄、殷红；它缓缓坠落，接近地平线时竟缩身变扁。（读出了感觉）

师："竟缩身变扁"这里有个"竟"字要强调，表现令人惊讶的。实际上在第1、2段中，还有很多很有感染力的词语和句子。你们在朗读的时候要注意哪几个词？

生35：壮观、绮丽、神秘、迷人。

师：壮观、绮丽、神秘、迷人。请同学们将这几个词再读一遍。

生：（齐）壮观、绮丽、神秘、迷人。

师:再看最后一句。可惜这种美丽的紫光并不多见。读的时候要注意什么语气?

生 36:惋惜。

师:如果说"可惜"改成"但是"可不可以?大家看 PPT。你们说哪个句子好?

> 体会两个语句的表达效果有什么不同。
> ①可惜这种美丽的紫光并不多见。
> ②但是这种美丽的紫光并不多见。

生 37:可惜这种美丽的紫光并不多见。

师:为什么呢?

生 38:这个惋惜比较好,体现出对美景逝去的惋惜。

师:回答得真好! 当然还有对着美景的留恋。所以你要读出这种语气来。"可惜",一二读。

生 38:(读)可惜这种美丽的紫光并不多见。

师:并不多见。这里读慢一点。

生 38:可惜这种美丽的紫光并不多见。(慢)

师:所以说"可惜"是很有感染力的。除了这些词语有感染力外,第 1 段有一些句式也是有感染力的。比如说像这两个句子。PPT 展示:

> 体会两个语句的表达效果有什么不同。
> ①人们都喜爱观赏日出,无不赞叹太阳升起时的壮观景象。
> ②人们都喜爱观赏日出,都赞叹太阳升起时的壮观景象。

师:哪一个表达效果更好?

生 39:第一句,双重否定句,感情强烈。第二句是一般的肯定句。

师:句式不同啊! 朗读效果就不一样,请同学们读读看。

生:(齐读)人们都喜爱观赏日出,无不赞叹太阳升起时的壮观景象。

师:刚才同学们有个地方读得真投入,老师虽然没有标示,但大家还是读出来了。"壮观"一词重读,很棒哦! 当然,为了强调"无不""壮观"时,其他的地方应该要读得稍微低一点。否则要重点突出的词语就没有力度,用喊的就没有那种感觉了。第 1 段还有什么句式你印象比较深刻?

生 40:有反问句。"就连我们的古人不也留下'夕阳无限好,只是近黄昏'的诗句吗?"

师:反问句的表达效果跟双重否定句有一些类似的地方,语气比较——

生:(齐)强!

师:(出示PPT)齐读一遍。

> 体会两个语句的表达效果有什么不同。
> ①就连我们的古人不也留下"夕阳无限好,只是近黄昏"的诗句吗?
> ②我们的古人也留下了"夕阳无限好,只是近黄昏"的诗句。

生:(越读越投入)

师:对,就是语气比较强烈,有强调的意味。第2句"也留下了",句式比较弱,也看不出作者的感情。所以说这篇文章在语言上,引用诗句、描写、富有感染力的词语句式,都能体现这篇文章的语言生动性。今天我们学习的这篇文章很有特色,既有知识性,又有文学性,是一篇融文学性、知识性、科学性于一体的科普文。

四、感受哲理,畅谈启示

师:我们说这是一篇融文学性、知识性、科学性于一体的科普文,其实老师在这个句子中还想加一个词——是一篇融文学性、知识性、科学性、哲理性于一体的科普文。它的"哲理"表现在哪里?你们有没有去想?

生35:迷信往往是因为科学不发达,我们要更加肯定科学的重要性。更要去向往,去学习。

师:培养科学的精神很重要! 有没有涉及"迷信"?

生24:不要虚度时光。

师:噢,他从第1段得到启示。不要虚度时光,珍惜这大好时光。好,坐下。还有吗?

生41:觉得读了这篇文章,我们应该从不同的角度去看待事物。

师:说得好,对于一个事物,我们要多种角度去看待。

生32:我们平时看夕阳,觉得夕阳很好,夕阳很美,另外一个角度就会发现更多。

师:另外一个角度就是让我们透过这个现象仔细思考它的本质。去思考,去探究。(生点头)

生 24:我们眼睛所见到的不一定就是真实的。

师:因为我们眼睛所见到的不一定就是真实的。就像上课前老师给同学们看的画面,铅笔断掉了吗?早上的太阳比较大吗?姚明身边站着小朋友吗?人们思考了,最终得出了原理。所以我们要学会去观察,要学会去探究。因为我们眼见的并不一定就是事实,不一定是真实的。

生:(沉思)

师:最后一段话,我们一起共勉。(PPT 展示)

> 一些司空见惯似乎理所当然的现象,并不一定符合科学道理!我们在学会观察的同时,不能太过于相信我们自己的眼睛,我们要尊重科学事实,学会探究,因为眼睛所看到的,并不一定就是事情的"真相"。有观察有探究,我们的科学才能够向前发展。

五、布置作业,培养精神

师:布置今天的作业:第一,最后有一段,作者不是没告诉我们落日变大的原因吗?有兴趣的话再去查些材料。第二,积累材料,这篇文章的第二自然段用了不少描写性的语言,建议同学们把喜欢的句子背下来。好,我们今天的课就上到这里。下课!

落日的幻觉
黄天祥

幻觉(描写生动)　　原因(说明准确)
摹状貌　　　　　　列数字
观察　　　　　　　探究

教学感言:

语文味儿,语文课堂的生命

《落日的幻觉》是人教版八年级上册第四单元最后一篇说明文,文章开头以对比的手法,引出对落日种种幻觉的描绘,再对产生幻觉的原因逐一做出科学解释,从而阐明了大千世界的很多奥妙,告诉我们要学会观察生活、通过现象看本质这样一个道理。上完这堂课之后,我和各位听课教师

进行了深入的交流,结合醇味语文的教学思考,谈谈以下几点认识:

首先,醇味语文需反复吟诵,培养语感。

"书声琅琅"历来是语文课堂教学的一大特征。"熟读唐诗三百首,不会作诗也会吟"道出了诵读的重要性。本篇课文虽是说明文,但是它融文学性、知识性、科学性、哲理性于一体。特别是课文第一、二段,更是富有诗情画意,充满了文学色彩。我正是根据文本这一特征,在适合的时间内,对学生进行必要的诵读指导。如:

①人们都喜爱观赏日出,无不赞叹太阳升起时的壮观景象……

②其实,日落的景象和日出同样壮观、绮丽,而且神秘、迷人。如果有机会观日落,它会使你神往……

着重号突出重音,词语朗读强弱分明,句子缓急有致,学生在反复诵读中能生成一幅幅落日的画面,在诵读中体会作者对美的欣赏,在诵读中领悟文本意义,我想这样的教学方法丝毫不逊色于单纯文字分析所获得的信息。所以,准确的诵读使本节语文课堂充满了浓浓的"语文味"。

其次,醇味语文需立足文本,咀嚼词句。

汉语赋予了文字以缤纷的生命,对词句的咀嚼品味则是鉴赏文本的一把钥匙。如果没有了对词句的锤炼,同样是丧失了"语文味儿"的。越是咀嚼得细腻,回味也就越是香甜。所以,抓住关键字词来带动起文本理解的解读方式,在本节课堂上也得以充分体现。本课我主要采用比较的方法,体会词语的妙处。如:

第一组:

①人们都喜爱观赏日出,无不赞叹太阳升起时的壮观景象。

②人们都喜爱观赏日出,都赞叹太阳升起时的壮观景象。

第二组:

①就连我们的古人不也留下"夕阳无限好,只是近黄昏"的诗句吗?

②我们的古人也留下了"夕阳无限好,只是近黄昏"的诗句。

第三组:

①可惜这种美丽的紫光并不多见。
②但是这种美丽的紫光并不多见。

语段鉴赏品味需要咀嚼词句,第一组"无不"用双重否定句,强调了人们的赞叹;第二组"不也……吗?"用反问句,强调古人也有这种情感,表情达意重;第三组以"可惜"更表现了人们对美景的依恋。醇味的语文课堂,需有醇美的人情味、醇厚的文化味,关注文中的古诗词,关注表达这些古诗词的句式,抓住蕴含在文本中的关键词语,正是凸显语文课中我对醇味语文的追求。因此,我在教学中把握了这些关键词句,并合理利用这些关键词句来构建起自身课堂所必须具备的"语文味儿"。

最后,醇味语文需创设情境,感染熏陶。

朗读是一种感染熏陶,别致的导语设计亦能体现出本节课的语文味儿,比如开头我就用一组排比的反问句式,从自然生活现象入手:

①水里的铅笔断了吗?
②姚明身边站着三个小朋友吗?
③正午的太阳比早晨的小吗?

以此类生活现象作为课文的导入配以多媒体图像,教师再通过适当的引导和暗示,搭建起学生和文本间、学生与教师间、学生与学生间平等对话的桥梁。这里不仅过渡自然而且利用同学们掌握的物理学知识,激发了学生阅读的兴趣。语文课堂具备了这种人文的要素,语文味儿也就自然地呈现出来。

当然,所有的课堂都可能是不完美的,本节课也存在一些缺陷。比如让学生品鉴词语,体会语文味儿,切不可操之过急。在学生质疑、解疑过程中,教师越是扶着学生走,越怕学生摔倒,就越不能达到预期效果。如果能放手让学生自己体会、感悟,那样彼此的印象将更深刻,这是我以后在各类语文课堂教学中需要自我完善的。总之,不管是什么文体,"语文味"都应是语文课堂要追求的目标;在课堂上对"语文味"进行探究,应当是一种让人激动和着迷的快乐体验。

第二节　教学反思及评价

自读课教学宜在"精"字下功夫
——统编版七年级下册《一棵小桃树》教学思考

《一棵小桃树》是七年级下册第五单元的一篇自读课，当代著名作家贾平凹写的一篇托物言志的散文。本文通过对风雨中飘摇的小桃树的描写，赞美了顽强生命力，寄托了作者对美好未来、人生理想的执着追求和坚定信念。

本单元的教学目标是："学习托物言志的手法：体会如何运用生动形象的语言写景状物，寄寓自己的情思，抒发对社会人生的感悟。"作为自读课的《一棵小桃树》安排在《紫藤萝瀑布》之后。教者精心设计的教学，用诸课堂却倍感疲劳，这是为什么？教者从目标的确定、内容及方法的选择、教学效果的评价与监控三方面反思。

一、我要去哪里——精确定位教学目标

教者拟定了以下三点：

（1）有感情地朗读课文，品味关键语句。

（2）理解课文托物言志的写作方法。

（3）体会作者对小桃树独特的情感。

首先，看教学目标，其要点紧扣单元目标的四句话，与单元要求完全吻合。但如果将此置于单元的第一课教读课《紫藤萝瀑布》的教学目标上，替换个别词语也是成立的。如果教学目标相同，就混淆了教读课与自读课的根本区别，设置教读课与自读课就完全失去了意义。语文教育家叶圣陶先生曾经指出略读教学的重要性："如果只注意于精读，而忽略了略读，功夫便只做得一半。"①对精读与略读的教学，叶老强调"精读指导必须纤屑不

---

① 　叶圣陶.叶圣陶语文教育论集［M］.北京：教育科学出版社，2015：14.

遗,发挥净尽;略读指导却需提纲挈领,期其自得。"①可见,精读与略读的课堂组织教学和采取的策略是不同的。今天作为略读的自读课阅读教学教者应当以"得法于教读课,受益于自读课"为指导思想,践行"精读是主体,略读只是补充""精读是准备,略读才是应用"的教学策略,学生尝试应用教读课习得的方法独立阅读,巩固、深化教读课的学习成果,最终让自读课成为联系课内外阅读的桥梁,实现课外完全独立阅读的过渡。因此,教学目标中理应明确提出"学习自主阅读课文的方法策略"以突出自读课文的教学特点。

其次,从安排教学目标要点的顺序看,第一点是情感诵读,品词析句,抓住了言语形式;第二点为本单元目标的首句要求,这是需掌握的知识点;第三点体会情感,涉及情感价值观的教育。那么,同样是散文,在不同学段也能这么定位教学目标吗?依据课程标准对文学作品的阅读要求——"欣赏文学作品,有自己的情感体验,初步领悟作品的内涵,从中获得对自然、社会、人生的有益启示。对作品中感人的情境和形象,能说出自己的体验;品味作品中富于表现力的语言。"②显然也可以围绕这三点进行教学,课标里文学类作品的教学要求也指向这三个教学目标。现将统编版本单元目标与八年级上册第四单元散文(包括《背影》《白杨礼赞》等课文)单元教学目标进行比较,见表 5-1。

表 5-1　教学目标比较

要点顺序	七年级下册第五单元	八年级上册第四单元
1	学习托物言志的手法	要反复品味、欣赏语言
2	体会如何运用生动形象的语言写景状物	体会、理解作者对生活的感受和思考
3	寄寓自己的情思,抒发对社会人生的感悟	了解不同类型散文的特点

与《一棵小桃树》所在单元教学目标相比较,八年级上册第四单元三方面的要求基本一致,但还是有细微的区别。除了顺序上的安排略有差异,需要掌握的程度也稍显不同。具体表现为:同样是言语教学,七年级是体

---

① 叶圣陶.叶圣陶语文教育论集[M].北京:教育科学出版社,2015:14.
② 教育部.义务教育语文课程标准(2011 年版)[S].北京:北京师范大学出版社,2012:15.

会生动形象的语言，而八年级需要"反复品味、欣赏语言"，要求的层次更高，再仔细阅读八年级单元目标中第一段说明性的文字——"阅读这些课文，领会作品的情思，可以培养审美情趣，丰富精神世界"，显然八年级散文教学需关照到"审美情趣"的培养，而审美情趣之一即是对语言文字的审美。按照课标表述"语文课程还应通过优秀文化的熏陶感染，促进学生和谐发展，使他们提高思想道德修养和审美情趣，逐步形成良好的个性和健全的人格"，"阅读是运用语言文字获取信息、认识世界、发展思维、获得审美体验的重要途径"，①让学生感受和鉴赏祖国语言文字之美是八年级散文教学的重点。统编版教材编写体现了学生阅读素养的提升是有序列的，因而，同样是托物言志的散文，不同的学段、不同的单元对散文阅读的目标定位也应当有根本的区别。八年级《白杨礼赞》的第一个教学目标应当是"有感情地朗读课文，品味关键语句"，并且应当将它作为教学重点来完成，也就是七年级的《一棵小桃树》确定的教学目标以及教学重点放在八年级《白杨礼赞》里更为恰切；而七年级的散文教学最主要是通过描写风雨中飘摇的小桃树，领会文章"托物言志"的写法，"托物言志"理应放在教学目标的第一点，而且应当将它定位为本课的教学重点，而不是教学难点，是借助本单元第一课《紫藤萝瀑布》已得到的托物言志的知识阅读本课，让学生对这类托物言志的散文有更清晰形象的认识。

统观初中学段课程，关注不同年段的要求，凸显阅读教学的"序列"，才能保证准确定位教学目标。《论初中阶段阅读知识教学的序列化》一文中曾指出："不论是从教师设计教学目标、转变自身角色、培养学生阅读能力以及充分运用教科书这些角度，还是从学生激发学习动机、转变学习方式、完善知识结构等层面来看，阅读知识教学的序列化都有着不可取代的意义和价值。"②

美国学者马杰先生把教学目标比作"我要去哪里"，这句话十分形象地指出了教学目标的地位。的确，如果目标不明确，花再多的工夫，使天大的劲儿，始终达不到我们的目的地，语文教学也是如此，这是教者完成教学任务的前提。

---

① 教育部.义务教育语文课程标准(2011年版)[S].北京:北京师范大学出版社,2012:22.

② 江跃.论初中阶段阅读知识教学的序列化[D].苏州:苏州大学,2011.

二、我如何去那里——精心选择教学内容及方法

为了顺利完成既定的教学目标和教学重难点，结合本文是自读课文的特点，突出语文学科的特点，以达成"去那里"的目的，教者对学情特点、教学内容的确定组织与推进、教学方法的选择等整个具体过程也"别具匠心"做了安排：

其一，导入语设计。以介绍作者名"凹"作为导入语的设计，暗示作者崎岖的生活经历，与文章小桃树的生长经历形成必要的关联，同时为解读风雨桃花做铺垫。

其二，主问题设计。围绕探究文本写作意图的"小桃树不寻常之处表现在哪里"的主问题设计，能引导学生深入文本多角度研读，体会语言，领会托物言志的写法，减少教者的"碎问"和学生的"碎答"，同时又围绕文本后的"阅读提示"，对学生可能出现的答案进行"它是梦的精灵""它是另一个'我'""它是'我'的指示灯"三种预设，在充分利用教材资源方面对学生自读课的学习也起到导向作用。

其三，凸显解读的重点。在主问题预设的三个答案里，"它是'我'的指示灯"指向第13自然段风雨桃花这一特写镜头，教者从词语的锤炼、句子的文采、语段的感染力等方面鉴赏品析，感悟作者历经沧桑的睿智与冷静和感悟人生真谛之后的执着及对小桃树寄寓了无尽的希望，突破"托物言志"这一教学难点。

其四，作文技法的渗透。阅读教学中渗透的"插叙的写法""明线暗线巧妙穿插，物我交融真诚抒情""风雨桃花细致描摹，典型情境含蓄寄托"等写作技法的指导，体现了语文课程标准倡导的"要重视写作教学与阅读教学……有机结合，相互促进"的理念。

此外梳理文章脉络以整体感知文本、了解插叙记叙顺序，可以说为了达成"去那里"的教学目标，在"精心"方面可谓做足了工作。

教者对教学设计感觉妙不可言，可是课堂具体实施过程却屡有漏洞。课堂四十分钟，即便课前有"朗读课文，了解小桃树的生长经历"的自读任务，梳理文章脉络这一环节就花费近十分钟，后面虽然围绕一个主问题展开探讨，但这个问题是开放式的，课堂上需保证学生有足够的时间自读、朗读课文，由学生自我发现，互相研讨，合作交流，在解决主问题的过程中品词析句，体会情感，可是为了完成预订的教学任务，包括写作技法的指导，课堂就只能疲于奔命赶进度，"读"味少了，"品"味淡了，言语教学大都无法深入落实，不少更以教者的解读代替学生的理解，教学目标重难点尚且无法很好落实，又谈何体现自读课文的教学特点？谈何提升学生的自读能力？

原本教者颇感得意的教学设计居然是以走马观花、蜻蜓点水式的课堂实施过程草草收场。细细思量，即找出症结之所在。福建省首届初中名师工作室领衔人、特级教师刘菊春曾经就课堂教学目标与内容的确定用了精辟又通俗的话告诫学员："求全理念作祟，教师总担心公开课内容不全，不完整；更主要的是因为目标意识不够强烈……走着走着，回不了家了"，"如果目标多，环节杂，势必落实无力"。① 教者自是明白教学内容的选择至关重要，但往往在具体操作时就迷失了方向，失误自然不可避免。全国著名特级教师陈日亮先生也说过："语文教师对自己要教什么，不教什么，以及何以教与不教，必须有明确的觉解。"②"尽可能多剔除'不需要教'的，才能把教学内容提炼得很精粹，任务规定得很集中。"③设想即便要完成《一棵小桃树》既定的教学目标，一定要介绍作者吗？一定要梳理文章脉络吗？一定要在阅读中渗透写作指导吗？……

教者于第一部分已深入探讨《一棵小桃树》有关教学目标的问题，如果以学生"学会托物言志的方法"作为散文《一棵小桃树》首要的教学目标，重点突破托物言志这个点，由"这篇"到"这类"文章的阅读，为单元运用托物言志的方法写作打下基础，实现"一课一得"，那么教者就有必要筛选、整合原有的教学内容，剔除"不需要教的"，集中解决两个问题："作者笔下的小桃树遭遇怎样的命运？""作者为什么要浓墨重彩写小桃树？"具体表现为：

首先，聚焦所托之物。托物言志是通过对事物的描写和叙述，表现自己的志向和意愿，因而找准所托之"物"是把握主旨的第一步，也是理解文本的前提条件。本文作者把"志"依托于小桃树，依据学情特点，比如本学段学生通过《紫藤萝瀑布》《陋室铭》《爱莲说》的学习初步具备托物言志的知识，教者在简单地回顾这个知识点后，直接从题目切入设计主问题"作者笔下的小桃树遭遇了怎样的命运？"引导学生静心默读，圈点勾画有关小桃树命运遭遇的语句，品析批注，如：出身卑微、外形卑琐、不被重视、孤苦伶仃、嘲笑冷落、风吹雨打……进而小组、班级合作学习，初步理清小桃树的生长经历：

---

① 刘菊春.我从课中来[M].福州：福建教育出版社，2015：44-46.
② 陈日亮.如是我读[M].上海：华东师范大学出版社，2011.
③ 陈日亮.我即语文[M].福州：福建教育出版社，2014.

桃核被埋在角落里——萌芽(嫩绿)——长到两尺来高(瘦,黄,没人理会)——有院墙高了(猪拱,讨人嫌,被遗忘,奶奶照顾)——开花(弱小,遭大雨,花零落,挣扎)——高高的一枝上保留着一个欲绽的花苞。

继而重点解析风雨中的桃花的相关语段,教者预先设计好交流的点,动情诵读,咬文嚼字,进一步体会小桃树生长过程中经历的艰辛与磨难及其蕴含的精神品质。比如:

①我的小桃树千百次地俯下身去,又千百次地挣扎起来……(加点字的表达效果)

②像一只天鹅,羽毛渐渐剥脱,变得赤裸的了,黑枯的了。(比喻的作用)

③竟还保留着一个欲绽的花苞……(加点字的内涵)

④……像风浪里航道上的指示灯,闪着时隐时现的嫩黄的光,嫩红的光。(比喻的作用)

课堂解读紧紧围绕所托之物,由面到点,学生对小桃树虽经风雨摧残依然保持着顽强的生命力和对未来的希望以及其品格之美的认识也愈发清晰,如此就能做到由描物到言志的自然过渡了。这是实现教学目标、达成去"到那里"的必不可少的途径。

其次,关注所言之志。托物言志的文章中描写事物是文章的骨架,而所言之志才是文章的灵魂。教者在学生充分认识小桃树的基础上,提出进一步需要探讨的问题——作者为什么浓墨重彩地描写小桃树?引导学生结合文本内容做更深层次的思考,领会文本的写作意图。为了达到这个目标,教者需有两方面的预设:

一是体会饱含在文本字里行间的情感,文面上感受作者的深情,比如:

啊,小桃树啊!我该怎么感激你?你到底还有一朵花呢,明日一早,你会开吗?你开的是灼灼的吗?香香的吗?我亲爱的,你那花是会开得美的,而且会孕出一个桃儿来的;我还叫你是我的梦的精灵儿,对吗?

此处作者在文字中表现出对"小桃树"开花、蓄梦的小心翼翼的期待；"我"在怜惜"小桃树"的同时，又对它寄予了无尽的希望。

二是解读好"托"的技巧。"相托点"即所咏之物与要表达的思想之间相通、相似之处。只有讲清这一点，才能将"物"与"人"、"物"与"志"之间建立起关联。教者可引导学生从文本得到"我"坎坷经历的相关信息后梳理成一条线：

> "我"出生在偏僻落后的山村，从小有梦想——离家出山，进城读书，感到自己渺小，但想干一番事业——长大成人后，方知人世复杂、社会复杂，感到自己太幼稚、太天真了，遭受各种磨难——像小桃树一样，"我"的心里"到底还有一朵花呢"，对理想对幸福的追求更加坚定了。

如果说出身处偏远、命运坎坷是作者和小桃树表层的契合点，那么拥有希望则是二者内在精神的相通之处，如此，学生在将小桃树与作者及作者的情感间就建立起了关联，形象地认识了这种用事物寄托作者某种理想的"托物言志"的写作方法，完成了由描物到言志的关键解读任务。

三、我去那里了吗——精准评价教学效果

马杰先生认为，一堂完整的教学设计还应当包含"我怎么判断我已经到达了那里"，简言之，如何检测教者已经达成了教学目标。检测教学目标的达成目前多以课堂提问、测试等办法进行，但学生往往感到很乏味，语文教学一直强调"教材只是个例子"，[①]"用教材教"而不是"教教材"的观点，而目标检测题与这一观点相悖，因为单一的以目标检测题评价课堂目标达成度，往往只注重把教材涉及的知识点讲全讲深讲透讲细，有应试教学之嫌疑，这与新课标精神是背道而驰的。此外，课后作业是检测的重要手段，应该重视作业设计的质量，即以巩固、提升这一类文章的阅读能力为旨归。教者原初设计的作业是：比较思考《一棵小桃树》与《紫藤萝瀑布》在写法上的相同点。今反观此题，这不是又炒冷饭吗？它对提升学生的能力作用几何？

课程专家鲍道宏教授曾指出："作为概念的'课文'，内涵是'在语文科课程总目标规定下……在单元内充当以训练学生特定语文能力为基本任

---

① 叶圣陶.叶圣陶语文教育论集[M].北京：教育科学出版社，2015.

务的、教与学的选文'。"①"选本的阅读是举一,推到其他东西的阅读是反三",课文的价值在于为学生提供学习语文的样本,凭借这篇课文需使学生能够举一反三,练成基本的阅读技能。如果教者仅仅着眼于文本本身,而不跃出来站在更高的角度来审视教材为什么要编排这样的例子,把课例与培养语文核心素养进行有效的对接,那么我们的课堂还是原来的课堂,学生的收获也还是原来的收获,课文的作用也就没有得到有效的发挥。由此,基于最大化凸显自读课《一棵小桃树》文本的价值,如果将原来设计的作业更改为当堂向学生推荐作者贾平凹相关类文的主题阅读,推行群文阅读,比如《溪流》《访兰》等托物言志的散文,那么既可以检测课堂学生学习目标的达成情况,评价课堂教学,而且能有效地将教师的教转为学生的学,真正转变课堂教学方式,增强学生的发展后劲,还能扩大学生的阅读量,加强学生语言的积累,提升学生思维能力,与新课标背景下高中学习任务群的群文阅读接轨,真正提高学生的语文核心素养,岂不一举多得?

以上教者就《一棵小桃树》的教学设计从"我要去哪里——精确定位教学目标""我如何去那里——精心选择教学内容及方法""怎么判断我已经到达了那里——精准评价教学效果"三方面进行反思。一句话,自读课教学宜在"精"字下功夫:教学设计既要关注单元教学目标,也需体现阅读教学的序列性,精确定位教学目标,突出教学重点;既要解读文本教学内容与策略,也要避免让人眼花缭乱的大杂烩教学,精心选择教学内容与策略,实现一课一得;既要思索阅读课堂的教学评价,又要选择更有效的方法,精准评价学生的学习效果,培养学生的自我阅读能力。如此,才能使教学活动得到有序的、优化的安排,提高语文课堂教学效率,让阅读成为学生能力获得和精神成长的助推器,真正提升学生的语文核心素养。

【附教学设计】

《一棵小桃树》教学设计

【教学目标】
(1)有感情地朗读课文,品味关键语句。
(2)理解课文托物言志的写作方法。
(3)体会作者对小桃树独特的情感。

---

① 鲍道宏."文章""选文"与"课文"辨析——兼论"教课文"与"教语文"问题[J].基础教育,2012,9(03):30-35.

【教学重点】

品味关键语句,体会作者对小桃树独特的情感。

【教学难点】

理解托物言志的写作方法。

【课时安排】

1课时。

【学情分析】

授课对象是七年级学生,形象思维强,对于如何将具体的事物抽象出哲理有所欠缺,而本文不仅距离学生的时代较远,而且富有哲理性,学生理解有一定难度。

【课前准备】

(1)扫除生字词障碍。

(2)自读课文,了解小桃树的生长经历。

【教学过程】

一、作者姓名导入

提问:"贾平凹"的"凹"字该怎么读?

姓贾,名平凹,无字无号;娘呼"平娃",理想于顺通;我写"平凹",正视于崎岖。一字之改,音同形异,两代人心境可见也。

明确:读(wā),可见正视崎岖的生活态度。

二、梳理文章脉络

写眼前:风雨中的桃树(2)。

忆过去:写小桃树和我的经历(3—8)。

展现在:风雨中的桃树(9—14)。

注意关键词:"今天的黄昏""好多年前的秋天了""如今"。

三、探究写作意图

提问:作者为什么要写这棵小桃树?这棵小桃树有什么不寻常之处?

桃树不寻常,它是_____(横线填完整)

1. 预设一——它是梦的精灵

奶奶从集市上回来,带给了我们一人一个桃子,她说:"都吃下去吧,这是仙桃;含着桃核做一个梦,谁梦见桃花开了,就会幸福一生呢。"我们都认真起来,全含了桃核爬上床去。我却无论如何不能安睡。想着甜甜的梦是做不成了,又不甘心不做,就爬起来,将桃核埋在院子角落的土里,想让它在那儿蓄着我的梦。——梦的精灵解析：奶奶的话看似普普通通，却赋予桃核一种特殊的意义：桃核意味着幸福，它在作者幼小的心灵里播下了幸福的种子。启发了他追求幸福、追求理想的朦胧愿望。

这段文字有一个细节亦写得很令人回味。"我们"听了奶奶的话。"全含着桃核爬上床去"，而"我"却怎么也睡不着，自然也做不成梦了。但"我"却不甘心不做，怎么办呢？将桃核种在院子角落里，让它在那儿蓄着"我"的梦。美梦做不成，就将它种起来。这个细节一则反映了"我"的幼稚、天真、可爱，一则也反映了幸福对"我"的强烈吸引力使"我"不甘心放弃。想让种子"蓄着我的梦"把作者孩提时就朦胧地向往美好的未来、向往幸福的人生的心理更真切地表现出来。同时也是全文展开、升华的一个铺垫。

2. 预设二——它是另一个"我"

小桃树的形象、气质、成长经历和贾平凹的人生经历有什么相似之处？请举例说明。

①示例：小桃树的成长经历

小桃树的经历：桃核被埋在角落里——萌芽（嫩绿）——长到两尺来高（瘦，黄，没人理会）——有院墙高了（猪拱，讨人嫌，被遗忘，奶奶照顾）——开花（弱小，遭大雨，花零落，挣扎）——高高的一枝上保留着一个欲绽的花苞。

"我"的经历："我"出生在偏僻落后的山村，从小有梦想——离家出山，进城读书，感到自己渺小，但想干一番事业——长大成人后，方知人世复杂，社会复杂，感到自己太幼稚、太天真了，遭受各种磨难——像小桃树一样，"我"的心里"到底还有一朵花呢"，对理想对幸福的追求更加坚定了。

明线、暗线两条线索交织，使小桃树和"我"建立了联系——小桃树就是另一个"我"，托物言志显得自然、感人。

作者在雨中回忆自己从乡村到城市的奋斗历程，看着那棵长在"院子角落"的"弱小"的"小桃树"的感受，这里写桃树，实则在写人，写自己的生活经历。

【链接材料】

我出生在一个 22 口人的大家庭里，自幼便没有得到什么宠爱。长大后体质差，在家里干活不行，遭大人唾骂；在校上体育，争不到篮球，所以便孤独了，欢喜躲开人，到一个幽静的地方坐。愈是躲人，愈不被人重视，愈要躲人，恶性循环，如此而已。——贾平凹

贾平凹出生卑微、瘦弱、孤独、内向，从小就有一种自卑心理，觉得自己

的个头、形象和口才等不如人。联系作家的成长经历,像小桃树一样生长在不被人发现的"角落","样子极猥琐",正好对应了作家在乡村期间"自我"成长的童年、少年经历。

②示例:【课文选段】朗读第7、8段部分内容,明确:从血气方刚到垂垂老矣,贾平凹历尽沧桑,他发现社会的错综复杂和自己的幼稚天真,感到陌生、迷茫、恐慌、自卑。

联系小桃树的相关描写。

啊,它已经老了许多呢,瘦了许多呢,昨日楚楚的容颜全然褪尽了。可怜它年纪太小了,可怜它才开了第一次花儿!

一颗仙桃的种子,却开得太白了、太淡了,那瓣片儿单薄得似纸做的,没有肉的感觉,没有粉的感觉,像患了重病的少女。

这种历尽沧桑的感觉和"我"何其相似。苍白瘦弱甚至病态,满怀哀怜之情。

我的小桃树在风雨中哆嗦。——无助感。

片片付给风了,雨了! 我心里喊着我的奶奶。——零落感,孤独感,无助感。怀念,感激。

小结写作技法一:明线暗线巧妙穿插,物我交融真诚抒情。

3. 预设三——它是"我"的指示灯

(1)赏析特写:风雨桃花

雨还在下着,我的小桃树千百次地俯下身去,又千百次地挣扎起来,一树的桃花,一片,一片,湿得深重,像一只天鹅,羽毛渐渐剥脱,变得赤裸的了,黑枯的了。然而,就在那俯地的刹那,我突然看见那树的顶端,高高的一枝儿上,竟还保留着一个欲绽的花苞,嫩黄的,嫩红的,在风中摇着,抖着满身的雨水,几次要掉下来了,但却没有掉下去,像风浪里航道上的指示灯,闪着时隐时现的嫩黄的光,嫩红的光。

配乐全班齐读第13段,边读边圈出你觉得最美的一组词语,并想想这些词表现了作者怎样独特的情感。

【点拨】

①我的小桃树千百次地俯下身去,又千百次地挣扎起来……

"俯下""挣扎"细致的动作描写,写出小桃树的顽强,千百次次数的叠加,写出小桃树屡战屡败的悲壮,隐含着成长的苦痛与挣扎。

②像一只天鹅,羽毛渐渐剥脱,变得赤裸的了,黑枯的了。

用剥脱了羽毛的天鹅,来比喻桃花零落的悲惨画面,表达悲痛、怜惜之感。

③竟还保留着一个欲绽的花苞……

一个花苞,单薄,但是倔强;一个花苞,孤独,却带着希望。"竟"表明作者的惊喜和振奋。

④……像风浪里航道上的指示灯,闪着时隐时现的嫩黄的光,嫩红的光。

指示灯代表了希望,坚定了信念,让作者对未来充满了期待! 未来不再迷茫。展露出作者胸中一颗奋斗不屈的心,也体现出作者历经沧桑的睿智与冷静和感悟人生真谛之后的执着。

【小结】这是作者对小桃树的赞美,是小桃树顽强生命力的体现,虽经风雨摧残,依然保持着对未来的希望。遭际不幸却不屈不挠,抗争不息,自强不馁,这种内在品格之美,融会了作者对人生的感悟。

(2)领会情感

啊,小桃树啊! 我该怎么感激你? 你到底还有一朵花呢,明日一早,你会开吗? 你开的是灼灼的吗? 香香的吗? 我亲爱的,你那花是会开得美的,而且会孕出一个桃儿来的;我还叫你是我的梦的精灵儿,对吗?

作者在文字中表现出对"小桃树"开花、蓄梦的小心翼翼的期待之情。"我"在怜惜"小桃树"的同时,又对它寄予了无尽的希望。

小结写作技法二:风雨桃花细致描摹,典型情境含蓄寄托。

四、总结探究结果

这是一棵不寻常的小桃树,它是"梦的精灵",寄托着"我"对幸福的向往;它是另一个"我",它出身偏远、命运坎坷,它寄托着我内心的苦痛和寂寞,寄托着"我"的追求和希望;它是一盏"指示灯",寄托着"我"正视崎岖、奋斗不屈的精神。

如果说出身处偏远、命运坎坷是作者和小桃树表层的契合点,那么拥有希望是他们内在精神的相通之处,以花象征幸福,以桃象征希望,这种用事物寄托作者某种理想的写作方法叫"托物言志"。

五、作业布置

比较思考《紫藤萝瀑布》与《一棵小桃树》在写法上的相同点。

文言教学应穿行于文字、文学、文化之间

——以统编版八年级上册《周亚夫军细柳》为例

当今文言文教学的课堂存在着各种问题。一类只关注字词理解，教师往往认为文言文的教学目的在于让学生理解文义，因此课堂上字字翻译，句句落实，教师教文言文就是教翻译，学生学文言文就是背翻译，学文言文仅仅为了应对考试，于是语文课缺乏"文"味，甚至有"言"无"文"的课堂不在少数，后果是学生越学越没有趣味。另外一类是为"文"而"文"，课堂上在"文"中极尽分析、品鉴。教《愚公移山》，抛弃"言"分析愚公形象，对比突出人物特点；教《小石潭记》，脱离"言"探讨写作顺序及景物描写的特点，体会作者的情感；教《富贵不能淫》，忽略"言"而在拓展延伸环节中解读一个个文化现象……俨然成了现代文的教学课堂。

如何改变文言文的教学现状？笔者以为教师在文言文教学过程中应当关注文字、文学和文化价值，将文字、文学、文化三者有机地、有效地融合在一起。只有这样，才能基于语文核心素养，让学生既"丰富积累，增强体验，培养语感"，又"提高自己的欣赏品位"。① 现以《周亚夫军细柳》为例，谈谈初中文言文教学怎样做到"言中有文""文中有言"。

首先，文言课堂要有文言气息。

《义务教育语文课程标准（2011 版）》第四学段指出："阅读浅易文言文，能借助注释和工具书理解基本内容，注重积累……"②传统的文言文课堂通常采用逐字逐句的串讲方式来解决文言字词，疏通文意。这种课型固然文言气息浓厚，但已将丰富灵活的文言词汇运用变为僵硬的背诵记忆，全国著名特级教师钱梦龙在他的《文言文教学改革刍议》中就曾对这种上课方式含蓄地提出了批评，"字字落实，句句清楚"的"嚼烂了喂"的文言教学，"其结果必然是肢解课文……说它'碎尸万段'也不算夸张。文言文事实上

---

① 教育部.义务教育语文课程标准（2011 版）[M].北京：北京师范大学出版社，2012：22-23，16.

② 教育部.义务教育语文课程标准（2011 版）[M].北京：北京师范大学出版社，2012：16.

已经不再是饱含思想情感的'文',即便是千古传诵的名篇佳作,无论'韩海''苏潮',一到语文课上,都只是一组组按刻板的语法规则组合起来的实词和虚词而已,再也激不起丝毫情感的微澜。文言文教学对师生双方来说,都成了一件最索然无味,但为了应考又不得不忍受的苦事"。① 但是,文言文阅读也不能脱离文言字词而以解读现代文文本的方式来组织课堂教学,因此文言课堂要在文学和文言教学间把握一个度。运用"随文学习"文言字词的策略,在分析理解文章的内涵和情感时结合语境理解字词含义,既有文学味儿,又有浓厚的文言气息,才能展现文言文课堂的魅力,从而让学生爱上中华民族的语言文字和中华优秀传统文化。

《周亚夫军细柳》是统编版八年级上册教材第六单元的第三篇文言文,在单元教学中属于自读课文,提高文言文的欣赏品位在单元教学目标中是中心任务。本节课教师能根据学情,指导学生借助课下注释疏通大部分文意,还将文中"军""劳""之"等一些多义词、词类活用现象的教学,融入课文的理解分析,融入文学鉴赏中进行,"言文结合",你中有我,我中有你,无缝对接,并联系旧课,举一反三,触类旁通,积累文言字词,课堂充满浓厚的文言味儿。

"随文学习"文言字词不失为一种行之有效的方法,但更多的教学实践也证明,如果语文教师仅仅是停留在"随文学习",而不对常见的文言字词、文言语法现象等文言知识加以系统地归纳整理,教学效果往往事倍功半。全国著名特级教师陈日亮曾提出,文言文"每一课都可能有若干常见的文言实词、虚词或特殊句式,值得提示或强调,宜放到课文教完,加以整理归纳,以助识记"。② 教师在本堂课对文言字词的处理便是属于这种情形,解读过程点到即止,解读结束整理归纳,既关照了学生的实际学情,又关注了学生知识技能的培养。

其次,文言课堂要有文学味儿。

一是诵读品析,体验情感。诵读,既是理解文义的重要方法,也是体验情感、提高语言感悟能力的重要途径。在本堂课教学中,教师先让学生自读疏通文义,再抽查自读的结果,进而在解决问题的过程中抓住关键句朗读,斟酌文字的妙处,体会文字背后的温度。比如,为了体现形势危机,教师引导学生反复朗读,分角色朗读相关句子:

---

① 　钱梦龙.文言文教学改革刍议[J].中学语文教学,1997(4):25-27.
② 　陈日亮.读写:促成完美的"言意转换"[J].福建基础教育研究,2019(2):17-19.

师：像刚才这位同学这样，我们把句中的"大"字去掉，你们觉得如何？（一、二组同学读"匈奴入边"，三、四组同学读"匈奴大入边"）

生：那就体现不了情况的紧急。

师：请同学们通过朗读把情况的危急、形势的严峻体现出来。

（生读，"大"做了重音处理。全班再齐读）

师：同学们读得很有感觉，文中用了"大入边"三个字，让人顿觉烽火烛天，胡尘匝地，形势非常严峻……

同样，为了让学生深切感受细柳军官兵训练有素、严守军令、严阵以待、军纪严明、凛然不可侵犯的本色，教师带领学生分角色细读"天子先驱至，不得入。上至，又不得入"；为了引导学生领悟周亚夫"真将军"的本色及文帝对周亚夫由衷的赞赏，教师提醒学生关注句中的标点符号，指导他们反复朗读文中关键句子"嗟乎，此真将军矣！"。课堂借诵读文中句子来品析语言、体验情感的教学点随处可见。

文言课堂的朗读应在解读文本的过程中根据需要伺机而读，为体会情感而读，为分析人物而读，为理解写作手法而读。著名特级教师陈日亮向来重视语文教学过程中的朗读活动，但又反对呆板、生硬、虚假的朗读，他说，朗读"一般要将课文先诵读一两遍，是逐句翻译下来，还是把容易理解的句子一读带过，只找其中重点的词句进行讲解讨论，当看学生的实际情况，也看课文的特点"，[①]在本堂课里，"匈奴大入边"的"大"、"天子且至"之标点、"此真将军"的"真"等朗读指导，都是课堂的自然生成，由此切切实实推动教学进程，为带领学生高效地解读文本服务。

大声朗读，口熟而成诵不仅是文言文教学的特殊要求，而且有鲜明的文言色彩，充满了浓厚的文学味儿。

二是环环相扣，自然流畅。教师能遵循学生对文本的认知规律来设计教学环节，步与步、层与层之间环环相扣，层层推进，每一个教学环节都是前一个环节的延伸、升华，能巧妙处理预设和生成之间的关系。清晰的教学思路就像文章的过渡衔接照应，体现课堂教学的节奏美，展现教师思维的流畅美，更蕴含着文言课堂的文学之美。在本堂课教学中，基于自读课旨在培养学生的自学能力，教师导入以解读题目为抓手，在明确"军"的意思后，引导学生通过课下注释自读，疏通文意，启迪学生就题目思考并提出

---

① 陈日亮.我即语文［M］.福州：福建教育出版社，2007.

问题,教师根据学生答案结合预设,生成三个问题:周亚夫为什么要驻军细柳?驻军细柳时发生了哪些事?结果怎样?教师围绕这三个问题,又生成了一连串的小问题。如围绕着"驻军细柳时发生了哪些事"这一问题,教师在分析细柳军的表现后,引导学生分析"周亚夫是怎样的一个人?"进而探究"文中大费笔墨描写细柳官兵的表现,是否有喧宾夺主之嫌?""题目是'周亚夫军细柳',作者为什么写棘门、霸上军呢?"从分析人物形象自然过渡到刻画人物形象的方法,即写作手法的赏鉴,"起、承、转、合"自然,教学过程流畅。在问题预设和生成之间,教师不断推进教学过程,不断实现既定教学目标,也有效地提高了学生思维能力。

最后,文言课堂要有文化底蕴。

《义务教育语文课程标准(2011 版)》总目标要求是:"认识中华文化的丰厚博大,汲取民族文化智慧""吸收人类文化的营养"。[①] 文言文是中国特有的文化现象,作为一种特殊的语言现象,其中蕴含着很多可以传承的文化因子。南京大学鲁国尧教授说:"文言文是中国几千年文化的载体,学习文言文不只是为了了解几个字词,阅读几篇古文,更重要的是对我国古代优秀传统文化的学习和借鉴。"[②]教学时,教师既要看到文本的文学欣赏价值,又要重视文本特有的文化价值。《周亚夫军细柳》中渗透的文化知识有:

1."礼"文化

"礼"是中华传统文化的重要内容,文中涉及"礼"文化的有几处,比如"将军亚夫持兵揖曰""介胄之士不拜""请以军礼见"。教师在课堂上把握周亚夫人物形象时,比较了"揖""拜"这两处"礼"文化的不同之处。

2.《史记》文化

《史记》是西汉史学家司马迁撰写的纪传体史书,是中国历史上第一部纪传体通史。初中阶段,学生第一次接触到节选其中的文本,一般的教者会在解读文本前介绍《史记》文化,而颜老师是在总结本课"对比""衬托"手法时,巧妙通过对另一则材料《廉颇蔺相如列传》的解读,引出对《史记》及其作者司马迁的相关知识的介绍,既丰富了教学内容,又开阔了学生视野。

3."细柳"文化

---

① 教育部.义务教育语文课程标准(2011 版)[M].北京:北京师范大学出版社,2012:6.

② 桑哲."淡化文言文教学"大家谈[J].现代语文,2007(1):4-6.

"忽过新丰市,还归细柳营"(唐·王维《观猎》)、"万载森严细柳营,信威独许汉将军"(宋·释绍昙《偈颂一百零二首〈其一〉》)……"细柳营"作为一种文化现象在古代不少诗文中频频出现。究其出处,皆源自汉代司马迁的《史记》。课堂囿于时间关系,教师可简略带过,但也足见教师在教学过程中注重传统文化的渗透。

陈日亮先生曾就"文言文教什么"的问题做过一番阐述,他说,教文言文,"一是了解优秀的中华传统文化,增强母语情结;二是为衔接高中阶段的'文化传承与理解',养成文言积累的习惯,培养感悟、鉴赏和批判的能力;三是提供运用现代汉语的宏观语境,提高现代汉语的运用能力"。① 因此文言文教学设计应注重中华传统文化知识的渗透。

以上笔者以《周亚夫军细柳》为例,从文字、文学和文化的视角入手,对文言文教学提出了个人的看法。特级教师褚树荣曾在浙江宁海知恩中学举办"文言文教学"的主题活动,探索了一个比较典型的或者带有普遍性的问题——文言文教学如何把文字的落实、文学的鉴赏、文化的渗透融合在一堂课里? 这三者不是一个简单的相加,而是自然的融合。笔者以为,《周亚夫军细柳》的教学实施过程就是对褚老师问题的完美回答,是一个三全齐美的方法。教师由问题引领,在解决问题的过程中将文字的落实、文学的鉴赏、文化的渗透完美融合在一起,真正实现文言文的认知价值、审美价值和文化价值。

当然,将文字、文学、文化穿行于文言课堂对教师的教学设计也提出了更高的要求,教师应科学地设定教学目标,合理地运用教学方法,有效地实施课堂教学,关注每一个细节。比如:

1. 课堂提问力戒碎片化

问题是撬动思维的杠杆。陶行知曾说:"智者问得巧,愚者问得笨。"语文课程关注汉语言文字的特点对学生进行阅读、思维发展等方面的影响,培养学生整体把握文本的能力,文言文教学也不例外。课堂提问如果以"接着他们到哪里去?""有没有人迎接他们?""他们顺利进入营帐了吗?"等类似形式呈现,那么课堂对话就有低幼化的危险,而缺乏思维张力的问答,无助于培养学生的思维品质。

反之,如果能让学生带着如下问题自读课文:①文中写了哪几个主要人物? ②文帝对周亚夫是怎么评价的? ③为什么说周亚夫是"真"将军?

---

① 陈日亮.读写:促成完美的"言意转换"[J].福建基础教育研究,2019(2):17-19.

④文中又是如何刻画周亚夫这一"真将军"形象的? 再以之组织课堂对话,便能明确地引导学生关注文本内容、理清故事脉络,进而欣赏文字背后的深沉含义,便能突出教学重点,突破难点。因为,这四个问题看似普通,却紧紧扣住文本的核心,环环相扣,层层深入,能辐射到文本的多个方面,能激发学生研讨文本的热情,从而了解人物形象,明确写作方法,做到据言识意,由意识言,以言达意,言意互转,如此学生的语用能力才得到充分锻炼,学生的思维能力方得以有效训练,也显得更紧凑,更艺术,更动人心弦。

2. 文化渗透避免表面化

语文教学中传统文化的渗透是非常重要的一个方面,教师在课堂上只有采用合理的教学方法,才能增强学生的记忆,更好地传承中华文化。比如该课在解读"礼"文化的过程中若能结合汉字的造字文化,即从字源学的角度厘清"拜""揖""礼"的意思及其之间的关联,效果又将大为不同。

《说文解字》:拜,两手及地。杨雄说,"拜"的字形采用两手下垂的形象会义。

《说文解字》:攘也。从手咠声。一曰手箸胷曰揖。

"豊"是"禮"的本字。豊,甲骨文 ＝ (像许多打着绳结的玉串)＋ (壴,有脚架的建鼓),表示击鼓献玉,敬奉神灵。

汉字文化博大精深,教师追根溯源,学生对"拜""揖""礼"的理解就更为直观,印象也更为深刻,同时也认识了我们祖先的智慧,这何尝不是一种情感价值观的教育?

3. 目标拟定杜绝片面化

教学目标是课堂教学的指挥棒,在教学过程中起着重要的作用。文言文教学中,文字是基础,掌握文言字词是理解文言文的先决条件;文学、文化是提升,传输文言文背后的文化知识和文学美感,用文言文中蕴含的国学文化知识打动学生,让学生沉浸在文学的美感之中。教会学生感受、欣赏文学、文化之美是文言文教学的使命。本堂《周亚夫军细柳》的教学设计中,关注了文字(字词积累)、关照了文学(写作方法、人物形象、人物精神),可是未能呈现文化层面的教学目标,这样的文言文教学目标是片面的、有缺憾的。因此,文言文教学目标的拟定应涵盖文字、文学、文化,使教学更立体,更饱满,更有张力。

总之,文言文是中华民族文化的一部分,凝结着厚重的历史,承载着丰盈的民族精神。在文言文教学中，我们只有从文字、文学和文化的视角入手，才能真正实现文言文的认知价值、审美价值和文化教育价值三者的统一。当然，教师都是独一无二的个体，一堂课的呈现方式可以是多样的，教师在课堂上可以展现不同的方式、不同的特点，教无定法，但最终出发点要落在教学目标的准确实施上，落在学生核心素养的发展上。

细腻品读　纯净心灵
——人教版八年级上册《归园田居》听课心得

经历了连续几天的阴霾天气，12 月 28 日，我们终于迎来了一个虽然寒冷而阳光十分明媚的好时日。这天早晨，省教育学院应永恒名师工作室语文教学研讨会在大家期盼的目光中，于三明大田六中多媒体教室隆重举行。尽管凉风嗖嗖，却依然抵挡不住教师们如火的热情，教室里座无虚席。作为漳州语文界一名教师，我也非常荣幸地受邀参加了此次教学研讨会，第一次和特级教师、省名师培养对象应永恒老师有了近距离的接触，在无拘束的交流中粗浅了解了应老师的教学思想，并聆听了应老师《归园田居》的观摩课教学。

《归园田居》(种豆南山下)选自人教版八年级上册第六单元三十课，该课是一组主要以吟咏山水风光为主的诗文，旨在让学生欣赏美景，陶冶性情，领悟情景交融的写法，学会从景物描写中读出作者的情感。现结合本堂观摩课的个人感受，谈谈自己的一点心得体会。

一、细腻品读，体味诗中蕴含情感

阅读诗歌，最重要的一点是要有自己的情感体验。但是，受我省各地市中考诗歌考查的影响，大部分老师对诗歌的教学仅仅停留在诵读、识记方面，未能真正有效地引导学生通过对诗句的细腻品读，理解诗中所蕴含的感情，这种现象与语文课程标准提出的"欣赏文学作品，能有自己的情感体验"是背道而驰的。而在本节课中，应老师能循循诱导学生，抓住诗中的关键词语、句子，启发学生畅谈自己的阅读感受，体会诗中作者的情感。比如对"带月荷锄归"中"月"这个意象，应老师的解读给我留下了深刻印象。

老师：那么，除了可以从"晨兴理荒秽"看出平静外，这首诗还可以从哪里看出平静？请同学们想想。
男生 4：带月荷锄归。

……

老师:你觉得这句诗是怎么表现诗人内心的平静的? 说说看。

男生4:"带月"是在晚上的时候。

老师:哦——刚才一个找到早上,现在你找到晚上了。早出晚归嘛! 但陶渊明不这么说,而是用一种形象化的说法。我们有一个成语叫"披星戴月",怎么写? 知道吗?

男生4:……

老师:"披星戴月","dài"怎么写?

学生:戴帽子的"戴"。

老师:我们课文用的是"携带"的"带",为什么要用这个"带"字?

女生2:感觉好像是诗人带了月亮,然后拿着锄头就回家去了。

老师:月亮能"带"走吗?

女生2:是月亮跟着他走。

老师:为什么不说"跟月荷锄归"呀?

女生3:因为月亮给人一种平静安详的感觉,晚上把月亮带回去,就把月亮的平静安详给带走了。

老师:这位同学太有想象力了! 陶渊明已经把月亮的安详和平静都带回去了。……

对"带月荷锄归"的理解,更多老师对"月"的解读可能就是陶渊明早出晚归辛勤劳作,或者陶渊明热爱劳动,可能就只分析到喜爱田园生活这个层面上,但应老师能透过字面现象,连续请了三位学生,循循善诱,由浅入深,由表及里,引导学生从深层次上感受作者的内在情感,让学生和听课者如醍醐灌顶,不由地佩服应老师对作品解读之细腻,对情感把握之到位。

再比如对诗句"但使愿无违"中的"愿"字,应老师又是如此解读的:

老师:陶渊明的"愿"是什么? 除了我们刚刚说的"归田园"是陶渊明的"愿",陶渊明还有什么"愿"? 请同学们回忆我们学过的课文。

女生6:《桃花源记》,《桃花源记》描绘了一个很美好的社会,来表现诗人对美好生活的向往。

老师:换句话说,陶渊明回归田园后,可能他的"愿"就包含了诗人的社会理想。

女生6:陶渊明希望社会上人人都能吃得上饭,过得上好日子。

老师：说得太好了！诗人希望社会上人人都能吃得上饭，过得上好日子。"愿"字还包含了诗人兼怀天下的政治抱负。

老师：这"愿"字除了诗人的回归田园之愿，兼怀社会政治理想之愿外，诗人还有什么"愿"？

学生：……

老师：人的生活有一个基本的需求，需求满足之后，还有一个更高层次的需求是什么？

学生：精神的需求。

老师：对！其实同学们刚才说了，陶渊明还追求一种心灵的平静。不仅仅是乡村外在的平静，更重要的是心灵的平静。

就本首诗来说，更多人对于"愿"的理解是"归田园"之"愿"。应老师对作品解读的深刻之处就在于不是孤立地看作品本身，而是引导学生从陶渊明自己的人生历程中，知人论世，结合已经学过的陶渊明的作品，去认识"愿"的真实含义，分析得合情合理，这对于参加研讨的很多老师来说，又是一大触动。

是啊！对文本内容的解读，教师必须要有个性的思考，哪里能依靠现有的教学参考书、教辅材料或某些专家学者对该篇文本的分析？照搬照抄、照本宣科地死板传授知识，后果必将是学生昏昏欲睡，评价者也毫无所获，找不到该堂课的任何创新点。应老师善于从文本中读出自己独特的思想，读懂作者在特殊语境中的情感，这样的语文课堂就能受到学生和参与研讨的老师们由衷的喜爱和热烈的欢迎。

二、举一反三，重视文本拓展延伸

新课程要求教师在上课过程中要善于引导学生从具体情境或案例中发现事物一般规律，积极探究问题的本质，提高学生分析信息、应用信息的能力。全国著名特级教师于漪先生也曾说："学习语文要能举一反三！"只有做到了举一反三，才能使知识条理化、系统化，并由此领悟，产生联想，触类旁通。

在解读诗歌时，应老师能通过本节课的知识点，抓住新旧知识之间的内部联系，扎实掌握新的知识，达到"教者举一，学者反三"的效果。比如通过让学生搜集材料了解作者，介绍作者，又引导学生复习《桃花源记》，进一步了解诗歌作者形象，突出"知人论世"的诗歌鉴赏法；既培养了学生自主合作探究的精神，又进一步加深了对作者思想的理解。

对文言字词的教学,也渗透在本节诗歌教学中:

男生5:但使愿无违。

老师:"但"是什么意思?

男生5:只,只要。

老师:哪一篇课文学过"但"这个词了?

学生:《木兰诗》"但闻燕山胡骑鸣啾啾";《孙权劝学》"但当涉猎"。

古代诗歌使用的是文言的句法,字词解释虽不作为重点,但是适时强调一些重点的文言字词,不仅是为了落实文言知识点,更重要的是让学生掌握阅读和理解文言规律,培养学生归纳整理的能力,从而能更有效地提高学习文言文的能力。

对知识的拓展和延伸则主要表现为在品析诗歌语言、感受诗人情感的同时,一些名诗名句、名文名段可说是信手拈来,如对"道狭草木长"中"长"的解读,适时引出了古诗文名句"草长莺飞二月天"这句与"长"字相关的诗句;再如对陶渊明诗歌价值的点评,除了引用南朝文学评论家钟嵘在《诗品》中将其置于"中品"的评价外,还引述了北宋文学家苏轼的"质而实绮,瘦而实腴"这则有代表性的评价性语言,陶渊明诗歌的语言特点从而得以形象而鲜明地展现,在游刃有余的教学中显示了应老师深厚的文学素养。

三、以情感人,探究诗歌人文内涵

语文课程具有丰富的人文内涵,对学生精神领域的影响是深广的。《义务教育语文课程标准(2011版)》指出:"阅读文学作品……初步领悟作品的内涵,从中获得对自然、社会、人生的有益启示。"而我们在平时的诗歌教学中,因受中考指挥棒的影响,诗歌课堂的育人功能未得到应有的重视,课堂教学至多停留在理解诗歌的情感这个教学层面上。应老师认为,诗歌教学同样必须体现语文的三维目标,特别是要重视情感价值观的渗透,真正落实语文的育人功能,不能因为中考因素就忽略了这方面的教育。

在本堂观摩教学中,就充分体现了应老师对诗歌教学熏陶感染作用的重视,注重诗歌内容的价值体现,善于因势利导,使学生获得对人生的有益启示。下面这段对话教学,就在师生之间平等的对话中、在轻松的氛围里初步展示了应老师对学生人生观的积极导向作用:

男生3：我们现在的生活环境，即使是乡村，给人的感觉也是很嘈杂的。

老师：这位同学联想非常丰富，他已经由陶渊明的田园生活联想到了我们现在生活嘈杂。你能不能举一个例子？

男生3：比如现在即便是乡村的早晨，也有很多大卡车发出"轰轰轰"的轰鸣声。那种画面给人一种……

老师：早晨有大卡车呀？

男生3：(学生笑)还有现在人说话的声音特别大。

老师：哦，说话的声音也响亮。现在环境比较嘈杂，很重要的一点可能是我们现在人的心境和古人不太一致。嘈杂的外表之下内在的原因其实是什么？古人和我们到底有什么不同？

男生3：可能是我们心理各方面有压力……

老师：压力，你们也有压力？

(学生笑)

男生3：可能心里想得比较多，就比较复杂。

老师：外在是嘈杂，心里是复杂，过去是没有压力、平静的，现在是有压力的，对不对？

如果说这段师生间的平等对话只是含蓄地表达了对现实嘈杂、不平静生活的不满外，而结尾部分更是在分析陶渊明情感态度的基础上，联系现实，表达了对"自由的、诗意的"人生态度的追求，这是对学生人生态度的直接引导：

老师：陶渊明有没有受到战乱的影响？没有。做彭泽令时有没有受到检查工作的影响？没有。陶渊明有一句话：不为五斗米折腰。他不装模作样，不低下自己的头，追求的是心灵的自由。所以我们觉得最高层次的生活是"自由地、诗意地"栖居在这个世界上，我们不希望承受刚才这位男同学说的压力，按照陶渊明说的：那就"归来吧"！在自由的、诗意的栖居之所能够有我们心灵平静的……按西方的话来说是"伊甸园"，按陶渊明的话来说是心灵的……

学生："桃花源"。

老师：前一段时间，中央电视台有一项幸福指数的调查。同学们说，陶渊明幸福吗？

学生:幸福。

老师:陶渊明是天下最大的幸福者! 怎样才能幸福? 请同学们一起回答我。

老师、学生:自由地、诗意地栖居于陶渊明的园田。

老师:于是这个"园田"就不仅仅是乡村,我们生活的县城如果有自由、有诗意的话,不也是可以这样栖居吗? 这个"田园"不单是乡村的平静、自足的满足;不仅仅是山水,更重要的是心灵的平静,是灵魂归宿的平静。学完这首诗后,什么压力,什么浮躁,什么嘈杂,我自岿然不动! 归来吧! 田园,园田在等着你! 只要你打开心灵的天窗,让我们的心灵平静,诗意的生活就展现在大家面前! 我们才刚刚开始,八年级的同学。

本堂诗歌教学观摩课,应老师扎实深厚的教学功底,独特精致的教学设计,挖掘文本的独到之处,从容不迫、自然亲切的教学风格,充满浓浓人文关怀的课堂交流氛围,以及对中国古诗文的深厚修养,使参加研讨会议的教师们受益匪浅、深受启迪。在应老师细腻的富有创造性的品读下,我不知不觉地得到了心灵的净化,懂得了什么才是真正的诗歌课堂! 什么才是真正的诗歌教学!

在以后的教学中,我将努力向优秀老师看齐,充分利用一切学习的机会,学习先进的教法,博采众长,亮丽自己的教学生涯,真正成为一名新课程理念的践行者。

2012 年 12 月

"问"是一门艺术

——听肖培东老师《怀疑与学问》观摩课的思考

日本教育学教授、学习问题专家斋藤孝说过:"提出问题的方式远比表达能力更可以显出一个人的实力。"[1]我们可以这么认为,教师课堂提问亦体现教者的思维水平与执教能力。上课就教学重点、教学难点预设问题,提出问题,推进课堂,达成目标,一般教师可以做到;但如何更好地提出问

---

[1]　斋藤孝.如何有效提问[M].北京:文化发展出版社,2017:7.

题，带领学生在更广阔、更深层次的空间里思考，既培养语言能力的同时，又发展思维能力，就不仅是项技术，更是门艺术，是一般教师需要多思考多训练、努力追求的。而在《怀疑与学问》一课教学中，肖培东老师给听课教师们做了极好的示范。

一、巧妙的设问

肖老师说："好课的标准是问题设计须巧妙！"而巧妙的"问"题设置，是建立在对文本的深入阅读、整体把握的基础上。"要想上好哪篇课文，必须先得裸读，反复地读，习惯于深层阅读。""一个好的语文老师是一个好的文章解读者。"在《我就想浅浅地教语文》众多的课例中，培东老师常常在充分把握文本的基础上，向学生提出值得探讨的问题，带着学生细读文本，让学生一一破解，找到思考的乐趣，从而打开知识的大门。

本堂课一开始，肖老师直接从标题短语入手抛出值得学生探讨的问题——

　　师：如果不用"怀疑与学问"做标题，而改用课文当中的其他短语或短句做标题，你会选用哪一个？

稍一思索，其实问题指向直逼文章的观点，但为什么一反常态，不直接提出问题"文章的中心论点是什么"？请看学生对老师的回应：

　　生：我觉得可以用第三段的第一句话"学问的基础是事实和根据"。
　　生：我觉得还有第一段的"学者先要会疑"。
　　生：我觉得可以用第六段的第一句"怀疑不仅是消极方面辨伪去妄的必需步骤，也是积极方面建设新学说、启迪新发明的基本条件"。
　　生：盲从或迷信。
　　生：第六段的"怀疑和明辨"。
　　生：我会用"怀疑、思索、辨别"，第五段的第二行。
　　生：第五段的"因怀疑而思索，因思索而辨别是非"。

学生集思广益，回答涵盖了文本中各个段落的主要内容，对文本的理解也逐层深入。在此不难发现肖老师提问的良苦用心：是教者引导学生深入文本，用慧眼甄别关键词语、找寻关键句子。回答不论正确与否，肖老师皆尊重学生的阅读感受。进而在解决问题的过程中，引导学生不仅知其然,还要知其所以然,提升学生审辩思维的能力。

师:……刚才同学们提出来的这些答案,哪些不符合"怀疑与学问"这个关系的辩论?

生:我觉得"学问的基础是事实和根据"不符合。

师:"学问的基础是事实和根据",你来说,为什么不行?

生:因为它没有讲到怀疑。

师:它只是从某个方面来告诉大家学问的基础是什么。是不是啊?好,请坐,这个不行。来,这个同学你来说。

生:学者先要会疑。

师:"学者先要会疑",你觉得不好?

生:嗯,因为它没有学问。

师:没有"学问",大家说这个词有没有"学问"?

生:学者。

师:现在你自己说说这个词好不好?

生:觉得好。

师:"学者先要会疑"好在哪里?

生:因为"学者"就是做学问的人。

师:做学问的人要首先学会什么?

生:怀疑。

师:这句话确实好,还有没有把这句话解释得更简单的?

生:学则须疑。

师:哟,现在变成四个字了。大家快画出来,这句话也好。交代得更明确,大家一起读,预备,读。

生齐读:学则须疑。

……

师:"学则须疑""学者先要会疑",把这两句话画出来。这两句话告诉我们什么意思?你来说,用自己的话说。

生:做学问必须要学会怀疑。

师:做学问的人必须要学会怀疑,想做学问必须要先学会怀疑。

……

生:我觉得"学则须疑"是把怀疑作为一个前提,顾颉刚先生"怀疑与学问"这个标题是把"怀疑与学问"放在同一个层面。

师：换言之，"怀疑与学问"有没有告诉你"怀疑与学问"是什么关系？

生：没有。

师：但"学则须疑"很明确地告诉你做学问要学会怀疑。

生：一个提出了关系，一个提出了自己的主张。

师：很好！刚才这位同学所说的"主张"其实就是这篇文章的——

生：中心论点。

学生在教者的启发和引导下，在选择和比较、交流和探讨中越辩越明晰，由表及里、由浅入深走进文本，并在老师的引导下理清"学则须疑"与"怀疑与学问"的不同之处，在如何辩明观点中掌握了方法，可谓问得巧妙。

在引导把握文本的结构中，肖老师的问题又是与众不同的：

师：顾颉刚先生如果想要使用这两个拆开的句子，而不使用这两个连着的句子（第 6 段首句），他会把这两个拆开的句子，分别放在什么位置？

如此巧妙地设问，目的依然是引领学生深入文本，既让学生明白该句话在文本中的承上启下的过渡作用，明确文章的结构，又避免了以"第 6 段首句在文中有什么作用？"的提问方式而带来的即便不依据文本，依然可以得到答案的套路式回答，培养了学生的阅读能力和思维能力。

语文教育家钱梦龙先生说："语文课要实实在在地教会学生读书。"[1]肖老师立足于"实实在在教会学生读书"，巧妙地设置问题，引导学生老老实实阅读课文，在文本中流连，获得整体的印象和感知，为下一步的局部探究和文本细读，进一步梳理文章的结构、品析文本的语言打下坚实的基础。

二、有效的追问

追问是教师教学智慧的展示，是锻造学生思维的手段，更是语文教学的艺术。一个智慧的教师总能顺思而问，顺学而"追"，以"问"促思，以"问"促学，"问"出别样的精彩。课堂上适时适度，且富于艺术技巧地追问，能及时地启发学生的思维，加快把知识转化为语文素质能力训练的进程，是保证和提高教学质量的有效途径。以本节课探讨文本的论证结构为例：

---

① 钱梦龙.教师的价值[M].上海：华东师范大学出版社，2015：128-130.

师:……再考虑一个问题,能不能把第 6 段放到第 3 段前面? 也就是把第 6 段当作第 3 段,第 3～5 段放在原来第 6 段这个位置,你觉得可不可以?

生:不可以。

师:为什么不可以? 不可以你就要说出个所以然。 能不能先说积极建设新学说启迪新发明,再去证明辨伪去妄?

生:不可以,因为第 3～5 段是比较重要的,后面的是次重要的。

师:同不同意他的说法? 她认为前面比较重要,后面相对不重要。

生:都很重要。

师:这个就有意思了,有争论了。 你来说。

生:前面先是铺垫,后面再升华。

师:前面铺垫,后面升华。 这是记叙文的说法。 没关系! 你们刚刚开始接触议论文,再想想看。

生:不能吧? 应该先要讲消极方面的,然后再——

师:意思已经有了,先,然后,再,其实意思已经有了。

生:先讲消极方面的,后面再讲积极方面,先抑后扬。

师:也不能叫先抑后扬。 没关系啊! 这叫逐层深入、层层递进。 辨伪去妄是吸收,先吸收,再创造新的。 后面这句是建立在前一句的基础上。 难怪作者用了哪个词?

生:不仅,还,也。

师:所以大家能看出来,文段之间是层层递进的。 写议论文安排文章结构非常重要,这篇文章,结构完整,论证严密。 不仅在文章的整体上还是局部上,都看得出来。 我们现在开始读最后一段。

教者在此授课环节中,紧扣目标设置问题——"再考虑一个问题,能不能把第 6 段放到第 3 段的前面?"然后根据学生的回答抓住时机追问"为什么不可以?""同不同意他的说法?""难怪作者(第六段首句)用了哪个词?"后一个问题是在前一问的基础上进行的追问,追问准确精练灵活,由浅入深。而学生在教者的步步追问下,展开充分的探讨,从简单的"不可以"到"重、次要""铺垫""先抑后扬"的错误阐释,从混沌到渐渐清晰。尽管学生展示的答案不尽如人意,但在老师的耐心引领下,学生越辩越明,最终议论文"逐层深入、层层递进"的写作思路就这样水到渠成地植入学生的心底。

三、顺畅的转问

完美的教学过程应该是行云流水式的，就像写一篇文章，要精心构思，在行文过程中考虑起承转合，关注过渡照应。成功的语文阅读教学也是如此，授课环节是流畅的，其间没有任何的阻隔，没有任何的块状感。要成就这样的语文课堂，转换话题时的提问就是一门艺术，培东老师在这方面就是一个艺术家。请看：

师：同学们，文中哪一句话具体明确地说明了怀疑与学问的关系？

生：第6段的第一句。

师：你给大家读一读。

生（齐读）：怀疑不仅是消极方面辨伪去妄的必需步骤，也是积极方面建设新学说、启迪新发明的基本条件。

师：如果顾颉刚先生将这两句拆开，而不使用第6段原来的这个长句，您觉得，它应该放在什么位置？

肖老师引导学生朗读第6段是为了在解读的过程中进一步明确怀疑与学问的关系，阐述怀疑的重要性。朗读用意一方面在于把握文章的主要内容；另一方面，肖老师又通过这句话进行提问，很自然地由内容转入对文章结构的探讨，逻辑思路非常严谨，形成一条问题链，引导学生拾级而上，可谓转得天衣无缝。就是这些细微得让你觉察不出的转弯，师生们的思维活动犹如潺潺的溪流缓缓流动着，感受着语文学习的快乐。

四、精准的质疑

《怀疑与学问》位于统编版教材九年级上册第五单元，单元提示明确了主题："要联系实际进行质疑探究，养成独立思考的习惯。"培养学生的怀疑创新精神和批判性思维是这篇议论文的教学目标之一，如何达成这个目标？肖老师并没有像一般的老师那样拓展延伸到课外，而依然将目光锁定在文本中，活学活用，现学现用：

师：好，顾颉刚先生告诉我们不论对于哪一本书，哪一种学问，都要经过自己的怀疑。那么我们可不可以怀疑顾颉刚先生这篇文章呢？第六段你读下来以后，有没有觉得哪些词有问题？或者是文章的论据方面，你觉得还不够味道的？

……

生：我觉得戴震的例子好像有点问题。如果普通人就是这样做的话，也可以做学问家了。

师：……那个时候作为普通人的戴震，幼时读书，他就开始怀疑。同学们考虑一下，为了更好地运用这个论据来论证论点，戴震的例子最好应该怎么写？

生：后面再加上戴震的成就。

师：大家说有没有道理？戴震小时候就学会怀疑，最终创立了什么说，成了什么家，什么大师，才能和这个段落的论点保持一致性。百密有一疏，就是有道理的。戴震原来就是普通人啊，这里呀，我觉得可以修复一点，还有没有？

……

生：我觉得"消极方面"。

师：消极方面，你说辨伪去妄属不属于消极方面？它是不是人生的积极方面？……我们把积极方面和消极方面去掉是不是更顺畅？你们看，预备齐。（生读）

师："辨伪去妄"怎么叫消极方面？我们把"积极方面"和"消极方面"去掉读起来更清爽。同学们，对一切学问我们都要抱怀疑的态度，不仅是这篇文章，还包括生活中我们看的更多的文章以及更多的内容。

敢于对教材文本提出质疑，教师是需底气和自信力的；勇于带领学生探讨文本的缺陷并完善文本内容是聪明睿智的。带着学生纠错的过程，就是最好的探究，最好的培养怀疑精神。肖老师以犀利的目光准确地质疑，连续提出了几个有争议的问题激起了学生思考、探究的热情，引发学生广泛地探讨，启发学生发现文本的两处缺陷——"（戴震事例）后面再加上戴震的成就""我觉得'消极方面'（有问题）"……

肖老师在学生充分讨论的基础上，综合学生的意见，强调只有写出戴震的成就，"才能和这个段落的论点保持一致性"；只有直接去掉"积极方面"和"消极方面"，语言表达才更"清爽"。进而肖老师引导学生对"更多的文章、更多的内容"要抱有怀疑的态度。如此精准地提出质疑，既传授了议论文的写作知识，又现身说法，不刻意追求，了无痕迹地培养了学生敢于质疑权威的精神，无疑给了学生最好的批判性思维的训练和人格历练。

钱梦龙先生说过："所谓教学艺术，从某种意义上说，也就是提问的艺术,提问方式的巧妙与笨拙,直接关系着课堂教学的成败。"①肖培东老师自己也说:"好的课一定是靠好的问题来推动的。"肖老师的课堂,讲究"问"的艺术,"问"得精彩,"问"得深入;课堂推进得自然,呈现得灵动;学生"学"得快乐,"学"到精髓。设问—追问—转问—质疑,一系列有价值的问题,不仅培养了学生语言表达能力,而且发展了思维品质,更是师生共同发展的乐园。作为语文老师,我们应当向肖特们看齐,重视如何设置精妙的问题,多多重视"问"的技术,追求"问"的艺术。

诗心·慧心·仁心
——谈肖培东用"心"酿就精致灵动的语文味课堂

《我就想浅浅地教语文》是特级教师肖培东老师的一部经典课例品读著作,书中精选16篇课堂实录,涵盖了中小学不同学段、不同课型及不同体裁的语文教学。每篇课例由"浅浅小语""课堂再现""教学感言""现场声音"和"名师点评"五个部分组成。"浅浅小语"以诗意的语言抒写上课心得,"课堂再现"用实录形式再现课堂真实,"教学感言"或呈现教学设计过程或反思课堂教学效果;"现场声音"披露现场教师的点滴心语;"名师点评"站在一定高度从不同的角度客观评价课堂的艺术效果。每篇课例由现象到本质、从实践到理论凸显肖培东老师独特的教学理念——浅浅地教语文。但无论哪一种课型都教得精致,教得灵动,教得淳厚,充满浓浓的语文味,其课堂的艺术效果皆源自语文人培东老师之用"心"。

一、一颗诗心"浅浅"地营造满堂诗意

五千年来中华民族创造的经得起时代考验的圣贤之人的著作和作品,特别是经典古诗词和散文就是文化自信的魂和根。语文教学不只是简单地学习教材,不只是单纯地引导学生学习字词句章。语文教师应该用语文人所具有的诗人般的特质,用语文人的诗心去解读文本,让文本更有诗情。所谓诗心、诗性,那是一种高度,是一种境界,是一种精神,是一种修养。我们语文人应该为自己的人生寻找到理想的形态,而诗心、诗性与诗境才是至高无上形态的灵魂。作为一位语文老师,如果不是诗人,至少也要具有诗的气质,包含诗的魅力,语文课堂更应该让诗意飞扬。其中文化自信是最广泛最深厚最基础的,而五千年来中华民族创造的经得起时代考验的圣

---

① 钱梦龙.钱梦龙与导读艺术[M].北京:北京师范大学出版社,2006:95.

贤之人的著作和作品,就是文化自信的魂和根,特别是经典古诗词和散文。

培东老师在其作品《我要这样教语文》中提到对语文教育者的看法:"请别奢望我会把所有的时间都给了学校、给了学生。那不是教育。至少不是我要的教育。"①该文展示培东老师教育工作之外的自己,那是一个"暖暖地走向原野,走向森林"的师者,他和虫子"轻步飞扬",等待雪花"柔软地飘落"……他享受阅读,"裸浴"于如水的音乐,与山水一起惬意……生活中培东老师是一个本真的"自我"、浪漫的"诗人"。在我国传统文化个体意识缺失的当下,培东老师看教育,首先肯定教育者个体的价值。教育,不就是为了使每一位个体生命更美好吗? 一位老师,如果能好好善待自我,也能被生活温柔相待,那么他才能贴近教育的核心。培东老师对自我内在的观照细腻而深刻,对世间万物的感知也便通透而独特,这也造就了他所自带的诗意的气场。

培东老师的语言表达丰富灵动,极具诗意的美感。难能可贵的是,他躬身示范,以语文人诗人般的特质,用语文人的诗心去解读文本,让文本更有诗情,让诗意的语言充盈着课堂的每一个角落:

《山羊兹拉特》中,他读出一声"咩"之中的温情,读出人与人之间透澈的情感,读出小说里的悲悯情怀,他请学生还原情境,把这声"咩"装在读者的心中,走向人生最温暖的时刻。

《始得西山宴游记》中,他读出"悠悠乎""洋洋乎"中的邈远阔大与天地合的感觉,并努力在音调上表现这种意境。

《春酒》中,他说文中最让人感动的是"找"字,作者"茫然四顾,望穿秋水,眼光跳跃了千山万水,去找家乡的春酒","没有放弃过","即使时空的海峡隔远了距离","那份沧桑、那份悲愁、还有那份不灭的希望",寻找,寻找,饱含无尽的惆怅与思念……

培东老师天生具备感性体验的敏锐,他以语文的方式、诗人的气质带领学生阅读文本、感知文本,带着诗心从文本出发,怀着诗意回归文本、超越文本,浅浅地教,诗意地读。阅读他的文字、听闻他的言语仿佛可以感受花开的气息,望见晴空的澄澈,触及流水的清凉——异彩纷呈的语言帮助我们打开一扇通往语文"美"的窗户。一颗诗心,营造满堂诗意。

二、一颗慧心"浅浅"地教出满堂创意

一堂好课,灵动的诗心不可或缺,也在乎一颗能自由驾驭课堂的智慧

① 肖培东.我要这样教语文[J].江西教育,2017(Z2):91.

之心。

（一）读的艺术

当下语文课堂功利主义盛行的时候，培东老师坚守语文的本真，引导学生实实在在读书，精挑细选品词析句，寻觅语文桃花源里绝美的风景。培东老师就一个语段、一个句子甚至一个标点指导的循环朗读频见于教学的各个环节。"哦"字结合标点 9 遍入境的吟读（《孔乙己》），"咩"字 10 多次入情的诵读（《山羊兹拉特》），"春酒"近 20 次入味的品读（《春酒》），掀起一个个课堂小高潮，令人叫绝，让人回味无穷……培东老师以对文字特别的感悟力，更以心灵的温度细致入微地指导学生朗读，读出丰富的层次、深刻的内涵、无穷的韵味，把学生从文本认知的沙漠引向丰饶的情感草原……培东老师认为，语文教学不能脱离语言教学，享受语文教学是在发现语言，破译语言密码，缓缓地读，浅浅地教，"慧心"独运，满堂精彩。

（二）问的巧妙

"问题是撬动思维的杠杆"，培东老师课堂提问不多，但很有品质，提问之妙，令人钦佩。这些问题紧紧扣住文本中值得探究的问题，或分析人物形象，或理析故事脉络，或欣赏文字内涵，请看：

> 斑羚飞渡，这是一次_____的飞渡？
>
> 你们最"记得"孔乙己的是什么？小说中的其他人最能"记住"孔乙己的又是什么？这些人真的是"记住"孔乙己了吗？
>
> 蔡元培先生要向在场的北大学子告哪三事？为什么要加上这个"更"字？在这里"长"为什么要读成"zhǎng"？三告，告出怎样的蔡元培？

培东老师认为"问题要进入文本中思考"，要有思维含量，因此其问题一般以小探究形式出现，既简洁明了，又见其深度广度。学生在培东老师的巧妙引领下深入文本，展开探讨，有效提升学生的语用水平和思维能力。对课堂问题的独到认识，充分展示了培东课堂巧妙提问的教学智慧。

（三）用的聪慧

培东老师对多媒体课件使用的多寡，取决于是不是语文课的必需，是否遵循了学生语言能力和思维能力的发展。就《我就想浅浅地教语文》课例而言，13 张 PPT 是培东课堂多媒体使用的极至（《山水永嘉，飞翔语文》），其余均控制在 10 张以内，甚至可以完全忽略。但他的课清雅灵动，从语言文字入,又从思想内容出,带领学生畅游在语文这条澄澈的小溪里,闲适地引领学生"向青草更青处漫溯"。他又拒绝以多媒体的使用界定"真假语文"之说,认为适度地科学地使用多媒体"对语文教学是有裨益的"。培东老师说:"朴素并不意味着拒绝时尚,单纯并不表明不汲取科技。"以培东老师对多媒体使用的聪慧解读,成就了《山水永嘉,飞翔语文》等诗意的语文课堂。

读的艺术、问的巧妙、用的聪慧,"慧心"之厚积,方能成就"浅浅"之薄发,方能教出满堂之创意。

三、一颗仁心"浅浅"地唤醒满堂热情

《论语》曰:仁者莫大于爱人。培东老师即是将孩子的进步成长放在第一位的仁爱之师。

培东老师认为语文教学是信任,是唤醒,是耐心,是激励,他再三把展示机会留给那些屡屡找不到思路的学生。"你再来说""你再给大家演示一下""再找找看"……"再"是培东语文课堂的高频词,他相信"春风吹拂大地,每一朵花都睁亮了眼睛",他的好课标准是学生在课堂上有所进步。培东老师善于反省,认为课堂出现的问题要查找自身原因。《始得西山宴游记》对"望"和"忘"字的"教学感言"里,培东老师自责耐心的不足,遗憾机会的流失。培东老师爱着,倾听着,以欣赏的眼光关注学生的进步,在他真挚的关爱里,在他热情的鼓励中,在他耐心的点拨下,学生混沌的思维逐渐清晰,模糊的答案趋于明朗,气氛愈见热烈,见解愈见丰富,师生和谐共生的课堂景致时时呈现,可谓魅力无穷。

在优秀的班级里按照既定目标顺利推进教学流程,将公开课变成展示自我的舞台是广大教师的理想公开课,可培东老师有自己的想法。他回忆自己经历的一堂成功的公开课——课堂热烈的互动、焦点的争论、精彩的生成、水到渠成的问题解决,课后满满的褒扬,但当他了解到公开教学背后的事实——开课班级学生是从各班挑选出来的精英后,他愤慨道:"公开教学可以失望,但不能虚假!""我们无法选择学生,也不该选择学生,每个学生都有受教育权利。"

培东老师眼里有学生,心中有真情。"原谅我触及你们的伤痛",面对学生低落的情绪,真挚的言语拉近了师生之间的距离。他循循善诱,不以成年人的眼光看待问题,不按预设的答案作为标准。当学生的回答呈现些许亮点,他即褒奖,"我觉得'醉'比'赞'字更有力度了(《始得西山宴游记》)。""真棒!她把干枯的树枝简单的鸟窝都写成人生的哲理和精神,这

就是她在这堂课里迸发出来的思考(《小小鸟窝，大大世界》)。"充满诗意、富含鼓励又引人深思的评价语成为培东课堂语言的标签。

培东老师以自己的仁心，悄然启迪了学生的慧心，"浅浅"地唤醒满堂热情。

总之，肖老师的课堂不浮华，不曲折，但有度有量，精致灵动，徜徉在他的语文花园里，我们看到了一颗玲珑剔透的诗心、颖悟绝伦的慧心、细腻柔软的仁心——培东老师是真正用"心"的语文人。

参考文献

［1］叶圣陶.叶圣陶语文教育论集［M］.北京:教育科学出版社,2015.

［2］陈日亮.如是我读［M］.上海:华东师范大学出版社,2010.

［3］陈日亮.我即语文［M］.福州:福建教育出版社,2014.

［4］刘菊春.我从课中来［M］.福州:福建教育出版社,2015.

［5］荣维东.交际语境写作［M］.北京:语文出版社,2016.

［6］肖培东.我就想浅浅地教语文［M］.武汉:长江文艺出版社,2016.

［7］王荣生.听王荣生教授评课［M］.上海:华东师范大学出版社,2007.

［8］王荣生.语文教学内容重构［M］.上海:上海教育出版社,2007.

［9］王尚文.语文品质谈［M］.上海:华东师范大学出版社,2018.

［10］钱理群,孙绍振,王富仁.解读语文［M］.福州:福建人民出版社,2010.

［11］顾之川.语文工具论［M］.南宁:广西教育出版社,2018.

［12］钱梦龙.钱梦龙与导读艺术［M］.北京:北京师范大学出版社,2016.

［13］潘新和.语文:表现与存在［M］.福州:福建人民出版社,2011.

［14］余映潮.语文教学设计技法80讲［M］.广州:广东人民出版社,2014.

［15］余映潮.谈阅读教学设计［M］.北京:中国人民大学出版社,2019.

［16］王荣生.散文教学教什么［M］.上海:华东师范大学出版社,2016.

［17］王荣生.小说教学教什么［M］.上海:华东师范大学出版社,2016.

［18］王荣生.文言文教学教什么［M］.上海:华东师范大学出版社,2016.

［19］王荣生.写作教学教什么［M］.上海:华东师范大学出版社,2016.

［20］王荣生.实用文教学教什么［M］.上海:华东师范大学出版社,2016.

后 记

成长路上，追寻醇香的语文味

三年的"名师"研修之路终于要画上句点了。"名师"这一头衔，给过我无上的荣光，也给过我莫大的压力。导师的海人不倦、个人的学而不厌，汇入我漫漫的成长旅程，成了永远无法磨灭的印记。

不敢细想，三十多年的点点滴滴，在我语文教学之路上留下了一串串脚印。倘若今天取得的一切，真的算得上"成就"的话，我想，那是因为我懂得顺势而为，随遇而安。有些事情强求不了，但你已经尽力了，就让它顺其自然，顺着事物本身的规律发展下去。你改变不了事情本身，就改变对这件事情的态度。

三十四年前，跟所有成绩一向优秀的年轻人一样，我梦想着张开翅膀自由飞翔，离开漳州小城；我梦想着能成为一名翻译官，在北上广留下我奋斗的足迹。但是一场高考的失利，无情地改变了我的人生方向。我心仪的学校将我拒之门外，也与暗自庆幸张榜录取而后惨遭抛弃的院校擦肩而过。但你不得不承认命运的魔力。正当我权衡利弊，在"发奋补习一年"与"补报漳州师院志愿"之间犹豫动摇时，我"成功地"错过了补报时机。那天，我随堂姐到集美招生录取点咨询补录可能，莫名其妙地躲过门岗，又在莽撞中歪打正着遇到了漳州师院招生办领导。领导得知我的姓名后随即告诉我——我的英语口试成绩遗失，建议我补报中文志愿。大概是被领导的和蔼可亲打动了，我像做梦似地签上了名字。一个月后终于作为当时中文系主任邱煜坤老师口中的"二号种子"，以高出福师大英语本科录取分数线的成绩来到了漳州师范学院中文系。于是，学生时代所有的梦想似乎在我进入这所学校那刻灰飞烟灭！我与擅长的英语无法再续前缘，却偏偏被命运安排来补语文这块短板；我无意于教师这个职业，却又偏偏被规划好了未来。

　　带着失落的心情，我开始了走读的学习生活。我不能像寄宿生那样亲密，只能像个局外人生存。因为陌生，我曾几度走错教室，云里雾里听了课，又提心吊胆生怕老师提问。那种心情，几近崩溃和绝望。

　　是自怨自艾、消极落寞还是积极改变？柏拉图说："山若不过来，我就过去。"我很受启发。人不能改变环境，那么就改变自己，既然命中注定我将来的职业是教师，我为何不真心拥抱它？语文基础不扎实，我比同学花费更多的工夫；为了节省路途耗时，家在城区的我申请了住宿。我融入了同学们的生活，参与了班集体的活动。第一学年学习结束，我被评为学习积极分子；第二年因为英语方面的出色表现，我又成了中级选拔的对象（报考资格不到 2%）。而这些成绩，又为我带来了丰厚的积分，让我毕业后能自主选择到一个距离市区 12 公里名叫石亭的乡镇当一名乡村教师。

　　五年的农村教学生涯极大地锻炼了我，为我积累了宝贵的教育教学经验。当班主任，我勤勤恳恳；课堂教学，我一丝不苟。那时的我，没有雄心壮志，只默默地在自己的一亩三分地上耕耘，把属于自己的工作踏踏实实做好，无愧于自己的良心。于是，在教育的这方天地，我发现其中的美好，慢慢找到了自我。五年后，我凭借较高的积分调到市区的芗城中学，依然默默地当一名初中老师。十四年前，学校初高中分离，领导征询我的去留意见时，我依然选择到初中部，继续默默地当一名初中老师。

　　也许是"不会拒绝"的性格使然，在这几十年间，我参加了教学比武，开了不少公开课，写了一些文章，别人眼中不愿做、不爱做的"苦差事"，我都一并应承并且认真对待。闽南话有句谚语叫"天公疼憨崽"，我想我可能就是上天垂怜的那个"憨崽"，在勤勤勉勉的耕耘中慢慢地收获了成绩、荣誉。

　　成长是丑陋的毛毛虫蜕变成美丽蝴蝶的曲折过程，在日复一日、年复一年的教学中，我开始"折腾"自己，开始更深层次的探索与思考：语文为何？如何为教？教之者何？教之为何？

　　同所有热爱语文的语文人一样，我经历过最初的茫然无措到摸索求真的艰难过程。幸运的是，我在语文教学的第二十二个年头，参加了福建省学科带头人的培训。当导师鲍道宏教授把叶圣陶先生的"何以为教，贵穷本然，化为践履，左右逢源"转述给我们时，当前辈陈日亮老师将自己的"以心契心，以文解文，以言传言"告诉我们时，我如同醍醐灌顶，豁然开朗。语文教学当以语言文字的学习与运用为根本，把积累和运用祖国的语言文字落到实处，让课堂充满醇香的语文味。

　　语文味的创始人程少堂先生认为："'语文味'即在语文教学过程中，在主张语文教学要返璞归真、以臻美境的思想指导下，以激发学生学习语文的兴趣、提高学生的语文素养、丰富学生的生存智慧和提升学生的人生境界为宗旨，以共生互学（互享）的师生关系和渗透师生的生命体验为前提，主要通过情感激发、语言品味、意理阐发和幽默点染等手段，让人体验到一种富有教学个性与文化气息的，同时又生发思想之快乐与精神之解放的，令人陶醉的诗意美感与自由境界。"这段融合了"语言文字""语言文学""语言文化"的具有语文学科个性色彩的、富有文化特色的整体之"美"以及其言语形式和思想内容之间的同构共生之"真"进一步影响了我。受到此启发，当福建省名师培养工程要求每位教师提炼个人的教学主张时，我将"酿语文味课堂，当智慧型教师"作为研究点，这是我的语文教学实践观。

　　再后来，我在导师们的鼓励下，渐渐萌生了把这几年语文课堂教学方面的实践以及一些零散的思考结集成书的想法。犹记得在论证书稿的过程中，陈日亮先生循循善诱："语文课当然需要有语文味，这种特有的味道不是每个语文老师在教学中都应当体现的吗？只是现今好多老师或应付了事，或功利短视，因种种原因而迷失了语文教学的方向，忘记了语文教学的出发点！你作为福建省培养的名师，如果将'语文味'改成'醇味'，追求醇香浓厚的语文味，那么这本书对一线教师是不是更具有启发意义？"一语惊醒梦中人啊！虽然要达到"醇香"的标准还有很长的一段路途要走，但我愿意做这样的一名躬亲者，在净化语文教学之路上做一点力所能及的探究。

　　在"三读一主线"醇味语文课堂教学实践研究中，我认为理应将语文教学置于现实社会的大背景中，其内涵当包含"醇正的语文味""醇美的人情味""醇朴的生活味""醇厚的文化味"这四味教学，才能建构语言、提升思维、发展审美、传承文化，基于语文核心素养教学，真正实现语文的教育教学功能。遗憾的是，这"四味"教学我还未能进行均衡的展示，今后我将继续致力于全面地呈现语文教学的"四味"，以期使其更具有价值和意义。

　　如今书稿终于接近尾声，我也如释重负。在整理书稿的时候，我常常恍惚其间。回首过往，三十二年的时光就如白驹过隙，我从满头青丝到华发初生，从一个青涩的教师慢慢成长为一名成熟的教育人。期间有失落更有收获，有迷惘更有坚定，有泪水更有欢笑，有付出更有回报！我从区优秀班主任到省优秀班主任，从区教坛新秀到市首届十佳优秀教师，从区优秀教师、师德标兵到市优秀教师，从市骨干教师到省学科带头人，从市研究型名师到省名师培养对象，从原来刚毕业的初级职称提升为现在的正高级职称。就这样一步一步坚实地走过，岁月流逝，改变了青春的容颜，却从未改变我对教育的热情与执着，改变不了我对生命美好的向往与追求！

有时候，我也反思，假若我当时执意不进中文系，我的人生故事又会怎样书写？但人生恰如逆旅，没有岁月可回头。我相信一切都是最好的安排，是一切波折让我学会了顺势而为，随遇而安；是一切经历让我懂得保持阳光的心态，坚守自己的理想；是我所遇见的一切良师益友，支持着我、鼓励着我，让我有朝一日也能像我敬仰的前辈们那样，拥有属于自己的专著——《醇味：我的教学追求》。

那么，请允许我再一次衷心地感谢引导我、帮助我的你们：

感谢尊敬的林藩教授，您是省名师培养工程的领军人物，工作异常繁忙，但您一丝不苟，关心着学员的专业成长，我总能从您凝练的言语中获得意想不到的启发。

感谢尊敬的陈日亮老师，您是福建乃至全国语文届泰斗人物，但您没有端着架子，您一路呵护着，我总能从您慈善的目光、谆谆的教导中得到语文教育的力量，明确语文教学的方向。

感谢尊敬的鲍道宏教授，您是省中小学语文学科带头人培养基地首席专家、省名师班项目负责人，您有崇高的使命和责任感，为我们提供更广阔、更高远的语文教育教学平台，有您的严格督促和引路，我得以从一名默默无闻的老师一点点成长起来。

感谢尊敬的刘菊春老师，您是省首届初中语文名师工作室的领衔人，您勤勤恳恳，严谨踏实，躬亲示范，让我知晓"登高自卑，行远自迩；敬业乐业，持之以恒；各美其美，美美与共；渡己渡人，成全生命"，您将一线教学的听、闻、感汇成了一部朴素的《我从课中来》，您是楷模！我愿以您为榜样！

感谢尊敬的芗城中学老校长吴德良老师和玉兰学校韩建文校长、黄毓玲副校长，你们是我专业成长的坚实后盾和助推器，有你们的关心和支持，我的步伐迈得轻灵、踏实。

感谢漳州市黄志勇语文名师工作室赵陈丹、黄向阳、洪琪、郑晓东、黄艳惠、廖敏和玉兰学校周淑惠等老师的倾心帮助，你们的真诚与热情、敬业与成长推动着我不断前行。

也感谢关心我的所有人，你们对书稿提出的建设性意见，为我后续研究提供更多更好的可能,我将铭记于心底。

有了众多关心我的你们,我将在醇味语文教学之路上继续摸索,勤于耕耘,坚定脚步,踏实前进。

陈稻惠

2020 年 4 月